浙江省软科学研究计划项目"浙江制造业服务化与数字化融合机制与对策研

U0603504

SERVICE MANAGEMENT AND MARKETING
Innovation and Operation of Digital Services

服务管理与营销
数字服务的创新与运营

黄秋波　◎著

ZHEJIANG UNIVERSITY PRESS
浙江大学出版社
·杭州·

图书在版编目(CIP)数据

服务管理与营销：数字服务的创新与运营 / 黄秋波
著. — 杭州：浙江大学出版社，2024.5
ISBN 978-7-308-24405-3

Ⅰ. ①服… Ⅱ. ①黄… Ⅲ. ①经济管理－教材 Ⅳ.
①F2

中国国家版本馆 CIP 数据核字(2023)第 225873 号

服务管理与营销：数字服务的创新与运营
FUWU GUANLI YU YINGXIAO：SHUZI FUWU DE CHUANGXIN YU YUNYING

黄秋波 著

责任编辑	朱 玲
责任校对	傅宏梁
封面设计	春天书装
出版发行	浙江大学出版社
	(杭州市天目山路 148 号 邮政编码 310007)
	(网址：http://www.zjupress.com)
排 版	杭州朝曦图文设计有限公司
印 刷	嘉兴华源印刷厂
开 本	787mm×1092mm 1/16
印 张	16.5
字 数	412 千
版 印 次	2024 年 5 月第 1 版 2024 年 5 月第 1 次印刷
书 号	ISBN 978-7-308-24405-3
定 价	49.00 元

前　言

自 20 世纪中叶起,服务经济快速发展,服务业已逐渐成为发达国家的主要经济部门。服务经济的发展推动了服务经济管理理论的研究。半个多世纪以来,全球学者共同努力,形成了服务管理与营销这一学科。

进入 21 世纪,信息技术推动了数字服务的发展,不仅通过平台化、标准化、模块化重构了餐饮、出行、文创等传统服务业态,更催生了软件服务、电子商务等服务新业态。解析国家服务经济发展可以发现,其服务经济壮大主要来自以现代信息技术为支撑的现代服务业的贡献,而非传统服务业。中国借助信息技术的发展契机,更是在数字服务领域获得了弯道超车式的发展。

党的二十大报告提出要"建设现代化产业体系",其中一个重要方面是"构建优质高效的服务业新体系,推进现代服务业同先进制造业、现代农业深度融合"。同时还提出"推进高水平对外开放""创新服务贸易发展机制,发展数字贸易"。现代服务业是转变经济发展方式、调整产业结构、建设现代产业体系多重任务的关键领域,数字化是其关键突破点。当下最为确定的一个新趋势是,人工智能技术在服务业的渗透将提升该行业的新的发展高度。Chat-GPT 的横空出世,使我们确信即使是金融、零售、医疗、教育、法律服务、人力资源管理、翻译等知识密集型领域,也将面临革命。产业革新进而会加快服务贸易数字化转型。因此,《中共中央关于制定国民经济和社会发展第十四个五年规划和二〇三五年远景目标的建议》提出"加快发展现代服务业""加快推进服务业数字化"。

面对迫在眉睫的发展需求,教育教学响应滞后。虽然现代服务业相关理论研究已经有了较显著的进展,但成果转化不及时,专业更新、教学改革亟待展开。尤其是教材和课程建设是当务之急。当前,国内外服务营销、服务管理相关教材大多停留于传统框架,没能及时反映数字服务的新营销方式、新管理方法。中国的数字服务业发展处于世界前列,涌现出数字服务业新型商业模式和创新实践,蕴藏着丰富的理论和实践价值。广泛梳理、深入分析中国数字服务业的前沿实践,将其转化成教学资源,既能为中国该领域的人才培养提供素材,也能为世界各国服务经济的发展分享中国经验。

基于以上背景,笔者撰写了本书。本书共 11 章,核心内容以商业模式理论为框架,讨论服务规划、服务开发、服务企业客户关系管理、服务质量管理、服务组织变革、服务企业价值实现等系列问题。

具体内如下:

第一章,概述了服务经济、服务业与服务的相关概念。本章回顾了服务经济的发展历程,总结了服务经济的发展规律,梳理了服务业的分类,界定了服务的内涵和特征及其对服务营销的启示。

第二章,讨论了服务营销的相关问题。本章回顾了服务营销的发展历程,综述了服务营销的基础理论,并讨论了服务营销面临的几个趋势。

第三章,讨论了现代服务商业模式理论框架。本章介绍了现代服务业中典型的商业模式类型,以及从商业模式视角划分的现代服务业分类。商业模式理论框架是本书后续内容安排的主要依据。

第四章,介绍了现代服务企业战略规划的相关问题。本章具体介绍了服务企业战略规划的整体框架以及市场定位分析和竞争战略类型等服务企业战略规划中的关键工作。

第五章,介绍了现代服务创新的相关问题。本章概述了服务创新的内涵,比较了服务创新、新服务开发、服务设计几个相关概念,重点就新服务开发介绍了其主要流程,并介绍了服务设计的重要工具——服务蓝图。

第六章,介绍了现代服务企业客户关系管理的相关问题。本章概述了客户关系管理的内涵、历史和理论框架。梳理了几种新型的客户关系,介绍了现代服务企业客户关系管理的几种新工具,包括用户画像、触点管理、智能客户关系管理系统。

第七章,讨论了现代服务质量管理问题。本章概述了服务质量管理理论并讨论了技术发展对服务质量评价的影响,梳理了10种现代服务质量评测的方法,讨论了现代服务企业服务质量管理体系的关键问题。

第八章,讨论了现代服务的补救问题。本章概述了服务失败产生的原因以及顾客的反应,概述了服务补救的内涵和方式,介绍了现代服务补救前沿实践,包括补救流程、原则、策略等。

第九章,介绍了现代服务企业组织的变革。本章概述了影响现代服务企业组织的几大因素及影响机制,从组织人员配备、组织结构变革、组织关系变化等方面讨论了现代服务企业组织的演变,介绍了现代服务管理的几种管理工具,包括办公自动化、管理信息系统、决策支持系统等。

第十章,讨论了现代服务企业价值实现的相关问题。本章回顾了企业价值理论,探讨了现代服务业企业价值评估的主要方法,并讨论了现代服务企业定价管理问题,包括定价管理理论基础、影响因素和主要方法等。

第十一章,主要对全书做了总结,讨论了服务与制造业之间的关系。本章揭示了制造服务化与服务产品化两种相向而行的趋势,并就此提出了服务主导逻辑的新思维。

本书创新与特色:

紧扣数字服务主题。本书以数字服务业为对象,梳理了服务管理与营销的传统理论和现代数字服务的创新实践,总结了数字服务时代涌现的新思想、新方法,既传承了部分传统理论在数字服务业中的新发展,也将数字服务时代大量新理论和新实践充实进来,以此反映新时代现代服务业数字化发展的面貌。

强调应用性。本书各章内容贯彻了"理论＋实践"的基本布局。核心章均以理论概述开始,之后介绍实践操作方法和工具。此外,本书还梳理了大量数字服务企业案例,以辅助理论理解,展示实践运用,适合各类层次的读者阅读和学习。

突出中国特色。本书秉持"讲好中国故事"的原则,所有重点案例均来自中国企业,希望以此向世界介绍中国数字经济、数字服务业的发展成就。同时,响应国家新形态数字教材建设号召,部分内容通过二维码链接、在线开放资源等数字化形式组织起来,打造一本新形态立体化教材。

本书得以出版,首先要感谢众多案例企业及相关人员的大力支持,他们是本书的思想和内容的源泉。其次要感谢我的学生,他们在内容选编和修订时给了诸多有价值的建议。再次,感谢崔弘毅老师帮助审校,揪出了本书的不少错误,给了许多有价值的修改建议,感谢杭州师范大学沈玉燕教授、温州商学院龚军姣老师为本书创意的形成和框架的构建贡献了智慧。最后,特别感谢浙江大学出版社朱玲女士,她为本书的出版付出了极大的努力,投入了巨大的精力。

由于本人水平有限,本书错误疏漏之处难免,敬请读者不吝赐教。读者对本书的任何疑问、意见、建议,都请反馈至 qiubo_huang@zjsru.edu.cn。

黄秋波

2023 年 12 月

目　录

第一章　服务经济、服务业与服务 ………………………………………………… 001

　第一节　服务经济崛起 …………………………………………………………… 001

　　一、服务业兴起 ……………………………………………………………… 001

　　二、服务经济的发展规律 …………………………………………………… 004

　第二节　服务业的分类 …………………………………………………………… 007

　　一、传统服务业与现代服务业 ……………………………………………… 008

　　二、生活性服务业与生产性服务业 ………………………………………… 009

　第三节　服务的内涵与特性 ……………………………………………………… 010

　　一、服务的概念界定 ………………………………………………………… 010

　　二、服务的本质特性 ………………………………………………………… 011

　　三、服务衍生特性及其营销启示 …………………………………………… 014

　本章小结 …………………………………………………………………………… 017

　本章思考 …………………………………………………………………………… 017

第二章　服务营销理论的基础与趋势 ……………………………………………… 018

　第一节　服务营销概述 …………………………………………………………… 018

　　一、服务营销的内涵 ………………………………………………………… 018

　　二、服务营销的产生与发展 ………………………………………………… 018

　　三、服务营销的重心转移与演进 …………………………………………… 020

　第二节　服务营销的基础理论 …………………………………………………… 021

　　一、4Ps 与 7Ps 服务营销组合理论 ………………………………………… 021

　　二、4Cs 营销理论 …………………………………………………………… 024

　　三、4Rs 营销理论 …………………………………………………………… 025

　　四、4Vs 营销理论 …………………………………………………………… 026

　　五、剧场理论 ………………………………………………………………… 027

　第三节　服务营销面临的前沿趋势 ……………………………………………… 029

　　一、数智化突进 ……………………………………………………………… 029

　　二、全球化加深 ……………………………………………………………… 029

　　三、消费者主权崛起 ………………………………………………………… 030

　　四、产业融合 ………………………………………………………………… 032

　本章小结 …………………………………………………………………………… 032

　本章思考 …………………………………………………………………………… 033

第三章　现代服务商业模式 ·· 034

第一节　商业模式理论 ·· 034
一、商业模式的含义 ·· 034
二、商业模式画布 ··· 036
三、商业模式设计流程 ·· 044

第二节　现代商业模式类型 ·· 045
一、非绑定式商业模式 ·· 045
二、长尾式商业模式 ·· 046
三、多边平台式商业模式 ·· 047
四、免费式商业模式 ·· 048
五、开放式商业模式 ·· 049

第三节　商业模式视角下的现代服务业分类 ·· 050
一、流量密集型现代服务业 ··· 050
二、技能密集型现代服务业 ··· 051
三、资金密集型现代服务业 ··· 052
四、内容密集型现代服务业 ··· 053

本章小结 ··· 054
本章思考 ··· 054

第四章　现代服务企业战略规划 ··· 055

第一节　服务企业战略规划整体框架 ·· 055
一、服务战略规划目标 ·· 055
二、服务战略规划总体思路 ··· 056

第二节　服务企业市场定位分析 ·· 057
一、服务市场定位分析整体流程 ·· 057
二、顾客、竞争者、企业自身分析(3C) ·· 058
三、市场细分、目标市场和市场定位(STP) ··· 059

第三节　服务企业竞争战略 ··· 069
一、客户驱动型竞争战略 ·· 069
二、资源驱动型竞争战略 ·· 072
三、产品/服务驱动型竞争战略 ·· 072
四、财务驱动型竞争战略 ·· 073

本章小结 ··· 075
本章思考 ··· 076

第五章　现代服务创新 ·· 077

第一节　服务创新概述:内涵、理论定位 ·· 077
一、相关概念辨析:服务创新、新服务开发和服务设计 ···························· 077
二、新服务开发理论:定位及溯源 ··· 079

第二节　新服务开发过程 ……………………………………………… 081
　　一、概念阶段 …………………………………………………… 081
　　二、开发阶段 …………………………………………………… 083
　　三、引入阶段 …………………………………………………… 084
第三节　服务蓝图 ……………………………………………………… 087
　　一、服务蓝图的含义及构成 …………………………………… 088
　　二、服务蓝图的实施过程 ……………………………………… 091
　　三、服务蓝图的拓展应用 ……………………………………… 093
本章小结 ………………………………………………………………… 097
本章思考 ………………………………………………………………… 098

第六章　现代服务企业客户关系管理 ………………………………… 099
第一节　客户关系管理基础 …………………………………………… 099
　　一、客户关系管理内涵 ………………………………………… 099
　　二、客户关系管理回顾 ………………………………………… 100
　　三、客户关系管理的框架 ……………………………………… 101
第二节　新型客户关系 ………………………………………………… 103
　　一、顾客参与 …………………………………………………… 103
　　二、用户共创 …………………………………………………… 106
　　三、数字劳动 …………………………………………………… 109
第三节　现代客户关系管理工具 ……………………………………… 115
　　一、客户识别：用户画像 ……………………………………… 115
　　二、互动管理：触点管理 ……………………………………… 119
　　三、关系管理：智能客户关系管理系统 ……………………… 122
本章小结 ………………………………………………………………… 124
本章思考 ………………………………………………………………… 125

第七章　现代服务质量管理 …………………………………………… 126
第一节　服务质量管理概述 …………………………………………… 126
　　一、服务质量的含义 …………………………………………… 126
　　二、服务质量差距模型 ………………………………………… 130
　　三、技术发展对服务质量评价的影响 ………………………… 132
第二节　现代服务质量管理体系 ……………………………………… 133
　　一、质量成本概念 ……………………………………………… 133
　　二、服务质量管理体系构建 …………………………………… 134
第三节　现代服务质量评测 …………………………………………… 136
　　一、SERVQUAL 模型 ………………………………………… 137
　　二、KANO 模型 ………………………………………………… 140
　　三、神秘顾客调查法 …………………………………………… 145

四、服务后评价 ……………………………………………………… 146

五、应用内调查 ……………………………………………………… 147

六、跟踪调查 ………………………………………………………… 147

七、社交媒体监测 …………………………………………………… 149

八、语义分析 ………………………………………………………… 150

九、服务运作监测 …………………………………………………… 150

本章小结 ……………………………………………………………… 152

本章思考 ……………………………………………………………… 152

第八章　现代服务补救 ………………………………………………… 153

第一节　服务失败及顾客反应 ……………………………………… 153

一、服务失败的概念及类型 ………………………………………… 153

二、服务失败的原因 ………………………………………………… 154

三、顾客对服务失败的反应 ………………………………………… 156

第二节　服务补救 …………………………………………………… 159

一、服务补救的含义 ………………………………………………… 160

二、服务补救与抱怨管理 …………………………………………… 161

三、服务补救方式 …………………………………………………… 161

第三节　服务补救实践 ……………………………………………… 162

一、服务补救流程 …………………………………………………… 162

二、服务补救原则 …………………………………………………… 168

三、服务补救策略 …………………………………………………… 169

本章小结 ……………………………………………………………… 170

本章思考 ……………………………………………………………… 171

第九章　现代服务企业组织 …………………………………………… 172

第一节　服务企业组织形态概述 …………………………………… 172

一、组织形态及其要素 ……………………………………………… 172

二、组织形态生成逻辑与类型 ……………………………………… 183

第二节　现代服务企业组织发展趋势 ……………………………… 185

一、人员配备灵活精准化 …………………………………………… 185

二、组织结构市场导向 ……………………………………………… 188

三、组织关系生态化 ………………………………………………… 191

第三节　现代服务企业数字管理工具 ……………………………… 194

一、办公自动化 ……………………………………………………… 194

二、管理信息系统 …………………………………………………… 196

三、决策支持系统 …………………………………………………… 198

本章小结 ……………………………………………………………… 199

本章思考 ……………………………………………………………… 200

第十章　现代服务企业价值实现 ……………………………………………… 201
　　第一节　企业价值理论 ………………………………………………… 201
　　　　一、农业经济时代的劳动价值理论 ……………………………… 201
　　　　二、制造经济时代的资本价值理论 ……………………………… 202
　　　　三、服务经济时代的价值创造理论 ……………………………… 202
　　第二节　现代服务企业价值评估 ……………………………………… 208
　　　　一、传统企业的估值方法 ………………………………………… 208
　　　　二、现代服务企业的估值困境 …………………………………… 209
　　　　三、现代服务企业的估值方法 …………………………………… 214
　　第三节　现代服务企业定价管理 ……………………………………… 226
　　　　一、现代服务定价管理基础 ……………………………………… 226
　　　　二、服务定价的主要参考因素 …………………………………… 229
　　　　三、服务定价方法 ………………………………………………… 232
　　本章小结 ………………………………………………………………… 237
　　本章思考 ………………………………………………………………… 237

第十一章　制造服务化与服务产品化 ………………………………………… 238
　　第一节　制造服务化 …………………………………………………… 238
　　　　一、制造服务化概述 ……………………………………………… 238
　　　　二、制造服务化的实现路径 ……………………………………… 239
　　　　三、制造服务化案例 ……………………………………………… 240
　　第二节　服务产品化 …………………………………………………… 243
　　　　一、服务产品化概述 ……………………………………………… 243
　　　　二、服务产品化实现路径 ………………………………………… 244
　　　　三、服务产品化案例 ……………………………………………… 245
　　第三节　走向服务主导逻辑 …………………………………………… 248
　　　　一、服务主导逻辑的产生背景 …………………………………… 248
　　　　二、服务主导逻辑产生原因 ……………………………………… 249
　　　　三、服务营销的未来是走向服务主导逻辑 ……………………… 249
　　本章小结 ………………………………………………………………… 250
　　本章思考 ………………………………………………………………… 250

参考文献 …………………………………………………………………………… 251

第一章　服务经济、服务业与服务

当今社会,服务对每个组织和部门都变得十分重要。不论是服务公司、生产企业、非营利性组织,还是政府部门,都不得不学会如何应对服务经济带来的挑战。本章围绕服务经济的背景,概述服务经济的发展历程及其规律,服务业的分类以及服务的内涵与特性。这些内容是学习服务营销的基础。

第一节　服务经济崛起

一、服务业兴起

(一)体验"服务经济"

谈起服务业,大家会习惯性地想到传统的服务业,比如住宿、旅游、餐饮、文化娱乐等。但除此之外,服务业还包括金融、通信、咨询等。不同的服务业在整个经济发展中起到的作用还是有一定差异的。

什么是服务经济? 简而言之,所有与服务有关的经济元素或经济体都可以称为服务经济。人类社会在继农业经济、工业经济时代后,已经或正在进入服务经济时代。服务经济时代,服务是社会经济的主要成分。今天,人们可能较多的是从服务业的增加值在 GDP 中比重的大幅度上升,来看待从制造到服务的过程。早在 20 世纪 60 年代,美国经济学家福克斯就意识到,服务经济的兴起,使传统的衡量生产力的方法变得过时了,"消费者的知识、经验、诚实和动机,影响着服务行业的生产力"。

但服务经济的发展并非在工业经济时代后才突然出现,而是自成一脉,从经济活动伊始就存在并不断发展。服务业的发展经历了个人服务和家庭服务—交通通信及公共设施—商业、金融和保险业—休闲服务业和集体服务业。与工业经济相比,服务经济的发展历程不过才半个多世纪。然而,由于服务经济发展迅猛,它很快就在人类社会经济生活中扮演起十分重要的角色。就像当年工业革命成为农业社会向工业社会转型的标志一样,今天,以数字化为标志的服务业革命正悄然而至,从制造到服务,将体现在社会经济生活的各个方面。

18 世纪 60 年代和 19 世纪 70 年代的两次工业革命给人类的生活方式带来了巨大的变化,生产力和生活水平得到了前所未有的提高,促进了各个国家经济的迅速发展。这两次工业革命形成了依靠先进的科学技术和大机器设备的工业产业。自那以后,工业成为许多国家国民经济的重要组成部分。社会物质变得非常丰富,极大地提高了人民的生活水平。到了 20 世纪 50 年代,科学技术的不断进步推动了社会生产力和物质文明的加速发展,许多国家的经济结构发生了转变,很多人已经不再满足于物质上的享受,转向更高层次的精神追求。在这个背景下,服务业开始在国民经济中逐步占据主导地位,远超农业和工业。

以美国为例,经历两次工业革命之后,美国服务业在 GDP 中的占比已经由 19 世纪的 42% 上升到当前的超过 80%。而同时,农业在美国 GDP 中的占比已小于 5%(见图 1-1)。

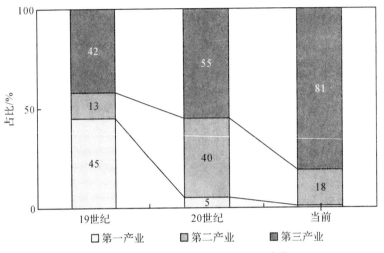

图 1-1　美国 GDP 中的服务业占比变化

从表 1-1 中的数据可以看出,20 世纪的后 20 年中,世界服务业的比重在不断提高,而相对于收入水平较低的国家来说,高收入国家服务业的比重较大。这说明经济发展水平越高的国家,服务业越发达。这与前面所讲的服务经济与经济发展的关系是一致的,即经济越发达,服务业在社会中的地位越重要。根据经济合作与发展组织(OECD)2020 年的数据,全世界主要发达国家服务业在 GDP 中所占的比重已经超过了 70%。

表 1-1　世界服务业比重变化　　　　　　　　　　　　　　　　　单位:%

地区	1980 年	1989 年	1998 年
全世界	56	—	61
低收入国家	30	31	38
中等收入国家	46	50	56
高收入国家	59	—	65
14 个高收入国家	60	64	68

注:14 个高收入国家包括澳大利亚、奥地利、比利时、加拿大、丹麦、芬兰、法国、意大利、韩国、日本、荷兰、新西兰、英国和美国,其平均值是指服务业比重在各个国家 GDP 中的加权平均值。

资料来源:黄维兵.现代服务经济理论与中国服务业发展[M].成都:西南财经大学出版社,2003:29.

服务业虽然起步较晚,但已经成为现代社会经济体中不可或缺的、极其重要的一部分,而工业制造业的重要性却在逐渐减弱。服务业的飞速发展,不仅加快了经济的增长,对于社会就业率、经济结构的优化、劳动生产率的提高等诸多方面也有正面的影响。

(二)我国服务业的发展

和世界许多国家一样,改革开放 40 多年以来,服务业逐渐成为中国经济增长的主要引擎。

具体而言,中国服务业的发展,主要表现在三个方面。

一是规模扩大,比重提高,对国民经济增长的贡献提高。服务业的增加值从1978年的905亿元增长到2021年的94538.68亿元,增长了100多倍,并且高于同期GDP的增速。

二是服务业已经成为吸纳就业的主要渠道。我国服务业在GDP中的占比逐年上升,服务业从业人数占比也从1978年的12.2%上升到了2021年的48.0%,第一产业为22.9%,第二产业为29.1%。服务业从业人数从1978年的4890万人猛增到2021年底的约38000万人,充分体现了服务业就业弹性高的特点。也就是说,2021年,每100个就业人口中就有48人从事服务业,充分体现了服务业就业蓄水池的特点。

三是服务业的竞争力不断增强。在我国加入世界贸易组织五个年头之后,随着外资服务企业的大量涌入,我国的银行业、电信业、电商和ICT服务等重要的现代服务产业的综合竞争实力显著增强,涌现出一批颇有竞争力和强劲成长势头的绩优企业。尤其是基于高水平数字基础设施,我国数字服务业不断创新发展,衍生出了许多新业态、新模式。比如电子商务快速发展,涌现出阿里巴巴、美团、京东、拼多多等全球技术和规模领先的电商企业。此外,到家服务、生鲜电商、短视频电商、社交电商、直播电商等诸多创新模式也领先全球。"互联网＋文化""互联网＋教育""互联网＋医疗"等创新模式,提高了文化、教育、医疗等原来短板领域的有效供给,为解决这些领域供给的区域、城乡平衡问题提供了良好的解决方案,并为这些行业带来了创新动力。

现代服务业的兴旺发达是我国经济持续快速健康发展的有力佐证,这对于优化产业结构、提高产业竞争力、扩大就业、改善人民生活水平,实现城乡、区域、经济、社会、环境以及国内发展与对外开放协调发展都起到了十分重要的作用。随着我国产业的持续升级,在更好地服务国内市场的同时,我国服务业即将走向全球市场,挑战全球的各路高手。

服务业的发展,关系我国共同富裕大局,是全面建设社会主义现代化国家不可或缺的一环。政府将继续加大对服务业领域的投资,建立健全相关法律法规,营造良好的投资环境,加快技术创新,积极投入全球竞争中去。

1990—2020年我国GDP及服务业占比见图1-2。

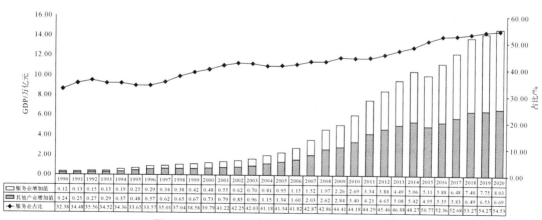

图1-2　1990—2020年我国GDP及服务业占比

资料来源:《中国统计年鉴》。

二、服务经济的发展规律

过去几十年,世界服务经济的发展可以总结为六大规律。

(一)规律一:服务业外部化

服务业发展首先来自各个领域的服务外部化。服务外部化是指是原来服务的提供方通过将服务提供外包给第三方,实现服务业务的剥离。外部化包括政务服务外包、生产性服务外包、生活性服务外包。外包的好处在于成本低、质量高、专业化程度高。政务外包,使得"大政府"变为"小政府",在提升政府的行政效率、降低行政办公成本的同时,也提高了社会治理的精准化水平。服务业外部化既发生在生产性服务领域(满足厂商的要求),也发生在生活性服务领域(包括如教育、餐饮等)。

(二)规律二:服务业的中间化

服务业的壮大部分依靠制造业、农业生产中服务的中间投入的扩大。实体产品生产上游、中游、下游各个环节都需要相关的服务支持。如上游准备阶段需要研发设计服务、采购物流服务等;中游生产阶段需要人力资源、仓储管理、金融等辅助服务;下游销售阶段需要销售物流、市场营销等服务。这些与生产相关的服务在各个环节融入生产过程,协助工厂完成实体产品的生产,并将产品最终递送到消费者手中。可见,服务与劳动力、资本、物资一样,成为生产过程的一部分中间投入。可以想象,产品越复杂,需要的服务就越多,比如产品知识密集程度越高,需要的研发设计服务就越多。随着工业化的发展,产品科技含量越来越高,生产越来越复杂,需要的服务种类也就会不断增加,总体规模也越来越大。因此,服务成为生产环节的中间投入品,是服务在工业经济中产生的一个重要机制。一般来说,发达国家现代服务业中,生产性服务业约占服务业的70%。一个国家想要把生产技术提高上去,成为真正的强国,首先要大力发展生产性服务业。

(三)规律三:服务业创新

创新给服务业带来了新的活力。尤其数字技术的发展全面革新了服务业的生产方式。数字技术改变了传统服务业的运作方式,服务业变得更加标准化和透明化,生产效率大大提高,服务的体验大大提升。不少服务业也开始向规模化发展,如代拿代送原本只分散在各个地理区域之内,借助互联网技术,发展成了快递服务业,如今快递服务业已经发展成为庞大的新兴产业,并支撑电子商务等行业的发展。很多原本只能由政府供给的公共服务也得以市场化。如公共交通服务很多地方是不赚钱的公共服务,借助互联网技术,共享汽车、共享自行车成为可以盈利的服务业务,大大降低了政府在公共出行上的投入。不仅如此,很多新的服务业商业模式依托数字技术产生。社交网络服务、在线游戏等都是新时代依托数字技术产生的新服务,类似的新服务仍在不断涌现。

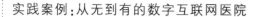

实践案例:从无到有的数字互联网医院

中国有着14亿多的人口,医疗卫生是一个重大民生问题。党的十八大以来,我国努力发展具有中国特色的医疗卫生事业,取得了重要的阶段性成效。但由于基础薄弱,目前我国医疗卫生总供给还不充分。根据世界卫生组织的统计,我国医疗卫生开支占GDP的比重排名还比较靠后(2021年我国为191个成员方的第144位),"看病难、看病贵"问题还未彻底解决。互联网医院的创新发展成为医疗卫生事业的一支重要力量,其中不得不说的是"春雨医生"。

春雨医生,是我国最早深入"互联网+医疗健康"领域的知名企业,是凭借互联网、物联网、大数据云平台及人工智能等技术创新能力,赋能实体医疗机构建设升级的智慧医疗健康应用型创新企业。先后开创了在线问诊、家庭医生、互联网医院、视频问诊等互联网医疗服务模式,摸索出了33类特色慢病管理全生命周期解决方案,确立了5A互联网诊疗标准,建立了自有VIP专业就诊与健康顾问队伍,搭建了"速度、专业度、服务态度"三位一体的互联网问诊质量控制体系。在AI与大数据应用方面,春雨医生的"三分钟智能接诊""春雨智能大脑辅诊系统"等取得了专利级技术成果。在医疗服务类别的广度方面也不断拓展,除问诊外,还可以为用户提供体检、疫苗注射、挂号转诊、送药上门、跨境医疗等深度服务。

春雨医生成了线上线下医疗网络的重要参与者。一方面,与腾讯、百度、华为、天士力、拜耳、杨森、辉瑞、GSK等千余家大型企业建立生态合作;另一方面,与我国公共卫生系统深度融合,在全国十几个城市落点近百家春雨健康社区服务实体,并和当地三甲医院、医疗机构、保险公司联合创新,构建城市医联体、医共体,实现分级诊疗,创新惠民健康险,提升民生健康。春雨健康社区以"小前端,大后端"的形式填补了基层医疗体系的空白。

截至2022年5月,春雨医生已积累了1.5亿用户,超过66万名公立医院执业医师入驻平台,累计服务患者超4亿人次,积累了3亿多的健康档案数据,日均问诊量超39万人次,客户满意度达到98%。春雨医生已成为全球领先的数字互联网医院。

(四)规律四:服务业集聚化

服务业壮大的过程中,出于规模效应、信息对称、获取创新溢出等原因,在一定地理区域内聚集成集群,这被称为集聚化。典型案例如物流服务业集聚区(港口等)、金融业集聚区、研发设计集聚区等生产性服务业领域。此外,生活性服务业也存在很多集聚区,如旅游服务集聚区、餐饮服务集聚区、零售服务集聚区等。

集聚化从多个方面促进了现代服务业的发展。首先,集聚区服务业将本地和周边区域的资源要素,如资本、技术、人才、知识等汇聚在一起,降低了资源搜索的成本,集中市场需求,实现了规模效应。其次,服务业集聚能促进产业结构趋向合理化。服务业多样化集聚可以更好地发挥产业链上下游各企业的比较优势,进而推动产业分工的深化,实现范围经济效应。此外,服务业集聚可以促进集聚区内服务业的相互学习和交流,加速知识溢出,进而产生技术外部性效应。

实践案例：长三角一体化发展背景下的金融集聚区

金融集聚区通常是指地区金融产业集聚的区域。金融集聚区不都是金融中心，但金融中心基本都具备金融集聚区的特征。金融集聚区往往对一个地区经济发展有着举足轻重的作用。2008年，《国务院关于进一步推进长江三角洲地区改革开放和经济社会发展的指导意见》提出了长三角一体化发展的国家战略。长三角金融集聚区的发展就成了一体化发展的重要议题。

经过多年建设，长三角金融集聚区的发展初步成形。以最早的上海"金融贸易区"陆家嘴为中心，发展成包括杭州、南京等省级城市，以及苏州、绍兴等地级城市的多层次金融集聚区（见表1-2）。

表1-2 长三角一体化下的金融集聚区

城市地区	金融集聚区	级别	建设时间
上海浦东新区	陆家嘴金融城	国家级	1990 年
杭州上城区	钱江新城核心区	区域级	2002 年
南京建邺区	河西金融集聚区（河西 CBD）	区域级	2002 年
宁波鄞州区	东部新城金融商务区	地区级	2005 年
温州鹿城区	滨江 CBD	地区级	2007 年
上海黄浦区	外滩金融集聚带	区域级	2009 年
南通崇川区	南通 CBD	地区级	2001 年
嘉兴南湖新区	南湖新区 CBD	地区级	2012 年
无锡经开区	太湖湾 CBD	地区级	2012 年
镇江镇江新区	中心商贸区	地区级	2013 年
常州天宁区	金融商务区	地区级	2014 年
盐城盐南新区	盐城金融城	地区级	2014 年
安庆东部新城	金融商务中心	地区级	2018 年
苏州苏州工业园	环金鸡湖 CBD	区域级	2018 年
湖州南太湖新区	南太湖新区 CBD	地区级	2019 年
金华金义新区	金东商务中心	地区级	2019 年
绍兴镜湖新区	镜湖 CBD	地区级	2019 年
扬州广陵新城	广陵新城中央商务区 CBD	地区级	2019 年
舟山小干岛	海上金融商务区	地区级	2020 年
台州椒江区	台州金融创新发展区	地区级	2021 年
泰江海陵区	金融商贸片区	地区级	2022 年

(五)规律五:服务业全球化

现代服务业发展的另一个重要原因是全球化贸易。服务业曾被认为是不可贸易的,因为服务最早的表现为劳务形态,无论是教育、医疗、音乐还是家政,服务提供和服务接受双方必须同时同地。上课老师和学生必须同时在场,看病医生和病人必须同时在场。而且,服务曾经被认为是不可分工的。一个产品可以被放在全世界很多地方加工不同的部分,最后组装完成,但是服务业似乎没有这样的分工形态。数字时代,服务业不仅可以有国际贸易,而且可以进行国际分工。在 20 世纪 60 年代之前,音乐肯定是不可贸易的。1962 年卫星电视出现以后,远端的音乐可以传输到另一个国家去听,21 世纪互联网的发展使得远程的音乐传递更加普遍。但那时音乐不能像制造业那样,把每一个部分分开到不同的地点去制造(演奏),让最适合的人来制造(演奏),而有了 5G 之后,异地共同演奏一首音乐或者共同举办音乐会成为可能。一旦服务业实现可全球贸易和可全球分工,就会展现出比制造业分工更强的竞争力。制造业无论规模经济有多么明显,产品总是要被一个一个地生产出来。服务业是可以复制的,网络空间的服务真正可以做到消费者只选最好、生产者赢者通吃。服务业的全球化为服务业提供了更为广阔的空间。

实践案例:数字时代的全球研发设计服务业

猪八戒网是地处重庆的生产者服务平台,它主要为各种机构、企业组织、社会团体以及个人提供在线创意工作服务。如要为一个新企业设计一个标识,用户只要把需求确定好后在平台上发布,平台就会智能为其匹配国内国际的设计服务供应商。

目前,研发全球分工越来越流行,如全球多个国家的几百个工程师可以同时在平台上为比亚迪、吉利等中国汽车企业设计一款新车,没有出一张实体设计图,也没有出一个零部件实体模型,所有过程都在数字平台上完成。研发设计全球分工不光有速度优势,还能在每个领域集成全球最优秀的设计师共同完成,这是单个设计团队不能匹敌的。

第二节 服务业的分类

服务业包罗万象。对服务业进行科学划分是指导服务业分业管理、助推服务业快速发展的重要基础性工作之一。服务业分类标准是从服务领域的角度给出的服务业分类,也为相关服务行业搭建标准体系提供了具体指导。服务业分类不尽相同。国际上有联合国产业分类、北美产业分类、欧盟产业分类、WTO 国际贸易服务部分的分类,各个国家如德国、巴西、印度等国家也有自己的产业服务业分类。

随着全球经济呈现出由"工业型经济"向"服务型经济"转型的趋势,中国也正面临着从制造业大国向服务业大国的转变。对此，我们应及时制定服务业分类国家标准，对服务业分类进行明确界定，给出服务业的门类、中类、大类和小类，并以标准的形式固化下来，以方便使用者使用，助推服务业及其标准化工作的快速发展。《国民经济行业分类》(GB/T 4754—2017)基于服务业分类的国际经验，对我国服务业分类演变、联合国服务业体系演变、北美分类体系演变和日本行业分类体系演变进行了分析，并总结出服务业分类演变的特点，给出了包含 17 个大类 50 个小类的服务业分类标准。

一、传统服务业与现代服务业

(一)传统服务业

传统服务业是指为人们日常生活提供各种服务的行业，如商贸业、餐饮业、住宿业、旅游业等。传统服务业的特点在于，它是劳动密集型的，就业者不需要很高的技术或知识，它所提供的服务主要是满足消费者的基本需求，具体包括饮食业、旅店业、商业等，它们大都具有悠久的历史。

传统服务业之所以被称为传统，其一是指需求是"传统"的，即其需求在工业化以前就广泛存在。其二是指生产方式是"传统"的。所谓"传统"的生产方式，是指不以社会化的机器大生产为物质条件，生产关系较为单一。这种生产方式区别于资本主义生产方式，可称为"前资本主义生产方式"，家仆服务和传统商业是这类服务的代表部门。

(二)现代服务业

现代服务业与传统服务业相对应，是一种现代化、信息化意义上的服务业。主要是指伴随工业化进程并依托信息技术和现代管理理念、经营方式和组织形式而发展起来的向社会提供高附加值、高层次、知识型的生产和生活服务的行业。它既包括现代化进程中的新型服务业，也包括以现代化的新技术、新业态和新服务方式改造和提升的传统服务业。现代服务业的本质是实现服务业的现代化，而其核心则是发展技术、信息和知识等相对密集的现代生产性服务业。信息传输、软件和信息技术服务业，金融业，房地产业，科学研究和技术服务业，科技推广和应用服务业，教育，卫生和社会工作，文化、体育和娱乐业，公共管理、社会保障和社会组织等门类中的部分都属于现代服务业。

知识拓展：服务业的分类

现代服务业是指服务业分类当中的部分门类。有些服务业当中的大类被列为现代服务业，但这些大类当中的小类因为不具有现代服务业的特征，而未被列为现代服务业。比如水利、环境和公共设施管理业大类中水利管理业和公共设施管理业两个小类就未被列为现代服务业的范畴(见表 1-3)。

表 1-3　现代服务业分类

行业门类	行业大类	行业名称	行业门类	行业大类	行业名称
I		信息传输、软件和信息技术服务业		75	科技推广和应用服务业
	63	电信、广播电视和卫星传输服务	N		水利、环境和公共设施管理业
	64	互联网和相关服务		77	生态保护和环境治理业
	65	软件和信息技术服务业	P		教育
J		金融业		83	教育
	66	货币金融服务	Q		卫生和社会工作
	67	资本市场服务		84	卫生
	68	保险业	R		文化、体育和娱乐业
	69	其他金融业		86	新闻和出版业
K		房地产业		87	广播、电视、电影和录音制作业
	70	房地产业		88	文化艺术业
L		租赁和商务服务业		89	体育
	72	商务服务业		90	娱乐业
M		科学研究和技术服务业	S		公共管理、社会保障和社会组织
	73	研究和试验发展		94	社会保障
	74	专业技术服务业			

资料来源:《现代服务业通用标准汇编》。

二、生活性服务业与生产性服务业

(一)生活性服务业

生活性服务业是指满足居民最终消费需求的服务活动。生活性服务业分类范围包括：居民和家庭服务,健康服务,养老服务,旅游游览和娱乐服务,体育服务,文化服务,居民零售和互联网销售服务,居民出行服务,住宿餐饮服务,教育培训服务,居民住房服务,其他生活性服务等。生活性服务业共有 12 个大类,46 个中类,151 个小类。

(二)生产性服务业

生产性服务业是指为生产活动提供的生产性支持服务。生产性服务业包括为生产活动提供的研发设计及其他技术服务,货物运输、仓储和邮政快递服务,信息服务,金融服务,节能与环保服务,生产性租赁服务,商务服务,人力资源管理与培训服务,批发与经纪代理服务,生产性支持服务等。生产性服务业共有 10 个大类,35 个中类,171 个小类。

第三节　服务的内涵与特性

一、服务的概念界定

在服务经济时代，顾客所关心的是其独特需求是否最终得到了满足，产品已从最终目的变成了满足顾客独特需求的一种手段。在许多产业中，产品与服务逐渐走向了融合。自20世纪70年代起，学者们就开始关注服务与产品的区别，并致力于服务营销与管理的研究。对服务的研究也由早期对服务特性的关注，逐渐转变为关注顾客在服务中所扮演的重要角色。

那么服务究竟是什么呢？尽管它一直和我们"相处"，但要准确地阐述它的定义，并不是一件简单的事。自从人们认识到服务的存在以来，对其界定和认识的争论就从来没有停止过。从不同的角度、不同的立场、不同的背景来看待它，往往会得出不一样的结果。在《现代汉语词典》里，对服务的界定是这样的："为集体（或别人）的利益或为某种事业而工作。"这是服务的一般性概念，它涵盖了服务所指的一切内容，凡是工作的内容不是"为己"的行为，都属于这个范畴。从经济学的角度来讲，它是与有形商品相对应的一个概念，商品和服务都能够给别人带来使用价值。但不同的是，商品通常表现为不同形式的具体事物，而服务则是以各种活动的形式出现的。从词义来看，生产和服务是一对概念，商品是人们用劳动生产出来的有形物体，而服务则是劳动所提供的无形形态。可以说，迄今为止，对"服务"一词的界定和理解，无论是经济学领域的专家，还是营销学领域的专家，都没有达成共识。

有关服务概念的研究大致是从20世纪五六十年代开始的。1960年，美国市场营销协会（American Marketing Association，AMA）给服务下的定义为"用于出售或者是同产品连在一起进行出售的活动、利益或满足感"。这一定义曾被广泛使用，但它的缺点也是显而易见的，它并没有充分地把服务与产品区分开，因为有形产品也能用于出售并获得利益和满足感。此后，很多学者展开了进一步的探索。

科特勒认为，服务是一方能够向另一方提供的、基本是无形的任何活动或利益，并且不会导致任何所有权的产生。它的生产可能与某种有形商品联系在一起，也可能毫无关系。

泽斯曼尔则提出了一个简单而广泛的定义：服务是行动、流程和表现。

后来，AMA又对服务的概念进行了修订，将其定义为："可被区分界定、主要为不可感知但却可使欲望得到满足的活动。这些活动并不需要与其他产品或服务的出售联系在一起。生产服务时可能需要或不需要利用实物，即使需要借助某些实物协助生产服务，这些实物的所有权也不涉及转移的问题。"

以上这些定义，都是从某个侧面反映服务的特质，有着一定的局限性，但是它们从不同的侧面揭示了服务的某些共同特点，可以使其他学者从这些基本特征出发进一步研究服务的内涵。

综合来看，服务的概念也存在广义和狭义之分。广义的服务泛指人类社会各个领域具备服务特征的行为或活动，例如政府的行为、社会组织的公益行为等。狭义的服务一般是指服务企业提供的服务性产品或制造型企业提供实物商品所附加的服务内容。

服务在服务营销研究领域一般是指其狭义的概念。在本书中,我们基本采用著名服务营销学者格罗鲁斯对服务的定义:"服务是由一系列或多或少具有无形特性的活动所构成的一种过程,这种过程通常发生在顾客与服务提供者及有形资源的互动关系中,这些有形资源(商品或系统)是作为顾客问题的解决方案提供给顾客的。"

一些学者和机构对服务概念的界定总结如表 1-4 所示。

表 1-4 关于服务的界定

机构或学者	服务定义
美国市场营销协会(AMA)	服务是用于出售或同产品连在一起出售的活动、利益或满足感
里根	服务是直接提供满足或者与有形商品及其他服务一起提供满足的抽象性活动
斯坦顿	服务是可独立识别的不可感知活动,为消费者或工业用户提供满足感,但并非一定要与某个产品一起销售
莱赫蒂宁	服务是与某个中介人或机器设备相互作用并为消费者提供满足的一种或一系列活动
美国市场营销协会(AMA,修订)	服务可被区分界定、主要为不可感知却可使欲望得到满足的活动。这些活动并不需要与其他产品或服务的出售联系在一起。生产服务时可能需要或不需要利用实物,即使需要借助某些实物协助生产服务,这些实物的所有权也不涉及转移的问题
科特勒	服务是一方能够向另一方提供的、基本是无形的任何活动或利益,并且不会导致任何所有权的产生。它的生产可能与某种有形产品联系在一起,也可能毫无关系
格罗鲁斯	服务是由一系列或多或少具有无形特性的活动所构成的一种过程,这种过程通常发生在顾客与服务提供者及有形资源的互动关系中,这些有形资源(商品或系统)是作为顾客问题的解决方案提供给顾客的
国际标准化组织	服务是为满足顾客需要,供方与顾客接触的活动和供方内部活动所产生的结果
克里斯多夫和洛夫洛克	服务是由一方向另一方提供的经济活动,大多数是基于时间的行为,旨在对接受者本身或对象及购买方负有责任的其他资产产生期望中的结果

二、服务的本质特性

(一)无形性

服务的无形性是指服务在购买之前是看不见、摸不着的,没有具体的量化指标可供评价参考。这是服务与产品主要的差别。无形性意味着与有形产品相比,服务的若干组成元素很多时候是无形无质的,服务的利益也难以觉察,或者在一段时间后顾客才能感觉到利益的存在。相比较而言,纯粹的产品是高度有形的,而纯粹的服务是高度无形的,但它们在现实中都非常少见。在现实中,很多服务需要利用有形的实物才能完成服务程序。例如,在餐饮业的服务中，不仅有厨师烹调的服务流程，也有物料的加工流程。其实，在纯粹的产品和服务之间存在着一系列连续变化的中间状态，如图1-3所示。

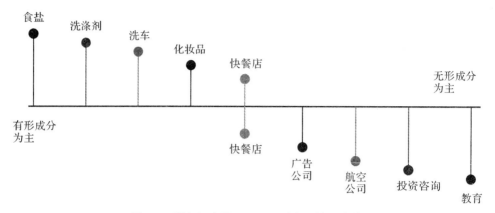

图1-3　服务与产品——无形到有形的连续谱

所以在更多情况下，有形产品可能作为无形服务的载体，而无形服务则可能是有形产品价值或功能的延伸。现实中，许多企业实际向顾客提供的往往也都是产品和服务的"复合体"。

服务作为一系列活动或过程，不像实物那样能够看得见、摸得着。例如，一位顾客买了一台时尚的品牌智能手机，那么手机的型号、颜色、体积、形状、重量、材质、功能键等都能很清楚地看到或反复观察、使用。而服务却是无形的，顾客看到或接触到的只是服务过程中的有形设施，如座椅、宣传单、账单、计算机、办公场所布置以及服务人员等。

服务的无形性特征主要强调服务作为一个过程表现出来的基本特性。有学者把不可感知性作为服务的基本特性是不准确的。任何服务，顾客都应该能感知到，而且感知越明确、越强烈，说明服务提供者的服务水平越高。

现在，几乎所有的中国人都是移动通信企业的客户。从事基础电信业务的移动通信企业向顾客提供的核心服务是顾客看不见的可移动、不间断、全天候的信息传递服务。但是顾客对其服务及质量却有着清晰的感知和评价。

(二)生产与消费同步性

有形的实物产品在从生产、流通到最终消费的流程中，往往要经过一系列的中间环节，生产与消费常常具有一定的时间间隔。如最新款智能手机的生产是在工厂车间中完成的，通过销售商家实现实物转移，顾客可以在办公场所或家庭生活中反复使用这部手机，未销售出去的手机则存放在仓库之中。而服务则与之不同，它具有同步性。由于服务本身不是一个具体的物品，而是一系列的活动，所以在服务流程中，消费者和生产者必须直接发生联系，从而生产的流程也就是消费的流程。也就是说，服务人员为顾客提供服务时，也正是顾客消费服务的时候，两者在时间上不可分离。

服务的同步性表明，顾客只有而且必须加入服务的生产流程中，才能最终消费到服务。顾客不仅是服务的消费者，而且是服务的协作生产人。他们参与生产流程并且能观察生产流程，因此他们可能会影响服务交易的结果。例如，只有当病人向医生讲明病情，医生才能够作出诊断。又如，在音乐厅听交响音乐会，当演奏者演出完毕，顾客也随之消费结束。

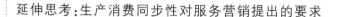

延伸思考:生产消费同步性对服务营销提出的要求

　　一位优秀的旅行社导游在介绍服务经验时说:"我感到,上任务要全身心地投入。要像演戏一样,很快进入角色。"这一点,讲起来容易,做起来难。导游生活在世界上,不可能事事如意,总有不尽如人意的地方。在这种情况下,精力要集中,上了(旅行)团就只能想一件事,就是如何把这个团陪好。要排除一切干扰,再大的事也只能等到下了团再说。这里,他把"进入角色"与"忘我"(不受干扰)联系起来了。他还谈到导游角色的出场"亮相",他说"给来宾的第一印象非常重要"。当客人同你一见面,就要给对方有一个可亲可信的印象,使他们相信,跟着你出去游览,一定能够玩得开心,玩得满意。"第一印象"是怎么产生的呢? 一是外表整洁,包括穿戴得体,整洁大方,佩戴胸卡,手持引导旗和喇叭,让人一看,这个导游比较专业,训练有素,用我们的行话来说就是比较规范化。二是谈吐斯文。一个好的导游,十几年甚至几十年的功底最能在开场白的半小时里反映出来,外语(或方言)的发音要字正腔圆,介绍的内容要丰富、精彩,语言和语调要充满激情。千万不能毫无准备,有气无力,结结巴巴。这段开场白讲得成功与否,也许会给来宾留下最深刻印象。三是要注意礼貌,见面问个好,离开道个别,进出站提提行李,上下车扶扶老人,别看这些举手之劳不足挂齿,但能很快消除宾主双方的陌生感,顿时觉得同来宾的心靠近了。这里,他对导游的角色规范,即仪表、谈吐和行为举止规范,谈得十分透彻。看来,导游过程就像演戏一样,要忘掉自己,要进入角色,要讲究角色形象。

(三)异质性

　　异质性是指服务的构成因素和服务质量水平经常发生变化。服务行业是以"人"为中心的产业,人的个性的存在使得服务很难采用同一种标准。服务是一系列活动的整合流程,其中的顾客、员工、管理人员以及环境等任何一个要素发生变化,都会对服务流程和服务结果产生影响。所以,服务供应商每次提供的服务可能都会有所不同,无论是两个完全不同的企业所提供的同一种服务,还是同一企业、同一员工在不同时间内提供的服务,即使提供的服务完全相同,不同的接受者对其的评价结果也会存在差异。例如,同样是去一个旅游景点,有些人会流连忘返,而有些人则会失望而归。

(四)不可储存性

　　实物产品可以存放到仓库,也可以转卖、退货等,但服务无法像有形产品那样可以储存。例如,对于网络服务而言,非高峰期的流量是无法储存用来缓冲高峰期的拥挤状态的。又如,即使公共汽车上只有一名乘客也必须按时发车,该班次的其他座位是无法为下一班次预留的。一位遭受了服务人员几次白眼的顾客也无法把这次服务转让给其他顾客或要求退还服务。这位顾客的选择只能是中止此次服务,未来不再接受该企业的服务而已。

延伸思考：不可储存性对服务营销提出的要求

服务不可储存、需求波动大，而且难以预测。因此，计划服务能力对企业来说至关重要。一方面，企业可以通过挽留和计划安排来"储存"顾客。例如，饭店、理发店和旅店等服务机构都接受预订服务，这样可以根据顾客的需求情况和自身服务能力进行调节，从而减少顾客的等待时间和流失。另外，也有些服务供应商借助差异化定价来进行协调。不过，企业必须保证这些措施处于顾客可以忍受的范围之内，并要时刻关注顾客态度的变化，必要时予以适当补偿。此外，补充性服务、自动化和增加顾客工作参与等措施，也可以在一定程度上缓解服务供应商面临的压力。

三、服务衍生特性及其营销启示

从营销视角看服务特性，服务在与产品的关系、劳动密集程度和交互定制程度、服务交付方式等方面存在内部差异，基于这些衍生特性维度，对服务进行营销学视角的区分可以为创新服务营销提供更多机会。下面就几种典型的服务衍生特性及其营销启示作简要介绍。

(一)基于与产品关系的服务分类及其营销启示

基于所涉及的具体产品，服务可以划分为两大基本类型：一类是与产品有关的服务；另一类则是纯服务。

(1)与产品有关的服务

所谓与产品有关的服务，又称产品服务，是指在交易流程中不但有无形服务，还有有形产品，如运送、安装和维护等服务。在这类服务的交易流程中，顾客总价值由产品价值和服务价值共同组成。根据侧重点的不同，这类服务又可以分为依附于产品的支持性服务，以服务为主、附带产品的服务，以及产品与服务相互混合的综合服务这三种基本类型。

①依附于产品的支持性服务

这类服务在制造业中比较常见。普通产品(如汽车和计算机)的技术越复杂，它的销售就越倾向于依靠服务质量和体验(如送货、修理和保养、培训操作和装配指导)。目前，很多企业已经将产品服务系统作为提高企业竞争力的重要武器，并不断地进行开发和利用。

②以服务为主、附带产品的服务

这类服务的交付由一项主要服务和某些附加服务或辅助产品组成。例如，航空公司的乘客所购买的是运输服务，他们到达目的地的运输服务并没有表现为任何有形物品，但在运输服务的提供流程中，往往还涉及一些如食物、饮料和杂志的供应等有形物品。另外，大型会议中心除了提供会议使用的数字化会议系统和投影电子屏幕等设备服务以外，往往也提供饮品与食物等附带产品。

③产品与服务相互混合的综合服务

这类服务主要是指服务与产品在顾客的消费流程中都很重要，缺一不可。例如，餐馆既要提供食品,又要提供服务,缺乏任何一项都不能够正常经营。类似的,加工服务(如裁缝店)既要为顾客提供技术服务,又要提供实物产品。

（2）纯服务

纯服务是指完全独立于有形产品的服务,如理发、护理、保险业、银行业和律师服务等。在纯服务中,顾客与服务供应商之间的互动显得十分重要。例如,律师事务所为顾客提供的服务主要是智力服务,但却是一个高接触性的互动流程。近年来,随着分工的专业化以及信息技术的出现,纯服务得到了迅速发展。物流流程中的某些重要环节,如运输和仓储等服务已经从一些企业中独立出来形成了一种纯服务性质的供应企业,为顾客提供更加专业的物流服务,如运输公司、仓储公司和第三方物流公司等。

在现实中,纯粹的服务相对较少,服务与有形产品交融在一起的状态则相对较多。大多数情况下,服务需要依托有形产品,而有形产品中也包含了服务的成分。对服务进行分类研究,有利于企业提高服务管理和服务营销的水平。

（二）基于劳动密集与互动和定制化程度的服务分类及其营销启示

与格罗鲁斯相似,施米诺对服务的类型进行了研究,最终将劳动力密集程度和同顾客之间的互动与定制化程度作为服务交付流程的两个主要维度,对服务进行了分类,如图1-4所示。

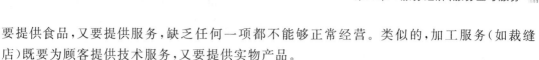

图 1-4　服务过程矩阵

资料来源:Schmenner R. How can service businesses survive and prosper? [J]. Sloan Management Review,1986,27(3):25.

劳动力密集程度是指劳动力成本与资本成本的比例,一般来说劳动力密集程度越高,该服务所要求的劳动力消耗越大,资本投入则相对较少;反之,则意味着劳动力的消耗要低于资本的消耗。互动与定制化程度是指服务供应商占服务接受者之间的接触程度,如果服务是标准化的,那么顾客与服务供应商之间就不需要进行较高程度的互动,顾客对服务的影响程度也就较低,如快餐店提供的标准套餐;而类似法律咨询这样互动与定制化程度较高的服务,则要求顾客与服务供应商之间进行充分的沟通。

基于互动程度的高低,服务还可以分为高顾客接触的服务和低顾客接触的服务。顾客接触程度是指顾客亲自出现在服务系统中。顾客接触程度可以用顾客出现在服务活动中的时间占服务总时间的百分比表示。在高顾客接触的服务中,顾客通过直接接触服务过程而

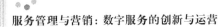

服务管理与营销：数字服务的创新与运营

决定了需求的时机和服务的性质。服务感知质量在很大程度上由顾客的感知决定。而在低顾客接触的服务中，顾客因不在过程中直接出现而不会对生产过程产生直接影响。即使在高顾客接触的服务中，我们也可以将一些运作部门封闭起来，不与顾客接触。例如，公共运输系统的维修和医院的洗衣房等。

高顾客与低顾客接触服务会对服务管理与营销产生深刻影响。比如，服务设计中要考虑在设施地址、设施布局、过程设计、员工技能等方面的差异。表 1-5 展示了高顾客与低顾客接触服务的设计思想。

表 1-5 高顾客与低顾客接触服务的设计思想

设计思想	高顾客接触服务	低顾客接触服务
设施地址	接近顾客	接近供货、运输、港口
设施布局	考虑顾客的生理和心理需求及期望	提高生产能力
产品设计	环境和实体产品决定了服务的性质	顾客在服务环境之外
过程设计	生产环节对顾客有直接影响	顾客不参与大多数处理环节
进度表	顾客包括在生产进度表中且必须满足其需要	顾客主要关心完成时间
生产计划	订单不能被搁置，否则会丧失许多生意机会	出现障碍或顺利生产都是可能的
员工技能	直接人工构成了服务产品的大部分，因此必须能够很好地与公众接触	工人只需一种技能
质量控制	质量标准取决于评价者，是可变的	质量标准是可测量的，固定的
时间标准	由顾客需求决定，时间标准不严格	时间标准严格
工资支付	易变的产出要求计时报酬	固定的产出要求计件报酬
能力规划	为避免销售损失，生产能力按满足最大需求设计	存储一定的产品以使生产能力保持在平均需求水平之上
预测	短期的，时间导向的	长期的，产出导向的

(三)基于交付方法的服务分类及其营销启示

基于交付方法对服务进行分类，构成了服务营销渠道策略的主要内容。基于支付方法，服务可分为顾客介入服务组织、服务组织介入顾客以及顾客与服务组织的远距离交易这三种类型。从服务市场的分销渠道来看，这种分类方法能够对顾客服务经历和服务成本等产生重要影响。

(1)顾客介入服务组织

对于这类服务而言，顾客必须到服务组织所在的场所才能够接受服务，如到歌剧院看歌剧、到餐厅吃饭等。这类服务带给管理人员的营销启示，就是要考虑店面位置的便利性、店面装潢的美观性以及提供服务的速度(响应性)，考虑是不是在对顾客而言很便利的地点和时间把服务交付给顾客，考虑顾客在接受服务时是否感到愉快，考虑服务场所、设备和人员是否能够给顾客带来良好的体验等。

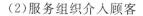

（2）服务组织介入顾客

有些服务往往需要服务组织（服务供应商）到顾客那里去提供服务，例如清洁服务、搬运服务和大型家电的维修服务等。对于服务人员来说，这类服务的成本是非常高的，往往比顾客到店面接受服务需要更多的时间、服务人员和交通费用等。不过，这类服务体现了服务组织的专业性，并使顾客享受上门服务的便利。

（3）顾客与服务组织的远距离交易

在顾客与服务组织的远距离交易中，顾客与服务组织并没有直接面对面的接触，顾客关心的只是服务结果，这有助于减少在服务流程中发生服务失败的机会。在这类服务中，顾客与服务组织的接触可能是通过电话、邮寄或者网络等方式进行的。例如，信用卡和网上银行服务就属于这种服务类型。对于这类服务，企业考虑的重点就应该是通信工具（或交易工具）的可用性以及服务是否能够吸引顾客等。

本章小结

生产力不断发展推动着服务业的不断壮大。服务业通过制造业中服务部分的外部化，专业服务内容在制造业内的中间化，服务业自身的知识化及多维度创新，服务业分部门间集聚化，服务业摆脱区域限制实现离岸化等多种途径获得快速发展。

如今，服务业的增加值已经占据许多发达国家 GDP 的 2/3 以上，形成了包括生产性服务业、生活性服务业的庞大产业体系。数字时代背景下，服务业迎来了新的快速发展，服务业呈现出现代化特征。依托数字技术，很多服务业改变了原有的面貌，更多新的服务业应运而生。

服务业与制造业相比具有无形性、同步性、异质性、不可储存性的特征，随着现代服务业在传统服务业基础上的分化发展，服务业与产品的关系、劳动的密集程度、用户的参与方式上呈现出差异性。

本章思考

1.服务业是基于哪些规律发展起来的？

2.服务区别于产品有哪些特征？

3.从营销视角，服务可以从哪些方面进行分类？

第二章 服务营销理论的基础与趋势

服务业经过半个多世纪的发展,催生了服务营销这门新学科,逐渐形成了包含丰富内容的服务营销理论体系。但是,服务营销自产生以来,长期借鉴工业经济时代的产品营销理论的既有成果,只是在其基础上添加了适合服务特性的理论内容,因此,目前为止,服务营销相关理论具有强烈的产品营销理论色彩,一直都未形成真正体现自身特点的服务营销理论体系。本章将概述服务营销的内涵,梳理服务营销的发展历史及典型理论,并讨论服务营销理论研究的前沿趋势。

第一节 服务营销概述

一、服务营销的内涵

服务经济在世界范围内崛起的背景下,服务企业却对如何进行服务营销感到困惑。企业需要一套以服务为导向的营销框架来指引营销行为。美国服务营销学创始人之一——戴维斯曾这样概括服务营销对服务企业的意义:我们能够预见,正如在工业革命时期服务活动围绕着生产进行组织和管理一样,在今天新的经济活动中,生产将围绕着服务进行组织和管理。

服务营销作为整个市场营销理论体系的一个分支,专门研究服务市场营销的普遍规律和策略技巧,是在充分认识顾客需求的前提下,以顾客导向为理念,通过相互交换和承诺以及与顾客建立互动关系来满足顾客对服务流程消费的需求。

二、服务营销的产生与发展

对服务的研究从亚当·斯密时代就开始了,但是服务营销作为一门学科产生才几十年的时间。服务营销产生与发展的历程主要包括三个阶段。

(一)产生阶段

大部分学者对服务营销的研究是从发表论文开始的。拉斯梅尔于1966年首先提出服务营销不同于有形产品营销,应该得到重视,并应该采取非传统的方法来研究服务营销问题。约翰逊自1969年发表的论文中将"商品和服务是否有区别"的问题正式提出以来,引发了一场关于商品与服务的论战。20世纪70年代,理论界对服务特征的研究最为活跃,贝特森、温伯格、兰古尔德、洛夫洛克等学者纷纷发表经典论著。1979年美国市场营销协会(AMA)

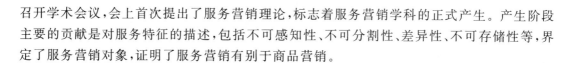

召开学术会议,会上首次提出了服务营销理论,标志着服务营销学科的正式产生。产生阶段主要的贡献是对服务特征的描述,包括不可感知性、不可分割性、差异性、不可存储性等,界定了服务营销对象,证明了服务营销有别于商品营销。

(二)探索阶段

20世纪80年代上半期是服务营销百家争鸣的时期。这一阶段的研究建立在第一阶段的研究成果之上,主要探讨了服务的特征如何影响消费者的购买行为。很多研究集中于消费者对服务的特质、优缺点以及潜在购买风险的评估。

这个阶段有两种外部环境的发展倾向引发了对服务营销的深入研究。首先,20世纪80年代初期对服务业解除管制,改变了航空运输、金融服务、电信、健康保健等领域的营销行为,激烈的价格竞争和新对手的出现使服务营销成为决定公司命运的关键手段。这种强烈的需求加强了实践者与理论者之间的合作,使服务行业的管理者与市场营销专家联手共同应对挑战。其次,美国市场营销协会组织的一系列关于服务营销的学术会议极大地鼓舞了理论界对服务营销研究的热情。

此外,该阶段美国的服务营销学者在亚利桑那州立大学成立了"第一跨州服务市场营销学研究中心",成为北欧迪诺克学派之后的又一个服务营销学研究中心,它标志着美国市场营销学者开始重视对服务市场营销学的研究。

(三)突破发展阶段

到了20世纪80年代后半期,有关服务营销的研究主要集中在传统的市场营销组合是否能够有效地推广到服务营销中,以及在服务营销中需要哪些营销工具。越来越多的学者在这一时期意识到,有效的服务市场战略应包括七种变量,即在传统的市场营销4Ps基础上添加了"人员"(personnel)、"有形展示"(physical evidence)和"服务过程"(process),即7Ps。随着7Ps的提出并日益得到广泛的认同,学者们开始了多样化的与7Ps有直接或间接关系的研究,包括内部市场营销、服务文化、员工和顾客满意、全面质量管理以及服务的设计及其市场定位战略等。这些研究都引领了20世纪90年代以后服务营销理论的研究方向。该阶段,有关服务营销的著作、期刊论文、学术报告等文献数量激增。其中,贝特森于1995年撰写的《管理服务营销》和洛夫洛克于1984年首版、目前已经修订到第九版的《服务营销:人、技术、战略》都已成为服务营销领域的经典著作。

(四)自主创新阶段

21世纪互联网的迅速发展,尤其是2010年以后,移动互联网的发展,推动了共享经济、平台经济、电子商务等商业模式创新,世界快速进入数字经济时代。随之而来的问题是,以前基于物理网点开发而来的客户发现企业变得虚拟化了,越来越多的服务和营销都通过信息技术工具来实现,企业与客户之间的接触与互动也逐渐电子化和虚拟化了。此外,服务的远程交付使得客户分散化。企业发现对客户的了解越来越不足,企业需要把客户数据组织成信息,将客户信息转化为客户知识,并且基于客户知识来设计和执行适合的客户策略。企业意识到不仅需要在不同的渠道和客户触点上向客户提供一致的服务体验,还需要建立更直接的客户吸引力来影响客户对其产品和服务的关注。如西博尔德在《客户革命》一书中提出了企业如何建立为客户带来舒适和便捷的无缝客户体验的理念与方法。

这一背景下服务主导逻辑开始形成，即从某种意义上来看，"万物皆服务"，制造服务化、物联网等新概念被提出，促进了互联网营销、社会化媒体营销、体验营销、全渠道整合营销、注意力经济等各种强调用户端体验的营销理论及方法的发展。

三、服务营销的重心转移与演进

如前所述，尽管服务营销活动在 20 世纪 60 年代就已经出现，但直至 20 世纪 90 年代，服务营销还仅仅是市场营销学中的次要角色。随着服务营销的发展与演进，其重心仍在转移，如图 2-1 所示。

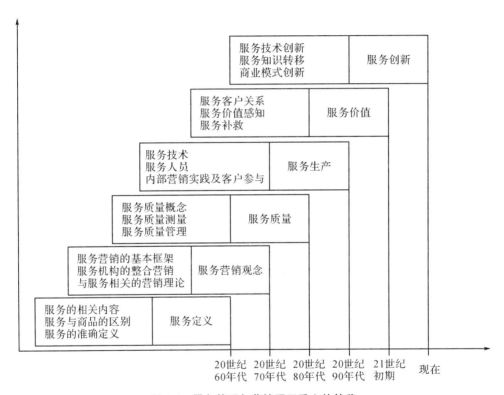

图 2-1 服务管理与营销研习重心的转移

资料来源：根据布鲁恩，乔治.服务营销：服务价值链的卓越管理[M].北京：化学工业出版社，2009：383 改编。

(一)20 世纪 60 年代

人们普遍关注的是服务的定义。在这一阶段，已经开始涉及"服务"这一概念，不过重点集中在关注服务的相关内容、服务与商品的区别以及服务的准确定义方面。例如，人们普遍认识到服务行业的持续增长，探讨了服务与商品之间的主要区别，认为服务是一种过程，其主要收益来自服务过程（如餐馆老板在餐厅为顾客提供服务，病人通过医生的诊断来获得医疗服务等）。

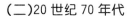

(二)20 世纪 70 年代

人们普遍关注的重心转移到服务营销观念上,并在 20 世纪 70 年代末至 80 年代初达到了巅峰。这一阶段关注的重点主要是把服务有别于商品的典型差异转化为针对服务的市场营销观念,并提出了服务营销的基本框架和服务机构的整合营销。同时,新的营销观念——关系营销也开始在服务营销中崭露头角。

(三)20 世纪 80 年代

服务营销的重心开始转移到服务质量的测量上。在这一阶段,不仅产生并开始强调服务质量这一概念,而且已经开始将其作为服务企业的主要挑战。其中,比较典型的代表就是应用最为广泛的差距服务质量模型和 SERVQUAL 测量体系。同时,也有学者强调服务接触是服务质量管理的核心,并提出了"真诚瞬间"的概念,诸如关键实践法和服务蓝图法等工具应运而生。

(四)20 世纪 90 年代

服务营销的重心逐渐转移到服务的整体运营上来。这一阶段,企业开始越来越关注服务的收益率和服务成本,在剖析服务生产过程中的投入与产出关系的基础上提出了服务生产力的概念,并开始探讨如何基于对服务要素的分析与管理,来提高服务生产力。同时,在这一阶段,也开始关注服务技术、服务人员和内部营销实践及客户参与。

(五)21 世纪初期到现在

服务营销的重心转移到客户价值上来,前所未有地将服务提供者与服务接受者联系起来。对客户价值的关注首先表现为重视客户感知服务价值,即通过客户视角来分析服务企业为客户所创造的价值;客户终身价值和客户资产的概念开始受到越来越多的关注。其次,表现为学者和管理者开始关注客户能够给企业所带来的价值,提出价值共创的思想。

这种客户主导思想进而更深刻地改变了服务企业的组织形态,客户价值驱动的互动组织、虚拟组织开始构建。这一时期提出了全渠道整合营销、社会化营销、价值共创等全新的理论与方法。

第二节　服务营销的基础理论

一、4Ps 与 7Ps 服务营销组合理论

(一)传统的 4Ps 营销组合理论

第二次世界大战以前,物资还十分匮乏,在产品数量供不应求的情况下,企业只要增加产量、降低成本即可获得丰厚的利润,基于此,在 20 世纪 60 年代,美国营销学学者麦卡锡从生产者的角度出发,提出了 4Ps 营销组合策略,分别是产品(product)、价格(price)、分销(place)和促销(promotion)。

1. 产品

产品是指企业提供给目标市场的商品和劳务的集合体。对于有形产品，企业需要更多关注产品线、产品组合、包装、品牌、质量和售后服务等。而在服务营销策略中，企业还必须特别考虑提供服务的范围、服务的质量、服务的水准以及服务的品牌、包装、保证等因素。例如，很多软件产品都会在软件安装之前弹出一个协议窗口，其中包含一条保证不泄露顾客个人信息的条款。

2. 价格

价格要素强调企业应该为能够满足顾客需求的产品与服务制定具有竞争力的价格。在有形产品中，企业对价格的关注点主要集中在产品的折扣、付款条件、价格变动和贸易折扣等。而在服务的具体定价过程中，企业应该考虑顾客的支付能力、服务期望等因素，因而应该更注重定价的灵活性、价格与服务定位的匹配性以及服务产品的区别定价等因素。

3. 分销

分销是企业使产品可进入和达到目标市场的各种渠道。在产品分销的过程中，企业更多的是关注渠道选择、渠道设计、运输、仓储和递送服务等。而在服务行业中，服务场所的店面位置、仓储和运输的可达性及其覆盖的地理范围等因素在服务营销的渠道策略中至关重要。随着互联网的发展，网络销售也成为服务营销的重要渠道。

4. 促销

促销是指企业利用各种信息载体与目标市场进行沟通的多元活动。在有形产品中，促销包括广告、人员推销、媒体选择、公共关系和营业推广等，而在服务营销中、促销更注重向不同顾客传递不同信息，即为他们提供个性化的服务和信息。比如，餐厅会根据之前的消费记录为即将到来的 VIP 客户或将要在餐厅举办特殊聚餐活动的客人提供特别的菜单，并显示"本菜单专为×××先生/女士及其同仁准备"。

(二)4Ps 拓展：7Ps 服务营销组合理论

与产品时代不同，在服务时代，员工的服务质量以及员工与顾客之间的互动是服务生产过程中不可缺少的一环，人员对服务质量有着不可避免的影响。此外，相较于产品可以通过不同感官进行判断，服务的无形性增加了消费者的不确定性，他们更倾向于借助有形线索来理解服务体验。因此，人员、有形展示、服务过程与传统的 4Ps 市场营销组合一起构成了 7Ps 服务营销组合理论。

1. 人员

一提起人员，大家想到的通常是服务人员。虽然，一线服务人员通过管理关键事件影响着服务接触的效果，决定了顾客对整体服务的满意程度，但人员的概念却不局限于一线服务人员。人员要素应该包括参与服务过程并对服务结果产生影响的所有人员，包括企业的员工、顾客和处于服务环境中的其他人员。

其中，一线服务人员的着装、仪表、态度和行为会对消费者的服务感知产生影响。例如，我们更愿意光顾那些服务态度热情的餐厅，而不愿意去那些服务态度冷漠的地方消费。跨边界扩展(boundary spanning)理论认为，一线服务人员作为连接服务组织与其顾客的桥梁

和纽带,使得服务组织的边界从组织扩展到了顾客。

顾客也会参与服务的过程,对服务质量和服务感知产生重要影响,他们的态度也会影响其他顾客对服务质量和服务过程的感知。例如,那些不配合列车服务人员的要求,在车厢内吸烟的人,不仅会严重影响服务质量,也会影响其他顾客对服务的感知。

此外,处于服务外部环境中的其他人员也会影响服务生产和消费的过程。例如,其他人对消费者发型的称赞,会促进消费者对美发店的再次消费。

2.有形展示

在无形物的消费中,有形展示的呈现是多方面的,可分为外部设施、内部设施和其他有形物。外部设施包括外部设计、标牌、停车场、风景和周围的环境;内部设施包括内部设计、直接用于服务顾客或用于企业经营的设备、标牌、设计图、空气质量和温度等;其他有形物包括名片、信纸、账单结算表、报告、员工外表等。

作为刺激物,以上有形展示的不同要素会对消费者的情绪产生重要影响,进而影响消费者的体验和满意度,刺激消费者表现出接近行为或逃避行为。例如,醒目的招牌方便了顾客对服务提供商的识别,可以降低消费者在寻找服务提供商的过程中的成本,提高消费者服务体验过程的流畅性,增加顾客的满意度。同样,便利的交通、令人舒适的外部环境,以及场所内部的设备、光亮程度都会对顾客的满意度产生影响。

在对有形展示进行管理的过程中,管理人员应该明确有形展示的目的在于使服务变得更加便利,提高服务质量和服务生产率,或弥补服务的无形性缺陷,从而作出合理的布局安排。比如,一些咖啡馆为了给顾客带来阅读的便利,会在咖啡馆内设置一个小书架,提供各种类型的书籍供顾客阅读。再比如,京港地铁有限公司在欧洲杯打响时,将24支球队的铭牌分别贴到了地铁4号线的24座车站上(如西单站对应西班牙),这样一旦车站上的铭牌消失,乘客就能清楚地知道哪支队伍被淘汰。相较于其他布满商业广告的地铁线,京港地铁的这种有形展示方法更能引起消费者的共鸣,调动消费者的积极情绪,提高消费者的满意度。

3.服务过程

服务过程是指用来实际传递服务的操作系统或者方法。由于服务具有不可分离性,顾客在服务过程中或多或少地会参与其中。因此,服务过程既是顾客感知服务质量的关键所在,也是顾客评估服务质量的重要过程。

在服务过程中,服务任务流程、服务时间进度、标准化和定制化都会影响消费者的服务质量感知。因此,在服务设计过程中,企业应该注意考虑以下五种因素。

第一,对一种方法保持承诺,不要经常更换。服务具有无形性,它不像产品那样可以通过视觉等感官获得初步的判断,而只能在服务的过程中感受。这就意味着相较于产品,消费者在服务消费中会面临更大的风险。为了降低这种风险,在服务消费过程中,消费者往往更倾向于选择那些尝试过且比较满意的服务,而不愿冒险去尝试新的服务。

如果企业一味地变换服务方法,只会让消费者感到陌生,甚至无所适从,这无疑增加了消费者的感知风险。因此,在服务设计过程中,企业更要注重对一种方法保持承诺,不要经常更换。

第二,区分标准化服务和定制化服务。标准化服务是指那些在规范化的管理制度、统一的技术标准下,由员工向顾客提供的统一的重复性服务。而定制化服务则是指企业按照消费者的自身要求,为其提供的适合他们需求并让他们满意的服务。在服务设计过程中,企业需要考虑哪种服务是适合自己的,才能更好地管理服务。快餐店为了提高生产和服务效率,一般会提供标准化服务,比如肯德基、麦当劳。而对于美发店来说,定制化服务更受欢迎。因此,在服务设计中是选择标准化还是定制化的服务设计,需要企业根据自己的需求加以区分。

第三,创建灵活生产能力。服务企业设计过程中的灵活生产能力主要涉及企业短时间内执行任务的能力,包括短时间内新产品开发、生产以及服务客户的能力等。为了满足顾客需求、提升顾客满意度,企业有必要在服务设计过程中考虑创建灵活的生产能力。

第四,增加顾客参与量。服务的不可分离性意味着服务发生时,顾客必须在场。但服务情况不同,顾客在服务过程中的参与程度也有所不同。服务类型不同,所要求的顾客参与量就不同。但不管是哪种服务,增加顾客的参与量都是至关重要的。因为服务的核心在于以顾客为中心,如果不能有效地调动顾客参与,就很难得到顾客的反馈意见,难以保持顾客的忠诚度。因此,企业在服务设计过程中应考虑增加顾客参与量。比如烤肉自助餐厅,就是通过顾客根据自己需要拿取食材、自助烤肉的方式调动顾客的参与量。

第五,平滑需求的峰谷差异。服务具有易逝性,这就意味着服务是不可储存的,一旦生产出来不能及时消费就会造成浪费,不能像产品那样可以放入库存。因此,在服务过程中,需求的峰谷差异往往表现得十分明显。当需求旺盛,企业的生产能力不足时,消费者就不得不为享受该服务而等待。等待时间一旦过长,消费者就会感到厌烦,从而转向服务提供商的竞争者。例如,晚上到餐厅用餐的人往往比早上多,如果消费者在一家餐厅等待的时间过长,就会考虑换一家餐厅用餐。而当需求不足,企业的生产能力不变时,则会导致企业资源的浪费。因此,在服务设计过程中,企业需要考虑平滑需求的峰谷差异,以适应供需的变化。

二、4Cs 营销理论

第二次世界大战后,工业得到了迅猛的发展,世界开始由短缺经济时代过渡到了过剩经济时代。供过于求的市场状况要求企业开始更多的关注顾客而非产品。基于此,1990 年,美国市场营销专家劳特朋从顾客角度出发,提出了与传统 4Ps 营销理论相对应的 4Cs 营销理论,分别是消费者(consumer)、成本(cost)、便利(convenience)和沟通(communication)。

(一)消费者

消费者强调企业在实施产品策略时应更多的从消费者的需求和利益出发,生产满足消费者需要的产品,并由此产生相应的顾客价值,获得良好的顾客满意度和忠诚度,而不是简单地从自身角度考虑生产何种产品。

(二)成本

成本强调企业在定价时应从传统的利润目标和竞争目标导向转而考虑与满足消费者需求有关的成本。一是企业的生产成本;二是消费者为满足自身需求愿意承担或支付的成本,包括购物的货币支出,购物与使用过程中的时间耗费、体力耗费和精力耗费,以及购买风险(因信息不对称导致的消费者所购与所需之间存在差异而带来的损失)。

(三)便利

便利在很大程度上与消费者购物的总成本相关,即企业必须在考虑满足消费者需求的同时,尽最大努力从销售渠道、信息沟通和售后服务等方面降低消费者在消费时的货币成本、时间成本、精神成本和体力成本。

(四)沟通

沟通的本质内涵是要求企业从单向的营销刺激(促销)转变为与顾客之间双向互动的信息交流,并以积极的方式去适应顾客的各种需求(功能需求、情感需求与社会需求等),以便建立起基于共同利益的新型企业—顾客关系。相较于单向沟通,双向沟通更有利于协调矛盾和融洽感情,并培养忠诚的顾客。

4Cs营销理论的核心是以消费者为中心,这与服务营销中的顾客导向概念不谋而合。通过在服务营销中使用4Cs策略,服务提供者可以更好地满足顾客需求、赢得顾客的满意和忠诚,实现营销成功并获得持久的竞争优势。

三、4Rs 营销理论

进入21世纪,企业间的竞争日益激烈。为了在激烈的竞争中脱颖而出,企业在营销过程中会更加注重顾客导向,通过比竞争者更有效率地传递顾客所期望的产品和服务,实现企业的经营目标。在此背景下,美国学者舒尔茨提出了4Rs营销理论,分别是关联(relevance)、反应(response)、关系(relationship)和回报(retribution)。

(一)关联

关联是指企业为顾客和用户提供的产品和服务不是单一独立的,而是形成一揽子的、集成化的整套解决方案。从顾客实际需求、个性心理需求及潜在需求等多方面满足顾客或者产生某种利益回馈机制吸纳顾客,在用户和企业之间建立长期合作的契约式关系。

(二)反应

反应是指企业对瞬息万变的顾客需求迅速作出反应,并能及时提供相应的产品和服务,快速满足顾客需求。

(三)关系

关系是指关系营销,它是以系统论为基本思想,将企业置身于社会经济大环境中来考虑企业的营销活动,认为企业营销是一个与消费者、竞争者、供应者、分销商、政府机构和社会组织发生互动作用的过程。通过识别、建立、维护和巩固企业与顾客及其他利益群体的关系的活动,以诚实的交换及履行承诺的方式,使活动涉及的各方面目标在关系营销中得以实现。

（四）回报

回报是指企业通过贯彻上述营销理论，以满足顾客需求为前提，在充分实现顾客满意、社会满意和员工满意的基础上，达到企业满意。

4Rs营销理论追求的是共赢，即通过适应顾客需求，为顾客提供满意的服务，与顾客建立良好的关系，充分让顾客满意、社会满意、员工满意，最大范围地实现各方互惠关系最大化。这为服务提供者培养顾客忠诚度的同时实现利润最大化提供了良好的营销策略。

四、4Vs营销理论

20世纪80年代之后，随着高科技产业的迅速崛起，高科技企业、高科技产品与服务不断涌现，营销观念和方式也发生了变化，出现了4Vs营销理论。4Vs营销理论是指差异化（variation）、功能化（versatility）、附加价值（value）和共鸣（vibration）。

（一）差异化

差异化是指企业凭借自身的技术优势和管理优势，生产出在性能、质量方面优于市场上现有水平的产品；或是在销售方面，通过特色的宣传活动、灵活的推销手段、周到的售后服务，在消费者心目中树立起良好形象。

（二）功能化

功能化是指企业根据消费者消费需求的不同，提供不同功能的系列化产品，消费者可根据自己的习惯与承受能力选择具有相应功能的产品。

（三）附加价值

附加价值主要由技术附加、营销或服务附加和企业文化与品牌附加三部分构成。服务企业的附加价值是指除产品本身外，营销、文化、品牌等其他因素所形成的价值。

（四）共鸣

共鸣是指通过企业持续占领市场并保持竞争力的价值创新给顾客带来"价值最大化"的心理感受，从而使企业也能够实现"利润最大化"的回报。当企业持续为客户提供最大价值创新的产品和服务时，消费者能最大化地体验到企业服务和产品的实际价值效用，这也意味着企业和顾客之间产生了利益和情感的共鸣。

4Vs营销理论的核心观点在于创新，即通过品牌、产品等方面的创新提高企业的核心竞争力，最大化满足顾客的价值需求，引发顾客和企业之间的利益和情感的共鸣。而服务营销的核心在于以顾客为中心，满足顾客需求，赢得顾客满意，保持顾客忠诚度。4Vs营销理论的运用，为企业最大化地满足顾客重视的价值提供了新的策略方向，即创新导向策略。

知识拓展：7Ps、4Cs、4Rs、4Vs 营销理论的比较分析

　　7Ps、4Cs、4Rs、4Vs 营销理论产生的经济时代和营销环境不同，其特点也各有不同。在营销理念方面，7Ps 偏重生产者导向，4Cs 更注重顾客导向，4Rs 偏重竞争者导向，4Vs 更注重创新导向。

　　不同的营销理念及各个营销理论下的营销模式、满足需求的类别、营销方式、服务重点、与顾客的沟通方式也有显著差异，具体如表 2-1 所示。

表 2-1　7Ps、4Cs、4Rs、4Vs 营销理论的比较分析

	7Ps	4Cs	4Rs	4Vs
营销理念	生产者导向	顾客导向	竞争者导向	创新导向
营销模式	推动型	拉动型	供应链	推动型
满足需求	相同或相近需求	个性化需求	感觉需求	个性化需求
营销方式	规模营销或差异化营销	差异化营销	整合营销	营销组合
服务重点	顾客忠诚度、顾客份额和营利性	满足现实和潜在的个性化需求，培养顾客忠诚度	适应需求，创造需求，追求各方互惠关系最大化	提高企业核心竞争力，最大化满足顾客的价值需求
顾客沟通	一对多单向沟通	一对一双向沟通	一对一双向或多向沟通或合作	一对多单向沟通
对服务营销的贡献	增加了人员、有形展示和过程	以顾客为中心	更加强调关系营销	以创新为中心，通过创新来吸引顾客
与服务的关系	从服务提供者内部角度出发，为公司提供了适应外部市场的可行策略	为服务提供者满足顾客需求、追求顾客满意度提供了良好的策略	为服务提供者培养顾客忠诚度提供了良好的策略	为服务营销最大化满足顾客重视的价值提供了新的策略，即创新导向策略
代表学者及时间	布姆斯和比特纳	劳特朋	舒尔茨	吴金明

资料来源：改编自余晓钟，冯杉.4P、4C、4R 营销理论比较分析.生产力研究，2002(3)：248-249.

　　在服务营销中，7Ps 在 4Ps 的基础上增加了人员、有形展示和服务过程三个策略，从服务提供者内部角度出发，为公司提供了适应外部市场的可行策略。4Cs 以顾客为中心，为服务提供者满足顾客需求、追求顾客满意度提供了良好的策略。4Rs 更加强调关系营销，有利于服务提供者培养顾客忠诚度。4Vs 以创新为中心，通过创新策略吸引消费者，为服务营销最大化满足顾客重视的价值提供了新的策略，即创新导向策略。

五、剧场理论

　　也有一些服务研究者将美国社会学家戈夫曼的剧场理论引入服务运营的研究中。戈夫曼提出剧场理论的原意是将人类的日常活动比作剧场。他认为人类活动就像是在剧场表演，人们为了表演，可能会区分前台和后台。前台是让观众看到并从中获得特定意义的表演

场合；后台是为前台表演做准备，掩饰前台不能表演的东西的场合。

基于剧场理论视角，服务剧场的要素包括演员、观众、场景和表演。

（一）演员

服务人员是服务一开始运作的时候与消费者接触的第一线人员，他们的行为和表现决定了服务的质量。

（二）观众

观众即接受服务的消费者，他们是服务接触过程中的接受者，似乎是一个被动等待的角色，但是由于服务的不可分离性，消费者始终无法置身事外，而是在生产服务的工厂中。因此消费者的角色不仅重要，而且他们的行为也会对服务结果产生影响。

（三）场景

场景也叫作服务的实体环境。一般而言，消费者直接接触的实体环境大多属于前台部分，除了前台之外，还有消费者看不见的后台，如银行业的信息系统、餐饮业的中央厨房等。

（四）表演

表演也叫作服务实施，它是消费者与服务人员在服务过程中的人际互动，是服务递送的核心。

知识拓展：服务剧场理论提出的背景

1959 年，美国社会学家戈夫曼观察到整个社会就是一个大舞台，每个人都是这个舞台中的一个角色，日常生活中的社会情景就是剧场，互动过程就是表演。在表演过程中，通过有意识地控制身体的言行、举止、仪表等，向他人展示一个良好的自我形象，这就是印象管理。具体情景不同，在前台、后台等不同的生活舞台上，在理想化表演、神秘化表演和补救表演中，演员的表现也不同。戈夫曼认为，人际传播的过程就是人们表演"自我"的过程，但这个"自我"并非真实的自我，而是经符号乔装打扮了的"自我"。1992 年，在戈夫曼的基础上，格罗夫、菲斯克将服务接触描述为戏剧，初步提出了服务剧场由四个戏剧要素组成，即演员、观众、场景或实体环境、表演。

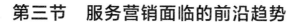

第三节　服务营销面临的前沿趋势

一、数智化突进

过去几十年,随着数字技术的发展,服务业趋向快速的数智化。迄今为止,服务业的数智化转型可以简单分为三个阶段。

第一阶段:探索尝试阶段。这一阶段的时间从 20 世纪 90 年代至 2010 年左右,发展重点是数字技术对传统服务业的改造,包括信息与通信技术(information and communications technology,ICT)在部分服务领域(如支付服务、电子商务、教育、餐饮/酒店业和医疗保健领域等)的应用,以及由此带来的组织绩效、服务质量、客户服务、供应链和运营效率等方面的变化。

第二阶段:融合创新阶段。这一阶段的时间约从 2010 年至 2020 年,发展的重点是数字技术全面融入服务经济的各个方面,服务业各个行业融合,线上与线下融合,制造与服务融合,推动了服务生态系统的快速增长,出现了大量的服务业新业态和新模式。

第三阶段:智能化阶段。这一阶段从 2020 年左右开启,始于自然语言等基础技术,以 ChatGPT、Sora 等人工智能的应用为标志,现代服务业开启了智能化时代。这个阶段,人工智能技术将进一步颠覆服务业,机器翻译、自动驾驶服务等智能机器服务将不断壮大,成为经济管理和社会生活的重要方面。

智能化将更深层次地改变服务业的运作方式。数智化突进中,服务业更加标准化、精准化、智能化。比如,数字化改变了服务业创新的模式。传统新服务开发和市场开拓周期漫长。服务要经过产品设计、广告推介、现场演示、市场导入等过程,每个环节都要经过繁复的知识转移和组织沟通。数字时代产品和服务创新速度极快,如淘宝、京东等大型平台上,每天上新 3000 万件产品和服务,促进消费者不断尝试新的产品和服务,消费迭代的速度加快。数字化还可以创造出全新的服务供给,激发消费。比如新冠疫情期间在线游戏、在线会议等线上服务迅速开发,满足了消费者居家办公、居家娱乐的需求。数字技术还改变了资源配置。如共享经济优化了存量资源的配置,将零散的闲置资源如家用汽车、空置的房屋和房间等共享,发挥其使用价值;又如通过智能数据分析优化金融借贷投资,探知个性化需求,优化市场资源等。数智化必将全方位、深层次地影响现代服务营销理论和实践。

二、全球化加深

工业革命大大提升了制造业生产率,极大地丰富了产品,率先成功实现了工业化的国家为了开拓全球市场销售,获取全球市场红利,开启了人类历史上首次全球化。世界各国在政治、经济、文化等各个方面建立起了紧密的联系。数字经济时代,数字技术催生的新产业革命将又一次大幅提升生产率,尤其是现代服务业的生产率。现代服务业领先企业也将像当年的制造企业一样寻求全球化,获取全球化红利。

现代服务业全球化加深,服务营销将面临新的形势和新的问题。例如,服务业改变了原来的不可贸易的属性,变成全球范围内可贸易。传统服务业被认为是不可贸易的,即无论是教育、医疗、音乐还是家政,服务提供和服务接受双方必须同时同地。但现代服务业可以实现远程教育、远程医疗,维也纳的音乐会可以在北京听,因此现代服务借助数字技术变成可以跨区域、跨国贸易。不仅如此,5G、虚拟现实等前沿数字技术的发展甚至能支撑实时协作,不同国家的IT工程师,在线共同开发软件、协同开展工业设计,此时服务业不仅可以贸易,还能进行国际分工了。

现代服务业的全球化,也带来了国家信息主权安全问题。1576年,博丹首次提出了"国家主权"的概念。这位近代主权学说的创始人在《国家六论》一书中这样写道:"国家主权是一个国家的固有属性,是一种以国家为范围的对内最高统治权和对外独立权。国家主权以国家的地理疆界为界限,不可转让、不可分割、不受限制。"数字时代,社会经济已经超越了物理疆域,延伸到了信息空间。于是,"信息主权"应运而生。"信息主权"由"国家主权"演化而来,是指一个国家对本国的信息传播系统和传播数据内容进行自主管理的权利,主要包括三个方面的内容:第一,对本国信息资源进行保护、开发和利用的权利;第二,不受外部干涉,自主确立本国的信息生产、加工、储存、流通和传播体制的权利;第三,对本国信息的输出及外国信息的输入进行管理和监控的权利。信息是加工过的数据。数据是社会经济活动中无意识地产生的原始资料,认为是"未来的新石油"。一国拥有的数据规模、活性及解释运用能力将成为综合国力的重要组成部分。未来对数据的占有和控制甚至将成为陆权、海权、空权之外的另一种国家核心资产。

这样的趋势下,现代服务业营销面临跨文化管理、数据合规、国际竞争力塑造等一系列挑战,这是传统的服务营销较少涉及的,是现代服务营销面临的全新的议题。

三、消费者主权崛起

人类在社会发展的不同时期主导供给和需求关系的力量明显不同。回顾人类几百年的商业史,可以说供需关系的主导力先后走过了产品主权时代、渠道主权时代,当前已进入了消费者主权时代。

产品主权时代的市场特点是产品短缺或相对短缺,企业的产品创新能力、生产能力就是企业的核心竞争力。渠道主权时代的市场特点是渠道为王,谁的产品能够覆盖更多的终端市场,能触达更多的消费者,谁就更有可能赢得市场。因此,渠道主权时代,占据市场渠道的是企业的核心竞争力。消费者主权时代的市场特点是消费者成为生产者和消费者相互关系中起支配作用的一方,生产者被动地根据消费者的意愿来进行生产。消费者主权时代企业都应该成为客户的运营商,去实时洞察、满足客户需求,从"以产品为中心"转向"以消费者为中心",从规模化转向个性化,进而重构以消费者为中心的新营销体系,如重构客户关系、重构组织结构、重构供应关系等。以客户关系为例,传统企业发现顾客、建立链接、产生影响、增强黏性、打造终身价值顾客等环节在数字时代都发生了改变。如企业转为借助互联网的连接工具,构建与消费者之间新的社群关系;企业与消费者之间不只是买卖关系,而变成一体化的交互关系;消费者不仅是购买者,很多时候也与企业一起共同创新服务;等等。这种企业与消费者之间的关系改变,急需客户关系管理发展其理论和实践。

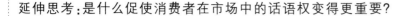

延伸思考:是什么促使消费者在市场中的话语权变得更重要?

1. 生产力水平大大提高

生产力水平有限,供给不足的时候,消费者选择有限。比如我国计划经济时期实行统购统销,消费主要由供给驱动,表现为产品无差别,因此在这段时期,"供给无差别"是消费的主要驱动力。

生产力的提高极大地丰富了市场上的产品,商品市场向安全竞争市场的逐步靠拢也使得消费者有了更多可靠的可选项。可见,产品的丰富是消费者掌握主动权的前提。

2. 信息对称水平大大提升

传统市场严重的信息不对称性以及资本逐利的逻辑不同程度上影响了消费者主权的实现,但随着网络时代的到来,实体市场不断向虚拟平台延伸,其衍生物极大地提升了信息的对称水平,消费者主权时代也得以真正出现。

理想的"自由市场"基于"信息对称假设",即假设所有的经济行为主体对所有的经济变量掌握着同样的信息;假设信息是自由流通的,消费者与生产者都拥有作出正确决策所需的完整信息。但在现实市场中,由于信息传播和接收均需花费成本与代价,市场通信系统亦存在局限性,信息的交流和有效传播往往受到严重阻碍。

对于生产者和销售者而言,消费者所拥有的和能支配的资源往往更有限,而信息优势方又习惯于垄断信息,导致信息的搜寻亦存在诸多障碍。消费者如果因为信息障碍不知道自己所需求的商品是什么,谁在提供这些商品,就无法在了解各种商品特点的基础上,运用自身的知识储备,对不同商家提供的不同质量与价格的产品进行比较,从而作出最终的选择。换句话说,作为信息不对称弱势方的消费者容易被引导、欺骗,消费者自主选择的权力就会丧失。

信息化带来的信息对称加速了消费者主权的崛起。在传统市场中,消费者无法观测和监督生产者及销售者的行动,或者观测和监督成本高昂,而在虚拟市场中,信息搜索(查看其他消费者的在线评论)的途径及成本等诸多问题均得到了解决,消费者能够以更低的代价获取丰富的信息。

客户和厂商之间的权力转移见图2-2。

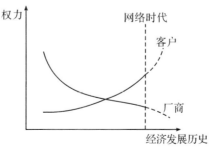

图2-2 客户和厂商之间的权力转移

四、产业融合

现代服务业面临的第四个发展趋势是产业融合。产业融合包含两个方面,服务业与制造业、农业的融合,服务业内部细分产业间的融合。

首先,服务业正在与制造业、农业融合。随着生产技术的发展,一方面,制造业、农业的生产效率得到极大的提升,生产能力出现过剩,造成供给过剩。另一方面,大规模工业化生产带来了大量同类产品,用户基本需求得到了充分满足,开始追求个性化需求的满足。因此,当下较发达经济体的市场中,用户的需求由原来单纯追求产品数量转为产品质量。为满足市场对品质的要求,制造业和农业生产过程中增加了研发、设计等服务作为中间投入品,企业还在产品销售时,将产品与优质服务捆绑,以提升消费者的体验,由此出现了当下产业发展的一个显著趋势,即产品与服务融合。这一趋势下,产品与服务的边界逐渐消失,融合成为产品服务系统,产品越来越像服务,服务也越来越像产品。产品和服务的融合趋势要求现代服务营销拓展研究领域,进行制造服务化、农业服务化、服务产品化的研究。

其次,服务业内部细分产业间也正在融合。随着服务业的壮大以及新的服务业态的产生,服务消费量和消费频次大大提高,用户购买服务不再是单一、单次购买,而是一次性购买多种服务。如商场购物往往是一次性购买餐饮、娱乐、零售等服务,又如,出门旅游总是购买一系列服务,包括铁路、公路、航空运输、住宿、票务、观光服务、饭店餐饮、博物馆、度假地等。因此,现代服务企业逐渐发展成跨界融合的服务供应商,成为大型平台型企业。这就要求现代服务营销构建完整的跨界服务融合理论和管理方法,包括跨界服务融合规律与模式创新机制、跨界服务评价体系与调控,设计面向生态的跨界服务融合设计与集成新方法,研制支撑跨界服务可靠运行与管理的新载体,完善跨界服务质量与价值管理新体系等。此外,平台经济相关的理论也是现代服务营销的亟待发展的领域。

本章小结

基于服务业的特殊性,学者们就营销管理的普遍规律进行了研究,发展了相应的理论,形成了服务营销学。服务营销区别于产品营销最明显的特征是顾客导向,强调关系、承诺等。服务营销自20世纪60年代开始,经历产生、探索、突破发展等阶段,初步形成了自己的理论边界和中心议题。

服务营销作为市场营销理论体系的一个分支,借鉴了4Ps、7Ps、4Cs、4Rs、4Vs等营销管理经典理论,虽然也有学者提出了剧场理论等服务营销的专门理论,但尚未形成自成一体的理论体系。

数字时代服务业发展迅速,数智化突进,全球化加深,消费者主权崛起,产业融合等新趋势,正在剧烈地改变着服务业形态,急需服务营销学完善理论体系,以回应产业发展对理论的需求。

本章思考

1.从服务营销理论的发展及研究的重心转移历程来看,服务营销理论的演进方向是什么?

2.剧场理论是脱离传统营销理论,专门针对服务提出的营销理论,其理论框架是什么?

3.服务营销面临的几大趋势背后的主要原因及其机理是什么?

第三章 现代服务商业模式

　　当下尚未形成普遍被认可的现代服务业的专门营销理论。商业模式理论作为互联网时代兴起的企业理论，近些年受到高度关注，其理论框架和内容对解释现代服务企业营销和管理具有很强的适用性。因此，本书将商业模式理论作为现代服务业营销的理论框架，并以此组织本书后续核心内容。

　　本章将介绍商业模式理论的内涵，现代服务商业模式类型，并从商业模式视角对现代服务业进行分类。

第一节 商业模式理论

一、商业模式的含义

　　尽管"商业模式"一词首次出现在 20 世纪 50 年代，但直到 20 世纪 90 年代，该词才开始被广泛使用和传播。随着数字经济的兴起，"商业模式"已成为频繁挂在创业者和风险投资者嘴边的一个名词。

　　什么是商业模式？简而言之，商业模式就是指公司通过什么途径或方式来营利。饮料公司通过卖饮料来营利；快递公司通过送快递来营利；通信公司通过收取话费来营利；超市通过平台和仓储来营利；等等。只要有营利的途径，就有商业模式存在。

　　任何商业模式都起始于市场需求。当市场需求遇到可能的资源和能力，就被明确为商业机会。随着市场需求的逐渐清晰以及资源逐步得到准确界定，机会将逐渐演变成为商业创意（商业概念）。商业创意包括如何满足市场需求以及如何配置资源等核心计划。随着商业创意的具体化，包括产品/服务概念、市场概念、供应链/营销/运作概念等具体环节也越来越清晰，进而这个商业创意（商业概念）演变为完整的商业模式。完整的商业模式是一个连接市场需求与资源的结构化系统，描述了公司所能为客户提供的价值以及公司的内部结构、合作伙伴网络等用以实现这一价值并产生可持续、可营利性收入的要素及其联系。

　　对商业模式的研究只有近 30 年的时间，学术界至今尚未形成统一的定义。笔者总结各方对商业模式内涵的界定，得到了商业模式的两个关键特征。

　　（1）商业模式是一个由多种因素组成的整体概念，包括收入模式，向客户提供的价值（在价格还是在质量上竞争）、组织架构（各业务部门、整合网络）、外部关系等。

　　（2）商业模式的各组成因素之间具有非常高的内在联系，这个内在联系可以使它们之间相互作用和相互支持，而且各个因素都能够有机关联。但是要准确把握这些联系，还需要能够非常清晰地描述该商业活动中所有参与者扮演的角色，它们之间的相互关联和相互作用，以及它们之间物流、信息流、资金流是如何流动的。

换言之,商业模式就是企业为自身、客户、合作伙伴创造价值的方式。商业模式理论回答了两个问题:为什么样的客户提供何种价值? 怎样以合理的成本将价值传递给顾客?

回答以上两个问题,就是要系统描述一个企业如何创造和传递价值。对于商业模式的系统构成要素,不同的学者也有不同的观点。克林德和坎特雷尔认为商业模式包括定价模式、收入模式、渠道模式、商业流程模式、基于互联网的商业关系、组织形式、价值主张七个基本要素。[①] 彼得洛维奇和泰克斯顿认为商业模式包含价值模式、资源模式、生产模式、客户关系模式、收入模式、资产模式、市场模式七个部分。[②] 阿富阿和图奇认为商业模式包含客户价值、范围、价值、收入、相关行为、实施能力、持续力。[③] 更多学者则从价值创造视角解释商业模式。斯塔勒认为商业模式包括价值主张、产品服务、价值体系、收入模式四个基本方面。[④] 张婷婷和原磊认为商业模式包括价值主张、价值网络、价值维护、价值实现四个基本方面。[⑤] 纪慧生认为商业模式包括价值主张、价值构成、价值创造、价值网络、价值配置、价值管理、价值实现七个方面。[⑥] 项国鹏等认为商业模式包括价值主张、价值创造、价值分配与获取三个基本方面。[⑦] 总体而言,奥斯特瓦德和皮尼厄对商业模式含义的两阶框架理论获得了最多认同。[⑧] 他们认为商业模式包含客户界面、产品与服务、资产管理和财务四个基本部分,四个基本部分进一步细化,可分解成九个构成要素(见表3-1)。

表 3-1 奥斯特瓦德和皮尼厄关于商业模式的四大基本部分和九个构成要素

四大基本	构成要素	含义
客户界面	目标用户	企业所瞄准的消费者群体。这些群体具有某些共性,从而使企业能够针对这些共性创造相应的价值
	渠道	企业用来接触消费者的各种途径,涉及企业如何拓展市场和实施营销策略等诸多问题
	用户关系	企业同其消费者群体之间所建立的联系,客户关系管理与此相关

① Clinde J, Cantrell S. Five business-model myths that hold companies back[J]. Strategy & Leadership, 2001, 29(6):13-18.

② Petrovic O, Teksten R D. Developing business models for e-business[C]. International Conference on Electronic Commerce, Vienna, Austria, 2001:8-9.

③ Afuah A, Tucci C. Internet Business Models and Strategies: Text and Cases [M]. Boston: McGraw-Hill/Irwin, 2001:32-33.

④ Stahler P. Business models as an unit of analysis for strategizing[C]. Proceedings of the 1st International Workshop on Business Models, 2002:79-81.

⑤ 张婷婷,原磊. 基于"3-4-8"构成体系的商业模式分类研究[J]. 中央财经大学学报, 2008:182-192.

⑥ 纪慧生. 基于价值的互联网企业商业模式创新[J]. 北京邮电大学学报(社会科学版), 2013(15):65-72.

⑦ 项国鹏,杨卓,罗兴武. 价值创造视角下的商业模式研究回顾与理论框架构建——基于扎根思想的编码与提炼[J]. 外国经济与管理, 2014,36:32-41.

⑧ 奥斯特瓦德,皮尼厄. 商业模式新生代[M]. 王帅,毛心,宇严威,译. 北京:机械工业出版社, 2011:4.

续表

四大基本	构成要素	含义
产品与服务	价值主张	企业通过其产品和服务所能向消费者提供的价值。价值主张体现了企业对消费者的实际应用价值
资产管理	关键业务	产品价值的实际体现，即产品或服务在服务用户时的行为和资源安排
	核心资源	支撑关键业务和其商业模式所需的关键资源与能力
	重要合作伙伴	同其他组织之间为有效地提供其价值并实现其商业目标而形成的合作关系网络，描述了企业商业联盟的范围
财务	成本结构	企业所使用工具和方法的货币描述
	收入模式	企业通过各种收入流来创造财富的途径

二、商业模式画布

根据奥斯特瓦德和皮尼厄的观点，商业模式概念可用"商业模式画布"来具体解释（见图 3-1）。

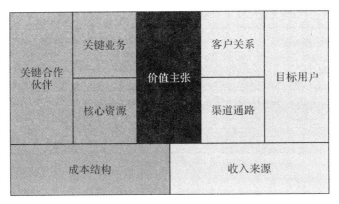

图 3-1　商业模式画布

画布以价值主张为中心分成左右两侧，左侧讨论成本，右侧讨论收入。商业模式画布分析从客户细分开始，确定目标客户后，企业需要明确价值主张以及价值主张通过何种渠道传递给客户，并与客户之间建立怎样的关系，再确定与客户建立的关系能带来什么形态的收入流。企业描绘商业模式画布的时候，还需要明确企业的关键资源是什么，这些资源能支撑企业为客户提供什么样的业务关键，以及这些活动需要哪些关键合作伙伴，最终确定完成这些关键活动需要哪些成本。

(一)目标用户

分析商业模式，首先要理清目标用户是谁的问题。目标用户可能是人群或企业。虽然，一开始不一定要描绘用户画像，但必须锚定目标用户特性。不同的用户群体有不同的特性，包括需求不同、获取渠道不同、关系不同、消费意愿和消费动机不同等。

锚定用户特性后要界定目标用户所代表的市场。用户与市场是密切关联的，用户特性决定了市场类型。市场类型可以分为大众/小众市场、利基市场、区隔化市场、多元化市场、多边平台市场。

1. 大众/小众市场

显而易见,前者是针对大部分人群的市场;后者是针对小部分人群的市场,且具有一定的地域、职业等特性。面向企业的产品往往属于小众市场。

2. 利基市场

利基市场指是那些高度专门化的需求市场,即在较大的细分市场中具有相似兴趣或需求的一小群顾客所占有的市场空间。通过对市场的细分,企业集中力量于某个特定的目标市场,或严格针对某个细分市场,或重点经营一个产品和服务,创造出产品和服务优势。大多数成功的创业型企业一开始并不在大市场开展业务,而是通过识别较大市场中新兴的或未被发现的利基市场而发展业务。

知识拓展:利基市场案例——台湾布袋戏

布袋戏属于中国地方木偶戏的一种。布袋戏是把傀偶托在掌上演出,所以在台湾地区,布袋戏又叫作"掌中戏"。因戏偶小巧而将之装在小戏笼中,与提线木偶的大笼相对,故又名小笼。台湾地区的布袋戏是由漳州、泉州、潮州一带的移民传入,不过,在台湾倒也发展出了自己的本土特色。围绕布袋戏形成了包括影视、周边、社交等内容的市场,即可称为布袋戏利基市场。

利基市场要与细分市场进行区分。细分市场是一个市场中按照某一维度特征高度细分形成的,而利基市场是单独形成的。

---

3. 区隔化市场

区隔化市场是指整体需求相似,但是具有略微差异的一类用户群体形成的市场。区隔化市场内部可以依不同的需求、特征区分成若干个不同的群体区间。以阿里云为例,阿里云既能满足大企业的海量数据储存和分析的需求,也能满足创业企业服务器架设的需求。

4. 多元化市场

多元化市场是指企业服务两个或两个以上不同类型需求的用户群体构成的市场。市场的多元形式有同心多元化、水平多元化、垂直多元化、综合多元化等。比如,随着手机业务遇到瓶颈,营业收入增长缓慢,追求"专注、极致"的小米开始多元化。除了手机产品外,小米把产品线扩展到了空调、电视、平衡车、电饭煲、净化器、净水器等十几个领域。现在的小米所面向的市场就是多元化市场。进一步分析会发现,小米的产品都围绕物联网技术的智能家居类产品,因此可以说小米的多元市场是同心多元。

5. 多边平台市场

多边平台市场是指企业连接两个或多个相互依赖的用户群体。支付宝、微信支付等线上支付平台就是服务这种市场的典型案例,它们既服务大量需要支付服务的消费者用户,也服务大量收款的商家。

搞清楚目标用户和市场是非常关键的第一步，为此要做好详细的市场调研，通过市场调研可以充分了解用户需求、市场机会和竞争格局。

(二)价值主张

价值主张是指企业通过其产品和服务所能向消费者提供的价值及其实现方式。价值主张至少包含两层含义：一是价值识别；二是价值实现方式。

价值识别回答的是为目标用户提供何种价值。用户因为什么会使用某一产品或服务。用户选择使用产品或服务的动机很简单，即该产品或服务是否切实满足了其需求。某一产品或服务满足的需求点就是该产品或服务的价值所在。比如星巴克的价值不是咖啡，而是美国式生活；京东卖的也不是百货和3C产品，而是正品行货；小米卖的不是手机，而是性价比。这些企业成功地定位了自己的核心用户群及其价值需求。

价值实现方式是指企业实现价值的路径创新。企业要想把产品或服务的价值固定下来，以便传递给用户，就得创新。产品或服务的价值主张往往是相对同类产品或服务的创新，如在同类产品或服务基础上的优化，甚至一个全新的产品或服务。创新的方法有很多，以下七个方面可以作为主要的创新路径。

1. 突破式创新

突破式创新是指技术或服务的创新能满足客户的需要，但却是其从未感受或者体验过的产品或服务。如腾讯公司的微信颠覆了短信，电动汽车颠覆了传统汽车，带给客户全新价值的服务。

2. 功能性提升

功能性提升是指针对客户的潜在需求提升功能。如智能手机配置的不断升级，功能的不断完善，企业要满足的不仅仅是客户的需求，还有渴望。

3. 优秀的设计

优秀的设计让好产品脱颖而出，苹果的卖点不仅仅只有良好的优化，还有近乎完美的工业设计。

4. 削减成本

削减供应成本，以更低廉的价格提供服务，从而赢得价格敏感的细分群体。此外，还要帮用户节省金钱、时间、思考等成本。前者的代表是西南航空，后者的代表是富士康。后者如电子商务平台客户关系管理系统(CRM)的应用，减少了购买者的开销并免除了用户自行购买、安装和管理CRM软件的麻烦。

5. 建立品牌

让客户通过使用或者显示某一品牌获得某种价值，比如香奈儿是奢侈，ZARA是快时尚，凡客是平价奢华，品牌相对于创新，是最廉价而且风险最小的区隔方式。

6. 控制风险

客户在购买一种产品时，往往承担着一定的风险，例如使用时间、报废概率等，抑制风险也能为客户创造价值。这种方式往往体现在售后，帮用户避开可能伤害利益的风险，如美团网推出的随时退款。风险大小和商品价值成正比,价值越大的产品越要做好风险服务。

7.便利性/可用性

客户都倾向于更容易使用的产品和更容易达到目的的服务,因此产品的可用性和便利性往往能创造出巨大的价值,比如手机替代传呼机、电子书替代实体书,这种改变往往是划时代的,关键看谁能走出第一步。苹果公司的 iPod 和 iTunes 为用户提供了在搜索、购买、下载和收听数字音乐方面前所未有的便捷体验。

随着价值主张的逐渐清晰,可以说产品的概念部分已经成型了,接下来就是产品或服务开发的设计和完善了。有关产品和服务开发设计将在本书后面内容中详细阐述。有了产品和服务以后,怎样让用户知道?这就涉及渠道的问题。

(三)渠道通路

组织要将产品或服务传递给用户就需要渠道通路。与传统企业相比,现代服务企业的服务到达用户的渠道有很大差别。传统企业的渠道更倚重线下渠道。如娃哈哈的市场之所以很难撼动,是因为娃哈哈占有了超市、便利店、自动售货柜等线下渠道,对其他饮料企业形成了渠道排挤,竞争对手很难后发追赶。现代服务企业更倚重线上渠道。比如,抖音、微信、高德等互联网企业则占据了线上流量入口,成为很多互联网服务的渠道。

此外,从渠道的所有权来分,商业模式渠道可以分为直接渠道和间接渠道。

1.直接渠道

直接渠道是指企业建立自己能够掌控的直接面向顾客的渠道。比如企业通过互联网建立自己的网络平台,获得私域流量,直接向消费者施加影响、销售产品或者服务。又比如,企业开设自有店面、商铺或者连锁店,销售产品或者服务。

2.间接渠道

间接渠道是指企业通过其他合作者宣传并销售产品与服务。比如,互联网服务通过搜索引擎、应用商店、微信、抖音、淘宝等线上平台的公域流量,宣传和销售产品或服务。又比如,企业与代理商、经销商或者批发商合作,通过他们把产品和服务送到消费者面前;或者企业与店面或者商铺合作,即所谓的第三方合作方。这些都是间接渠道。

无论是选择线上渠道还是线下渠道、直接渠道还是间接渠道,每个企业都要依据自己的价值定位和目标用户进行权衡。当然很多企业在渠道选择上都是多种组合。比如有些服务是线上线下相结合的。很多基于地理位置的服务(location based service,LBS)就需要线上线下相结合(online to offline,O2O)的渠道。美团外卖、叮咚买菜、共享单车、丰巢快递柜等,都需要基于用户的方便/可用性建设渠道。有些是直接和间接相互融合在一起,特别是连锁经营企业,有直营的一些部分也有加盟的一部分。

案例:线上服务中的线下销售——"阿里铁军"

商业模式画布前三个部分横跨了产品服务概念形成到市场引入这两个阶段,接下来就是引入市场后阶段,此时更加偏重产品运营和盈利方式。

(四)客户关系

客户关系描述了企业与特定客户细分群体如何建立关系和链接，形成怎样的情感，如何进行互动。

进入移动互联网时代，用户关系发生了实质性变化，从早期的用户不对称地被动接受信息，到现在的社会化媒体时代，每个人都是信息制造者和关系纽带中的一员，企业与用户之间的距离越来越近。

客户关系可以分成以下几种类型，这些客户关系可能共存于企业与特定客户细分群体之间。

1.个人助理

这种关系类型基于人与人之间的互动。在销售过程中或者售后阶段，客户可以与客户代表交流并获取帮助。在销售地点，可以通过呼叫中心、电子邮件或其他销售方式等个人助理手段来进行。如果是为客服配备专一客户代表的，称为专用个人助理，它是层次最深、最亲密的关系类型，通常需要较长时间来建立。例如，私人银行服务会指派银行经理向高净值个人客户提供服务。在其他商业领域也能看到类似的关系类型，关键客户经理与重要客户保持着私人联系。

2.自助服务

在这种关系类型中，一家公司与客户之间不存在直接的关系，而是为客户提供自助服务所需要的所有条件。

3.自动化服务

这种关系类型整合了更加精细的自动化过程，用于实现客户的自助服务。例如，客户可以通过在线档案来定制个性化服务。自动化服务可以识别不同客户及其特点，并提供与客户订单或交易相关的信息。最佳情况下，良好的自动化服务可以模拟个人助理服务的体验（例如提供图书或电影推荐）。

案例：小米公司的社区营销

4.社区

目前各企业正越来越多地利用用户社区与客户/潜在客户建立更为深入的联系，并促进社区成员之间的互动。许多企业都建立了在线社区，让其用户交流知识和经验，解决彼此的问题。社区还可以帮助企业更好地理解客户需求。

5.共同创造

许多企业与客户的关系超越了传统的客户—供应商关系，而倾向于和客户共同创造价值。互联网服务中共同创造分为两种：第一种是用户生产内容（UGC），如抖音等完全依靠用户提供内容；亚马逊书店就邀请顾客来撰写书评，从而为其他图书爱好者提供价值；YouTube请用户来创作视频供其他用户观看。第二种是允许用户参与进产品和服务的创新过程，如笔记软件 Roam Edit 通过社区吸纳用户创意。

用户关系是承上启下的一环，一方面是对产品价值的肯定和对渠道的补充，另一方面影响着核心资源和收入来源。用户关系的作用包括：借助用户口碑自然传播获得更多的用户；维持用户关系，将用户转化为核心资源；从用户身上获得持续收入。

(五)收入来源

很多互联网服务在成熟完善之前不收费。比如,先以补贴的方式吸引用户,在用户参与中完成迭代升级,形成成熟的服务,此后才开始形成收入。

收入形式可分为两种类型:一种是一次性收入,一种是持续性收入。卖掉商品,然后顾客付钱,这就是一次性收入。顾客能持续不断地付费就是持续性收入。

收入的来源可以有多种。

1.资产销售

资产销售即出售产品的所有权或者出售服务,然后顾客付钱。资产销售收入基本上是一次性收入。

2.使用权收费

使用权收费是指销售产品的整体或部分功能,用户需购买按次或者按时间计的权限后才可以使用。比如,电信手机的流量与话费就是在使用电信的通信技术服务后,客户不停地支付话费,这是一种持续性的收入来源。

3.会员费

会员费是指在给部分用户提供差异化的产品或服务的同时向客户收取某种形式的费用。很多商场、超市、美容院或者养生会所,都会让大家来办会员卡。会员一次性把一年甚至更长时间的一定费用直接支付后成为会员,获得某种优惠。这是一种预期性收入也是一种持续性收入。

案例:会员对服务企业的价值

4.许可使用费

许可使用费是指许可其他人使用专利、商品、品牌等知识产权,向对方收取的费用。如连锁加盟的商标权、品牌使用权,这都是允许加盟商交钱使用的专利商标或品牌。许可使用费不是让渡专利权,只是准予使用。

5.租赁收费

租赁收费是指把产品长期或短期出租,用户收取租金。比如共享单车、出租车等租车形式,是按照时间、天数、里程来收取租赁费用的。

6.中介收费

中介收费是指为双方或多方之间提供交易服务,达成交易后收取的一定佣金。很多行业都有中介机构,它们在提供中介服务以后收取经纪人佣金。例如房产中介链家、我爱我家等;又如,支付宝等互联网支付服务的收入中也包含了向用户收取一定比例的服务费。

7.广告收费

广告收费是指在渠道中植入其他企业的产品或服务的广告时收取的一定的费用。例如优酷、爱奇艺等影视网站在视频播放之前的广告,那么广告费就是它们的核心业务收入来源。广告收入是互联网服务最常见的收入来源。

上述七种收入来源并不互相排斥。每一个企业可以进行组合选择。现代商业模式基本上都是在努力跳出原来一次性出售商品或服务获得的收入,尽可能获得持续性收入。为此,现代商业模式需要运营者用心地把消费需求、客户细分和渠道通路进行新的组合和搭配,以使收入方式和来源更多样,实现持续性收入。

收入形式和种类确定后,还有个重要问题就是产品和服务的定价。定价一直是所有商业中最为敏感的,现代服务业的定价尤其动态多变。

(六)核心资源

核心资源是整个商业模式运转的中枢,影响产品价值、渠道、用户关系和收入来源,同时也可以作为对抗竞争对手的资本。以下列出的是核心资源的几个代表。

1. 生产资源/实物资源

企业需要有自己的生产设备、厂房、办公场所等,这些资源我们称之为实物资源。实物资源是保证企业能够持续运营下去的最核心的资源,没有这些资源,企业也很难把人才、资金等其他要素组合在一起。

2. 知识性资源

现代企业之间的竞争已经慢慢转向了品牌商标、核心技术专利权、核心数据等无形资产的竞争。一个企业能否建立起强大的品牌和专利体系以及庞大的数据,是现代服务业商业模式成功的基石。

3. 人力资源

有些商业模式要持续运行下去离不开特定的具有核心技术的人才或对实现产品价值必不可少的人,这个时候人力资源就成了该商业模式的核心资源。

4. 金融资源

没有金融资源的支撑,企业现金流就会很弱,在某种情况下会出现很难持续或者断流的状态。拥有金融资源的企业,就能在竞争中获得很好的优势,能比别人活得更长久,所以现金流是一个很重要的金融资源。很多企业是缺钱的,但缺钱并不意味着要获得足够的资金,现代商业需要的是"金融思维"而不是现金。金融思维就是以现金流为运转对象,以未来收益为吸引,筹集社会资金来促进实体企业加速发展,其实质就是权力交换现金流。

对于有实力的企业来说,以上这些核心资源可以轻易调动到位,而对于只有好的点子和怀着理想的初创企业来说,可以依靠合作关系来获取核心资源。

(七)关键业务

关键业务是产品或服务的价值体现,通俗来讲就是产品或服务是如何服务用户的。一个商业模式可以有一个或多个关键业务。

关键业务随着时间的推移、市场的变化和用户需求的不断挖掘也会逐渐发生变化,这个变化也许与当初设想的发展路线一致,也许已经超出了预期。而不管怎样变化,互联网行业的"通用关键业务"目前只有三种。

1. 制造硬件产品

最常见的关键业务就是企业生产满足用户某种功能性需求的实体性产品。以此为关键业务,企业要思考如何把整个生产过程做得高效流畅,而且还能按照既定的时间要求和整体的品质要求提前或者按期交付。

互联网时代下,用户需要的不只是硬件,更需要通过硬件连接到网络获取服务。因此,像小米这样的企业,不仅制造实体产品,还将实现"硬件产品、互联网、服务"的三位一体。

2. 提供整体解决方案

所谓整体解决方案,是指企业提供的不仅是产品,还提供与产品相关的技术服务、维修保养服务、使用培训服务、金融保险服务等系列服务,目的是扩大销售和实现服务增值。整体解决方案的基础构成是产品,并且加入了由用户使用基础产品而衍生的产品与服务需求。所以,一个产品升级为"整体解决方案",其关键在于厂商所能提供的"衍生服务"与实体产品的"产品系统"构成了一个"产品服务系统"。

3. 平台

平台是指交易空间或交易场所,其既存在于现实世界,也存在于虚拟网络空间。平台管理者或发起人引导或促成双方或多方之间的交易,努力吸引交易各方使用该空间或场所,最终实现利益最大化。阿里巴巴、京东都是以平台为关键业务的企业。因此,构建平台就会成为它们的一个管理性业务,其业务重点就是管理连接。至于连接什么则根据产品价值来决定。其实,实体购物中心也是平台,是品牌方、商家和消费者的线下交易场所。消费者免费来逛,购买商家的商品或服务需要付费;商家要给购物中心交租金;品牌方利用这个场所打广告也要交广告费。

(八)关键合作伙伴

要保证商业模式运转,企业还要与纵向、横向众多利益相关者合作。纵向利益相关者包括供应商在内的上下游企业,横向利益相关者包括政府、协会等第三方主体。

从企业合作关系的形态来看,典型的商业组织之间的关系有"链型关系"与"网络化关系"。工业经济时代,企业间的关系往往呈现围绕产业链建立的"链型关系"。互联网时代,组织间的关系更加动态化,即组织间建立联系更加容易,联系切换也更加频繁,企业间更多的是"网络化关系"。

从关系属性来划分,组织间关系可以分为合作、竞合、合资或并购关系等。

任何合作都由利益驱动,企业寻求合作的动机是通过强化关键业务,降低成本或风险,以获取特定的资源或优化商业模式。

(九)成本结构

成本结构是指一个良好运行的商业模式所需的成本占比情况。依据产生源头的不同,成本可以分为固定成本和变动成本;依据费用的发生是否需支付现金等流动资产,成本可以分为付现成本和沉没成本;依据产生时间的远近,成本可以分为短期成本和长期成本。

成本最小化、价值最大化是每个企业追求的最终目标。据此,企业的竞争策略可以分为成本驱动型和价值驱动型两种。如果某种竞争策略追求的是以最小的成本获取最大的价值,那它就是成本领先竞争策略。沃尔玛天天低价、西南航空低廉的飞机票等,都把低价作为核心竞争力来对待。如果竞争策略更多的是追求高端的价值输出,讲求的是产品或服务的体验与品质,那它就是价值领先竞争策略。豪华型酒店,满足的就是高端人士或者富裕阶层对住宿的高品质要求,追求的是价值。

三、商业模式设计流程

了解了商业模式的主要构成要素,下一步就可以系统化设计商业模式了。每个企业所处的环境不同,所拥有的资源和能力不同,适合企业的商业模式也就不同。因此,设计商业模式时,必须考虑复杂的环境,例如竞争对手、技术、法律、环境以及完全未知的领域和自身的状况。简而言之,设计商业模式需要思考三个问题:谁是"利益相关者"？ 这些利益相关者"有什么价值可以交换"？ 如何设计共赢的"交易结构"？

具体而言,商业模式设计有以下几个步骤。

(一)画像描述

首先要发现一个交易价值比较大的市场。基于这一市场,彻底理解客户的需求,发掘市场中新的和未被满足的客户细分群体,并战略性地选择关注哪些客户、忽略哪些客户。

(二)模式定位

依据对市场和客户、环境、企业自身资源的洞见,定位商业模式的核心驱动因素,也就是定位商业模式的核心竞争策略。

(三)模式设计

使用诸如图片、草图、图表和便利贴等视觉化工具来构建和讨论事情,通过理解、对话、探索和交流来改善视觉化思维,从而设计若干个设想。

(四)原型制作

选出最具多样性的三个创意设想;通过在商业模式画布上绘制每个人的创意设想的各个元素来开发三个概念商业原型;标注每个原型的优点和缺点。这种商业原型的创作类似于美术中的轮廓勾勒。

(五)故事讲述

通过讲故事的形式把新的商业模式和理念呈现出来,既能推销给投资者,又能调动员工的积极性。故事讲述使抽象的商业模式变得具体、易于理解。

(六)情景推测

通过细化设计环境,帮助我们熟悉商业模型设计流程,包括描述不同背景客户的情景推测及描述新商业模式参与竞争的未来场景推测。

(七)迭代复制

商业模式设计引入市场后,在执行过程中的调试与迭代。进入到执行阶段,首先需要对商业模式进行验证,测试不同利益相关方对新商业模式的认可程度是否达到预期,并在此基础上进行商业模式的调试,一旦商业模式经过市场检验后得到确认,就可以对其进行大规模复制。

第二节　现代商业模式类型

商业模式纷繁复杂。本节简要介绍数字经济时代五种典型的商业模式,分别是非绑定式商业模式、长尾式商业模式、多边平台式商业模式、免费式商业模式和开放式商业模式。

一、非绑定式商业模式

(一)模式定义

商业模式可能存在三种基本业务类型,分别是客户关系型业务、产品创新型业务、基础设施型业务。这三种类型的业务可能同时存在于一家公司中。非绑定式商业模式是指三种关键业务分离,各自成立独立的实体(企业)。

(二)模式详解

客户关系型业务、产品创新型业务和基础设施型业务这三种类型中,每种类型的业务都包含着不同的经济驱动因素、竞争驱动因素和文化驱动因素。由于其背后的驱动因素不尽相同,因此企业应分别专注于各自的价值信条:亲近客户、产品领先或卓越运营。

(1)客户关系型业务:职责是寻找和获取客户,并与他们建立关系。

(2)产品创新型业务:职责是开发新的和有吸引力的产品或服务。

(3)基础设施型业务:职责是构建和管理平台,以支持大量重复性的工作。

对企业来讲,应该专注于这三种业务类型之一。如果企业有了多种类型的业务,往往应该彼此分隔,以避免不同业务类型之间的冲突和不利影响。各业务类型和驱动因素之间的关系见表 3-2。

表 3-2　非绑定商业模式的三种子类型比较

因素	客户关系型业务	产品创新型业务	基础设施型业务
经济驱动因素	获取客户的高昂成本决定了必需获取大规模的客户份额;范围经济是关键	更早地进入市场可以保证索要溢价,并取得巨大的市场份额;速度是关键	高昂的固定成本决定了通过大规模生产达到单位成本降低的必要性;规模是关键
竞争驱动因素	针对范围而竞争,快速巩固,寡头占领市场	针对人才而竞争;进入门槛低,许多小公司繁荣兴旺	针对规模而竞争;快速巩固寡头占领市场
文化驱动因素	高度面向服务;客户至上心态	以员工为中心;鼓励创新人才	关注运营效率;统一标准,降低成本

（三）案例

（1）私人银行案例：把三种业务类型合而为一,讲述了"绑定式"商业模式中三种业务类型之间的冲突。

（2）移动电信运营商案例：把三种业务类型分拆开来,以"非绑定式"商业模式来解决业务类型之间的冲突。

二、长尾式商业模式

（一）模式定义

长尾式商业模式关注为利基市场提供多品种少批量的产品。虽然每种产品都卖得少,但提供的种类很多,因此销售总额可以与凭借少品种大批量的传统模式相媲美。长尾式商业模式需要低库存成本和强大的平台,以使得利基产品更容易被兴趣买家获得。

（二）模式详解

安德森最早提出"长尾"的概念,他指出,媒体行业中销售大量利基产品所产生的销售额,等于甚至超过了销售拳头产品所获得的销售额。所谓的"利基产品",指的是销售量不大的众多产品;所谓的"拳头产品",指的是销售量较大的少量产品。事实上,长尾理论不仅仅在媒体行业里有效,在其他很多行业里仍然是有效的(见图3-2)。比如电影租赁行业,大量的利基影片所带来的累计收入常常可以与大片匹敌;再比如,淘宝早期是依靠大量小批量的商品而成功的。

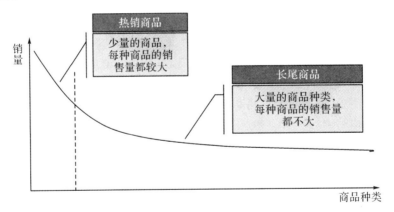

图 3-2　长尾的含义

（三）案例

以媒体行业的微电影为例,因为三个经济激发因素而引发了这种商业模式。一是生产工具的大众化。有兴趣的普通人,已经可以很容易找到拍摄微电影的工具。二是分销渠道的大众化。互联网使得数字化的内容可以分发成为商品,而其基本无库存、沟通成本低、交易费用少,容易开拓市场。三是连接供需双方的搜索成本不断下降。微电影能有市场,关键在于找到有需求的潜在买家。现在强大的搜索、推荐引擎,用户评分,兴趣社区已经让这些变得容易多了。

Web2.0时代用户生产内容模式的特点是使用者分享、使用者获利。典型应用如抖音平台,用户拍摄制作的原创内容都可以上传到平台,在获得其他用户观看的流量后可以通过某种形式分享收益。

这个模式对图书出版的改革也很有借鉴意义。如LuLu.com就提供了一个人人都能出版作品的服务。对作者的价值主张是"降低了图书出版的门槛",为其提供清样、出版、在线作品分销等服务;对读者的价值主张是"满足特别的阅读需求",为特定的读者提供特定的读物。

另外一个例子是乐高工厂。乐高公司用"乐高数码设计师"(LEGO digital designer)软件,鼓励客户自己发明和设计,完成自己的玩具套件,而且这部分玩具套件还可以出售,补充了乐高的设计。

三、多边平台式商业模式

(一)模式定义

多边平台商业模式是指将两个或者更多有明显区别但又相互依赖的客户群体集合在一起,它作为平台中介用于连接这些客户群体并创造价值。如Visa信用卡连接了商家和持卡人;计算机操作系统连接了硬件生产商、软件开发商和用户;报纸连接了读者和广告主。平台已成为这些客户群体的中介来创造价值。

(二)模式详解

每个客户细分群体之间都是相互依存的,并且都有自己的价值主张和收入来源。多边平台必须有能力同时吸引和服务所有的客户群体,并以此来创造价值。多边平台需要提升其价值,直到达到可以吸引更多用户的水平,而用户越多,平台创造价值的能力就越强,这种现象被称为"网络效应"。

多边平台需要两个以上的客户群体来支撑,常常会面临"先有鸡还是先有蛋"的问题。解决这个问题的一种方法就是针对某一客户群体,为其提供低价甚至免费的服务,并依靠这个群体来吸引另一个与之相关联的、可收费的客户群体,这种现象称为"平台补贴"。比如腾讯的QQ是免费的,但巨大的用户群体,使得其无论开发什么业务,都能找到收入来源。对多边平台来讲,选择哪个客户群体以及以什么价格来吸引他们,是需要研究的重要课题。

多边平台必须问自己几个关键问题:我们能否为平台各边用户吸引到足够数量的客户?哪边的客户对价格更加敏感?我们是否能够通过补贴来吸引对价格较为敏感的一边用户?平台另一边是否可以产生足够的收入来支付这些补贴?

(三)案例

百度的核心资源是搜索平台。这个搜索平台提供了三种不同的服务,分别是网页搜索、广告投放和第三方内容货币化(文库等)。百度有三个关键业务,分别是建设并维护搜索引擎基础设施、管理三类客户细分群体、推广其搜索平台。百度的三类多边平台用户分别是普通网民、广告主和内容创作者。

苹果公司从 iPod 到 iPhone 的产品线演进就是公司向平台运营商演变的过程。iPod 是一款独立的设备，而 iPhone 则演变成了一个强大的多边平台，苹果公司把控了这个平台上的第三方应用程序，对每个程序抽取 30% 的分成。

四、免费式商业模式

(一)模式定义

在免费式商业模式中，至少有一个庞大的客户细分群体可以享受持续的免费服务。免费服务可以来自多种模式。通过该商业模式的其他部分或其他客户细分群体，为非付费客户细分群体提供财务支持。

(二)模式详解

免费模式已经与数字化产品和服务同步盛行，也受益于互联网的普及，因此，互联网常常被称作"免费经济"。免费怎么赚钱呢？事实上，有三种让免费成为可行商业模式的方式。

1. 基于多边平台的免费模式

基于多边平台的免费模式也称为基于广告(advertising-based)的模式，免费的产品或服务带来了大量平台流量，提升了对广告主的吸引力。反过来，平台允许通过收费补贴免费产品和服务。该商业模式的成本主要是开发和维护平台的成本，可能也会出现流量获取和保持的成本。

2. 免费增收模式(freemium)

免费增收模式是指通过向用户提供免费内容或者补贴价格，来实现向用户销售另一种利润更高的产品或向第三方(比如广告商)销售用户数据的商业模式。免费增收模式也称为基础免费、增值收费。这似乎是目前移动互联网上各种应用常用的收费模式。

该商业模式最重要的经营度量标准是将免费用户转化为付费用户的转换率。据测算，会有不到 10% 的用户会订制收费的增值服务，这些费用将用来补贴免费用户。只有在服务额外免费用户的边际成本极低的时候才可行。

3. 诱钓模式(bait & hook)

诱钓模式是指使用免费或廉价的初始产品或服务来吸引客户重复购买，也就是开始用补贴甚至亏本的方式来提供产品或服务，目的是让客户后续购买产生利润的产品或服务。诱钓模式通常需要强大的品牌以及重要的成本结构元素，包括初始产品的补贴等的支持。最关键的是在初始产品和后续产品或服务之间建立起强连接或是锁定关系。

每种免费模式都有其不同的潜在经济特征，但是它们都有一个共同点，即至少有一个客户细分群体能够持续地从免费产品或服务中受益。

(三)案例

1. 基于多边平台的免费模式案例

如各大门户网站上的网络定向广告、报纸杂志等。

2. 免费增收模式案例

如 Skype,这个扰乱了电信市场的免费通话服务,除了后端软件和用户托管服务外,Skype 基本没有自己的基础设施,这使得其成本极低。用户只有在呼叫固定电话和移动电话时才需要付费(这种增值服务叫 Skype Out),在设备(电脑或智能电话)上互通电话是免费的,用来通话的软件也是免费。

保险业的模式,是一种颠倒的免费增收模式,即大量用户定期支付小额费用,补贴发生了实际需求的少量客户。

3. 诱钓模式案例

WPS 办公软件就是典型的例子。它提供了很多模板、翻译等增值性文档编辑服务辅助功能,但是要通过购买会员才能获得。又如吉列以极低折扣销售剃须刀片架,甚至作为其他产品的赠品,以此创造一次性刀片的需求。

五、开放式商业模式

(一)模式定义

开放式商业模式是指那些通过与外部伙伴的合作,创造和捕捉有价值的企业的商业模式。这种模式可以是由外到内,将外部的创意引入公司内部,也可以是由内到外,将企业内部闲置的创意和资产提供给外部伙伴。

(二)模式详解

1. 由外到内的开放式商业模式

来自完全不同行业的外部组织可能会提供有价值的见解、知识、专利,或者对内部开发团队来说现成的产品。借助外部知识,需要将外部实体和内部业务流程及研发团队联系在一起开展专门的业务活动。从外部资源获取来的创新需要花费成本,但是建立在外部已经创建的知识和高级探究项目基础上的研发,可以帮助企业缩短产品上市的时间,并提高内部的研发效率。拥有强势品牌、强大的分销渠道和良好的客户关系的知名老字号公司,非常适合由外到内的开放式商业模式。

2. 由内到外的开放式商业模式

将企业内部闲置的创意和资产转化成价值主张,提供给感兴趣的客户细分群体,这将带来更多的潜在收入,也将促进相关行业的良性健康发展。

有些研究成果因为战略或运营层面的原因而显得没有价值,但是可能对于外部其他行业来说有巨大的价值。允许外界利用闲置的内部创意,企业可以轻松地增加额外收入来源。拥有大量闲置下来的智力资产的组织适合采用由内到外的开放式商业模式。

(三)案例

1. 由外到内的开放式商业模式案例

如宝洁公司在将"创新"作为公司核心战略后,并没有对研发部门进行大幅投资,而是实现了"从关注内部研发到关注开放式研发过程的转变"。具体方式包括:利用公司内的技术专家与外部大学及其他公司的研究人员建立良好关系；利用互联网平台公布自己研究上的需求，对解决方案给予现金奖励；专门推出相关网站，从退休专家那儿征求知识。

2. 由内到外的开放式商业模式案例

如世界领先的制药业巨擘葛兰素史克构建了专利池，汇集了来自不同专利持有者的知识产权，特别是将那些与贫困国家有关的疑难病症专利放入专利池，让贫穷国家更容易获得药物，造福了大众。葛兰素史克则主要专注于专利池中未被深入研究的畅销药的相关研制。由此，闲置专利发挥了更大的价值，并且并促进了疑难病症的治疗。

第三节　商业模式视角下的现代服务业分类

现代服务业以先进的信息技术和管理方式的应用为共同特征，不仅如此，分析目前发展最迅速的那些现代服务业的商业模式后可以发现，其关键资源和能力与传统服务业和制造业明显不同。传统服务业和制造业中，土地、劳动力、资本、企业家精神、技术等是关键资源或能力，但现代服务业中那些传统因素不再成为关键资源，流量、内容等因素则新晋成为这些现代服务业的关键资源和能力。

从商业模式角度出发，以关键资源和能力要素视角看最前沿的现代服务业，可发现以下四类现代服务业在现阶段发展迅速，包括流量密集型、技能密集型、资金密集型和内容密集型现代服务业。

一、流量密集型现代服务业

(一)含义

流量密集型现代服务业是指那些基于流量运营的现代服务业。互联网发展带动了互联网接入流量的高速增长，移动支付、移动出行、移动视频直播、餐饮外卖等应用已经成为互联网新的主要入口。基于庞大的互联网接入流量背后的各种需求和供给，产生了很多中介型平台互联网服务。

从流量密集型现代服务业商业模式来看，这种服务企业一般定位为平台型企业，连接双边市场，包括 B2B、C2C 或者 B2C，其主要业务是为信息提供方、信息需求方提供中介服务和配套增值服务，其主要盈利模式是向信息提供方及需求方任意一方或者两方收取相关的服务费、广告费等。其基本商业模式如图 3-3 所示。

(二)典型特征

(1)市场空间大；

(2)交易频率高，内容可交易性强，先发优势较强. 进入壁垒较强；

(3)现金流稳定，且增长前景可观；

(4)轻资产；

(5)在平台激烈竞争领域或时期，可以更多地关注"卖水人"。

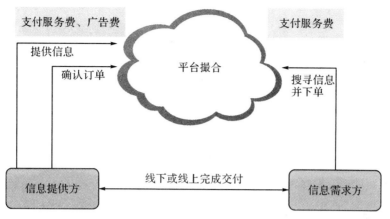

图 3-3 流量密集型现代服务业商业模式示意

(三)典型行业领域

流量密集型现代服务业在共享经济、跨境电商、交通出行、移动社交、本地生活服务平台等细分领域都有明星公司。

二、技能密集型现代服务业

(一)含义

技能密集型现代服务业是指那些拥有某个行业领域专业知识技能的服务业,也可称为专业服务。包括如医疗、教育、会计、律师等的传统专业服务,也包括随着互联网发展起来的各种 SaaS 服务(software as a service,软件即服务),如文字处理软件、设计软件、视频编辑软件等。

从技能密集型现代服务业的商业模式来看,其主要参与者是服务 C 端或者 B 端用户的专业服务企业,其关键资源和能力是知识、技术、品牌,其主要盈利模式是收取服务费。其基本商业模式可见图 3-4。

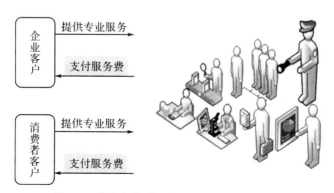

图 3-4 技能密集型现代服务业商业模式示意

(二)典型特征

(1)市场空间大；

(2)技能稀缺性高,排他性强,支持高壁垒增长；

(3)现金流稳定,且增长前景可观。

(三)典型行业领域

技能密集型现代服务业在养老、康复医疗、幼教、母婴、人力资源、美容美体、牙科、SaaS企业级服务等领域都有明星公司。

三、资金密集型现代服务业

(一)含义

那些需要庞大资金投入的现代服务业称为资金密集型现代服务业。这类服务业往往需要投入大量资金到硬件设施中,再辅之以信息技术和先进管理方式,形成一个庞大的服务网络,比如现代物流服务、冷链服务、新能源储能服务等。

从资金密集型现代服务业的商业模式来看,其往往是定位于服务 C 端或 B 端用户的服务企业,其关键资源是资本,其主要盈利方式是收取服务费。其基本商业模式见图 3-5。

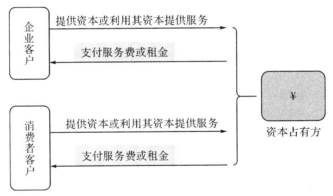

图 3-5 资本密集型现代服务业商业模式示意

(二)典型特征

(1)市场空间大,上下游需求较好；

(2)资本密集度高,有较强壁垒；

(3)现金流稳定,重资产结构。

(三)典型行业领域

资金密集型现代服务业在融资租赁、物流仓储、冷链物流、创客地产、云存储、区块链、停车场服务等细分领域都有明星公司。

四、内容密集型现代服务业

(一)含义

内容密集型现代服务业是指以文化内容为关键资源的现代服务业,如以文学作品、音乐作品以及电影电视作品等版权内容为核心资源,服务内容消费者的企业。这些企业可能是出版社、长短视频网站等。

从内容密集型现代服务业商业模式来看,其定位往往是将版权内容引导到C端消费者,其业务内容主要包括内容提供、内容加工等,其关键资源和能力是版权内容及粉丝流量。其基本商业模式见图3-6。

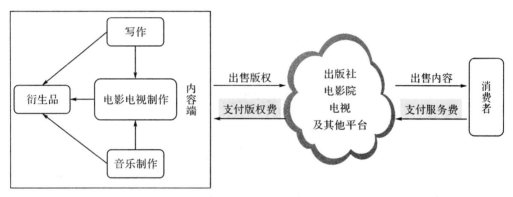

图 3-6　内容密集型现代服务业商业模式示意

(二)典型特征

(1)市场空间大,行业发展仍处于高速增长期;
(2)内容生产壁垒高,粉丝群体多;
(3)变现能力强;
(4)现金流稳定。

(三)典型行业领域

内容密集型现代服务业的典型领域包括动漫、网络剧、MOOC(慕课)、体育赛事、"爱豆"经济、网红经济等。

以上四类现代服务业是现阶段我国发展最迅速、创新涌现最激烈的几类服务业。其商业模式在定位、关键资源和能力、业务系统、盈利模式、现金流结构等维度的差异汇总见表3-3。

表 3-3　四类前沿现代服务业的商业模式比较

维度及案例	流量密集型	技能密集型	资本密集型	内容密集型
定位	连接两端	C端或B端	C端或B端	经过B端最终导向C端
关键资源和能力	流量	知识、管理、技术、品牌	资本	内容

续表

维度及案例	流量密集型	技能密集型	资本密集型	内容密集型
业务系统	信息提供方、平台、信息需求方	技能要素占有方、技能需求方	资本要素提供方、资本要素需求方	内容要素占有方、内容要素中间商（加工商、渠道商）及内容消费者
盈利模式	服务佣金、广告费	服务佣金	租金	知识产权费（或衍生的广告费）、服务佣金
现金流结构	轻资产	轻资产	重资产	轻资产
相关案例	淘宝（连接商家与消费者，向商家收取服务费、广告费）	心理咨询（患者向心理咨询师支付服务佣金）	产品租赁（产品承租方向产品出租方支付租金）	偶像（经纪公司把偶像加工包装成产品，通过影视、音乐等各类渠道进行分销，各类渠道支付版权费及广告费）

本章小结

　　商业模式理论是在互联网企业蓬勃发展的背景下提出的，其理论依据是互联网企业区别于工业经济时代制造业的商业逻辑。因此，可以说商业模式理论主要基于互联网服务企业的发展提出的，尤其适合用以分析数字服务企业的运营管理。

　　商业模式理论的核心内容是商业模式画布，即某一组织的商业模式可以从目标用户、价值主张、渠道通路、客户关系、收入来源、核心资源、关键业务、关键合作、成本结构九个方面来进行分析。商业模式画布不仅是分析工具，也是创新型服务企业的商业模式设计依据。

　　现代服务业商业模式纷繁复杂，包括非绑定式商业模式、长尾式商业模式、多边平台式商业模式、免费式商业模式、开放式商业模式等。基于商业模式视角的核心竞争优势分析，现代服务业可以分为流量密集型、技能密集型、资金密集型、内容密集型等类别。

本章思考

　　1.商业模式画布包括哪些要素？

　　2.现代商业模式类型包括哪几类？

　　3.基于商业模式视角，现代服务业可分为哪些类别？

第四章 现代服务企业战略规划

构建现代服务商业模式的第一步是企业战略规划。本章将首先概述服务业战略规划整体框架，并重点介绍战略规划中的两个关键内容，即现代服务企业市场定位分析和现代服务企业竞争战略。

第一节 服务企业战略规划整体框架

服务企业之所以能创立并创造收益，往往是因为它具有区别于竞争对手的特定优势，而且这种优势能够帮助服务企业获得市场认可。为此，服务企业需要从战略层面规划整体系统，打造某一方面的特殊竞争优势。

一、服务战略规划目标

服务战略规划的目标是在特定的竞争环境中，构建企业的核心竞争力，使企业的资源与客户的需求匹配一致。换言之，服务战略规划是使企业基于已有资源基础构建核心能力。这是资源理论和能力理论观点的有机结合。

资源理论的先驱彭罗斯在其《企业成长理论》(*The Theory of the Growth of the Firm*)一书中指出，企业是一个资源的集合体，它是构成企业经济效益的稳固基础。由于企业的许多资源和能力是通过长期积累获得的，因此企业的战略选择必然受到其所掌握的资源存量以及获取或积累新资源速度的限制，这就造成了不同企业之间的战略差异。企业可以利用这些资源差异形成低成本优势或差异化优势，从而由资源差异产生企业特定的竞争优势。因此，资源是战略的实质，是持久竞争优势之本，是资源创造了企业独特的竞争优势，资源是企业的战略基础和企业回报的基本来源。

根据"资源支撑持续竞争优势"这一论断，企业必须清晰地识别和评估自己的资源，分辨这些资源是优势资源，还是劣势资源，以决定哪些资源可以作为企业持续竞争优势的源泉。一般而言，资源大体上可分成三大类，即有形资产、无形资产和组织能力。而作为战略性的资源，通常具有三个重要属性：一是价值性，能为客户创造价值，而且能比竞争对手的资源更好地满足客户需求，否则这种资源就失去了市场的认可和市场价值；二是稀缺性，不为众多企业所拥有，否则就不是战略性资源；三是可获性，这种资源必须是企业现有，或能通过其他途径可获取的，否则对企业来说只是空谈。因此，企业的战略资源就是指具有独特价值的、不易模仿和替代的、能够产生竞争优势的资源。

企业运营的目标就是改善企业内部的能力配置，形成异质性核心能力，在市场竞争中获取优势。不过，并不是企业所有的资源、知识和能力都能形成持续的竞争优势，只有当这些资源、知识和能力具有稀缺性、价值性、异质性、难以模仿性等特性时，它们才能构成企业的核心能力。由于核心能力具有上述独特性，它才能大幅度增加价值或降低成本，并转化成企业的竞争优势。因此，能力理论认为核心能力才是企业竞争优势的源泉，也是企业战略竞争制胜的焦点。

可见，资源理论和能力理论是一脉相承的。企业凭借吸收能力、创新与整合能力、延伸能力，将战略性资源转化成企业的战略性能力，或称为核心竞争力。这就是服务企业战略规划的目标。

二、服务战略规划总体思路

波特提出的市场结构—企业行为—企业绩效模型（S—C—P 模型，即结构 structure，行为 conduct，绩效 performance）具有普遍的适用意义。20 世纪 80 年代以来，以波特为代表的哈佛学派提出了以企业竞争者、购买方、供应方、替代产品、潜在竞争者五种产业结构力量为元素的竞争力量模型，该竞争战略理论成为当时企业战略管理的主流。该理论认为，企业制定战略与其所处的市场环境高度相关，其中尤其以企业所处的产业环境最为关键。对于不同产业，上述五种竞争力量的综合作用是不同的，这导致不同产业或同一产业在不同发展阶段具有不同的利润水平，进而影响了企业战略的制定。

该理论将产业组织理论引入企业战略管理研究领域，侧重从企业所处的行业环境切入，将竞争分析的重点放在企业的外部环境上，认为行业的吸引力是企业盈利水平的决定性因素，即市场结构是决定行业内部和行业之间绩效差异的主导力量，市场结构分析是企业制定竞争战略的主要依据。同理，服务企业的竞争优势也来源于服务企业所处的特定的行业结构，以及由此而来的服务企业的具体战略行为。这样，一方面，服务行业的结构决定了服务企业的行业环境条件；另一方面，服务企业的资源和能力决定了企业可能采取的战略主张。上述两方面共同决定了企业的战略决策，进而决定了服务企业相对于竞争对手为顾客所创造的不同价值。正是这两方面决定了服务企业的竞争优势，也就构成了服务企业战略规划的总体思路，即 S—C—P 模型。

基于 S—C—P 模型的基本思路，服务企业战略规划可细化为如图 4-1 所示的操作流程。服务战略规划的目的是为服务企业创造竞争优势，服务企业的竞争优势则取决于服务企业是否能够比竞争对手更好地为客户创造价值，而服务企业是否具备这种特殊的创造价值的能力又取决于服务企业是否制定了有效的竞争战略，服务企业的竞争战略受到服务企业所处行业结构以及该企业的资源和能力的制约，当然后两者之间又存在互动的影响关系。

服务战略规划的具体过程是回答 7 个问题。7 个问题中 4 个是主要问题，包括目标市场细分、服务概念、运营战略以及服务传递系统（图 4-1 中的实线框），3 个是衔接性问题，包括服务定位、价值/成本杠杆作用、战略与系统整合（图 4-1 中的虚线框）。当回答的主要问题不确定时，通过提问可以帮助检验主要问题之间的匹配性。例如，介于两个类别之间的问题"服务传递系统能支持运营战略吗？"可以用来检验服务传递系统与运营战略之间的匹配程度。

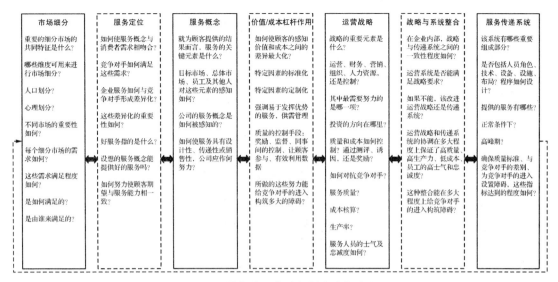

图 4-1 服务企业战略规划内容与流程

第二节 服务企业市场定位分析

一、服务市场定位分析整体流程

随着竞争的加剧,以对顾客有意义的方式实现服务的差异化日益重要。然而,询问来自不同服务企业的管理者如何能在竞争中取胜,大多数人可能会简单地回答"凭借高质量的服务"。进一步追问,他们可能会加上几句,诸如"我们的服务物有所值""人员竞争力强"或者"提供便利"等解释。这些回答对于提出有意义的价值主张并建立一种行之有效的商业模式,以使服务产品能够在市场竞争中盈利的企业而言是没有多大用处的。

是什么让顾客或者机构购买者选择并忠诚于某个服务供应商而不是其他提供者?"服务质量"源于很多方面,从服务传递的速度到顾客与服务人员之间沟通的质量,从避免失误到提供顾客需要的"额外服务"来补充核心服务等。同样,"便利"可能是指在方便的地点提供服务、在方便的时间提供服务,也可能是指使用的方便性。如果不了解顾客对哪些产品特性感兴趣,管理者就很难制定正确的竞争战略。在竞争激烈的市场环境中,存在一种风险,即顾客感觉不到相互竞争的产品之间实际的差异,而是基于价格来选择。

因此,管理者需要系统地考虑所提供服务的所有方面,并且强调顾客在其目标细分市场中感受到产品竞争优势的价值。而系统地做上述事情,通常情况下会对顾客、竞争者、企业内部进行分析(3C 分析)。这种分析方法可以帮助企业确定其服务定位策略的关键因素,即市场细分、目标市场和市场定位(STP 分析)。服务市场定位分析流程见图 4-2。

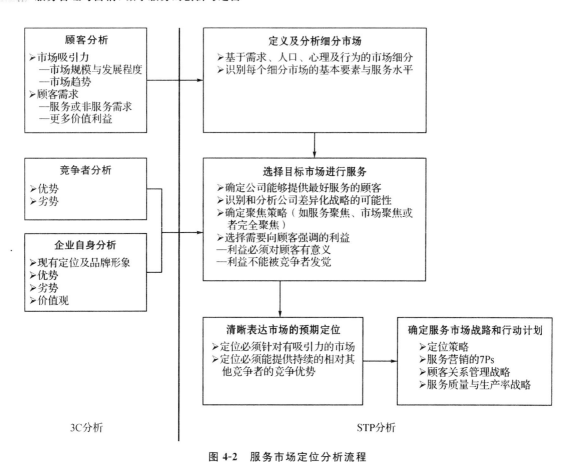

图 4-2 服务市场定位分析流程

资料来源:科特勒,阿姆斯特朗.市场营销原理:第 10 版[M].北京:清华大学出版社,2005:214.

二、顾客、竞争者、企业自身分析(3C)

(一)顾客分析

3C 分析法的第一步是顾客分析(customer analysis),具体包括市场分析,顾客需求分析。

市场分析是分析市场的整体特征,包括市场的规模、潜在边际利润、需求水平和趋势等方面。回答诸如以下问题,对某种类型服务的需求是增加还是减少? 从人口和心理角度来看谁是那个市场的顾客? 某些特定的细分市场是否比其他市场发展得更快? 比如,现阶段我国的旅游市场中个性化旅游的细分市场的发展可能会比较快,因为对旅游感兴趣的有闲钱的退休人士想要个性化定制的旅行线路和私人导游,能承受的旅行价格水平较高。

顾客需求分析是分析细分市场中的客户(用户)的需求场景、需求内容、需求层次等方面。回答诸如以下问题,顾客何时何地面临问题? 问题背后的实质需求是什么? 细分市场的顾客认为哪部分服务的价值最大? 顾客会因为愿意为更高层次的服务承受更高的价格吗? 如果仍旧以个性化旅游细分市场为例,该细分市场中的有闲钱的退休人士是对大众化、打卡式旅游中的拥挤、服务质量低的旅游产品产生的不满,其实质需求是对舒适度、自由度等方面的优质体验的需求,为了获得更高的旅游体验,他们愿意承受相对高的价格。

(二)竞争者分析

竞争者分析(competitor analysis)可以帮助营销策略制定者认识到竞争者的优势和劣势。把竞争者分析与公司分析的结论结合起来,能够发现实现差异化经营、获得竞争优势的机会,从而帮助企业确定应该向哪些细分市场提供哪些利益。

(三)企业自身分析

企业自身分析(company analysis)的目标是使公司依据现有的品牌定位和形象明确自身的优势,并且明确它的资源(资金、人力、专有技术和有形资产)。自身分析也可以明确企业的限制或约束条件以及企业是如何在商业活动中形成价值观的。

三、市场细分、目标市场和市场定位(STP)

将顾客、竞争者分析与企业自身分析结合起来,服务企业可以识别市场细分,选择某一或某些目标市场,并制定有效的定位策略。其基本步骤如下所述。

(一)市场细分

市场细分(market segment)是指将顾客分为不同的细分群体。细分市场是由一组具有共同特征、需求、购买行为或者消费方式的购买者构成的。有效的市场细分应当将购买者分为不同的细分群体,并且每个细分群体中的顾客在相关特征上的相似点尽可能多。一旦有相似需求的顾客被归入一组,我们就可以使用人口、地理、心理与行为等变量去描述他们。同一细分群体在需求上的相似点尽可能多,而不同细分群体在这些特征上的不同点尽可能多。

服务企业为不同类型的顾客提供服务的能力千差万别。因此,每个企业都应该采取市场细分策略,识别那些企业能为其提供最佳服务的顾客群体或细分市场,而不是试图在整个市场上同那些优秀的竞争对手展开角逐。

细分一个市场的方式有很多种,我们通常可以将不同的方法结合起来进行细分。传统上,采用最多的方式是人口统计细分(demographic segmentation,如基于年龄、性别和收入的分类)。然而,当在同一人口统计细分市场中的两个人出现完全不同的购买行为(如并非所有 20 多岁的中产阶级男性的感受和行为都是一样的)时,这种细分便毫无意义。因此,心理细分(psychographic segmentation)越来越流行,因为它反映了人们的生活方式、态度与人生目标。心理细分有助于强化品牌形象,并且在顾客与品牌之间建立起情感上的交流,但是可能不适用于行为与销售方面。行为细分(behavioral segmentation)解决了这个缺点,因为它关注的是可以观察到的行为,如将人分为非消费者、轻度消费者与重度消费者。基于需求的细分(needs-based segmentation),关注的是在服务中顾客真正需要的是什么,可能是多属性决策模型(如基于时间与质量敏感度的细分以及基于价格敏感度的细分)。比如,需求的属性可能包括:

➢ 使用服务的目的;

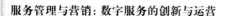

> ➤ 决策者；

> ➤ 使用的时间（天/周/季度）；

> ➤ 单个人使用服务产品还是一群人一起使用；如果是后者，还取决于群体成员的构成。

知识拓展：细分市场两个策略

1. 基于重要性属性与决定性属性的细分市场

市场细分中选择合适的需求和与其相应的服务属性十分重要。消费者通常根据自己感知的不同服务产品之间的差异进行选择。例如，许多乘客乘坐飞机时都把"安全"作为首要考虑的因素。他们可能会避免乘坐不知名航空公司的班机，或避开那些安全声誉不好的航线。但是，在排除这些顾虑之后，在主要航线上旅行的乘客仍然可能在几家被认为是同样安全的航空公司中进行选择。因此，这时安全通常不是影响顾客选择的属性。

决定性属性（determinant attributes）即那些真正决定购买者在几种竞争性产品中作出选择的因素。这些因素通常并不是购买者认为最重要的属性，但它们能让顾客看到竞争性产品选择之间的重要差异。例如，起飞和降落的时间是否方便，是否有里程积分和给予忠实顾客相关优惠，飞机上饮食服务质量如何，预订机票是否便利，这些因素是商务旅行者选择航空公司的决定性因素。另外，对于那些精打细算的度假旅行者来说，价格可能是最重要的。

2. 基于服务水平的市场细分

制定定位策略不但要识别市场细分需要的属性，而且必须对每种属性提供何种水平的服务作出决策。有些服务属性容易量化，而其他的只能定性研究。例如，价格就是一个容易量化的属性。运输服务的准时性可以按照时间表上规定的分钟之内到达的火车、汽车或航班的百分比来衡量。上述这些属性都是容易理解和衡量的。但是，有些特性，比如员工服务质量或者宾馆奢华程度等则是定性的，它取决于个人的主观判断。为了更好地设计服务及衡量服务水平，企业应该结合实际情况考察每个属性并建立明确的标准。例如，如果顾客反映舒适度对他们很重要，那么这对于酒店与航空公司来说，除了房间和座位大小，还意味着什么呢？对于酒店而言，舒适度是涉及周围环境，例如室温和安静程度，还是指床铺这样看得见的具体因素呢？在酒店管理实践中，管理者既要考虑周围环境，也要涉及具体的因素。

企业可以根据顾客为了寻求更低的价格而放弃部分服务水平来对顾客进行细分。价格敏感度低的顾客愿意为在他们所看重的每一种服务属性上获得较高水平的服务而支付相对较高的价格。相反，价格敏感度高的顾客则寻求在许多关键属性上提供相对较低水平的廉价服务。

资料来源：科特勒，阿姆斯特朗.市场营销原理：第10版[M].北京：清华大学出版社,2005:87-88.

（二）目标市场

目标市场（market target）是指一旦企业的顾客被分为不同的细分群,企业应该评估不同细分群体的吸引力,并且决定哪个（些）细分群体成为企业的服务目标对象,然后专注于如何为他们提供更好的服务。

（三）市场定位

市场定位（market position）是指企业以其独特产品或服务占据某个细分市场消费者的系列活动。企业为它的服务创造一个独特的定位之前,必须将它的服务与竞争者进行差别化。因此,差别化是创造独特服务定位的第一步。

1. 服务市场定位基本策略

一个企业想要吸引市场中所有的潜在购买者通常是不现实的。服务企业为不同类型的顾客提供服务的能力各不相同。因此,为了获得竞争优势,企业往往需要更加聚焦,即将精力集中于它能提供最佳服务的那些顾客——它的目标细分市场,而并不是在整个市场中展开全面竞争。几乎所有成功的服务企业都将此概念作为战略核心。

在营销术语里,"聚焦"（focus）指的是为一个特定的细分市场提供相对较窄的产品组合,即企业识别服务运营中的重要战略要素,并把资源集中在这些要素上。企业聚焦策略可以从两个维度加以描述:市场聚焦和服务聚焦。市场聚焦（market focus）指的是企业所服务的市场的多寡,而服务聚焦（service focus）指的是企业提供服务产品的宽窄。这两个维度确定了四种基本聚焦战略（见图4-3）。

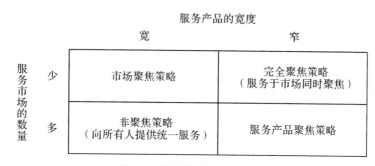

图 4-3　服务的基本聚焦策略

资料来源:Johnson R. Achieving focus in service organizations[J]. The Service Industries Journal(January):1995,1(1):
　　10-12.

（1）完全聚焦战略

一个完全聚焦型企业只为一个狭窄的特定的细分市场提供有限范围内的服务产品（也许只有一种核心服务产品）。例如,私人飞机包机服务聚焦于高净值人士和企业。在清晰明确的市场中构建专业技术壁垒不仅能使企业免受潜在竞争者的威胁,还能让企业收取高额的价格。加拿大休戴斯医院（Shouldice Hospital）是一个典型的采用完全聚焦战略的企业。医院只针对身体健康但疝气病的患者（主要是 40～60 岁的男性患者）提供简单的疝气治疗手术。因为采用聚焦战略,医生的手术技艺精湛、服务质量上乘。

采用完全聚焦战略意味着风险与机会并存。缝隙市场可能规模太小,导致销售额过低而无法保证企业财务收入，并且企业比较脆弱，可能被替代性产品或技术取代。

（2）市场聚焦战略

采用市场聚焦战略的企业专注于为一个窄小的细分市场提供系列服务。上海山屿海集团就是一家聚焦于健康老年人市场的养老服务企业，它构建了"候鸟式养老""健康养老""医养旅养老""新型社区养老"四种模式于一体的复合模式，提供涵盖旅居度假、医养健康、休闲娱乐、零售、投资理财等一系列健康老年人服务。

采用市场聚焦战略听起来可能很吸引人，因为它提供了向一个购买者销售多种服务的潜能。但采用市场聚焦战略之前，管理者需要确定企业是否具备运营能力来提供各种不同的服务。

（3）服务聚焦战略

服务聚焦型企业通常面向一个较广阔的市场提供种类很少的服务。星巴克咖啡采用服务聚焦战略，为广泛的顾客提供标准化的服务产品。然而，随着新的细分市场的增加，企业就需要掌握为这些细分市场提供服务的知识和技能。进一步来说，采用此战略往往需要付出更多的销售努力和更多的沟通成本，尤其是在 B2B 市场。

（4）非聚焦战略

许多服务供应商由于试图为广阔的市场提供大范围的服务而进入了非聚焦状态。采用非聚焦战略的企业存在"十八般武艺，样样精通，样样稀松"的风险。通常，虽然公共服务和政府机构不得不这样做，但总体而言这并非明智的做法。一些百货商店采用非聚焦战略，结果它们必须与更为集中化的竞争者竞争（例如高档百货商店和专卖店）。

通常一个企业没有足够的资源为整个市场提供所有服务，而是根据自身的资源状况，选择另外三种聚焦战略中的一种。首先，市场聚焦战略往往适用于以下几种情况：①顾客重视一站式购物的便利性；②企业有能力提供比竞争者更优质的多层次服务；③出售多层次服务具有明显的协同效应，这就使企业能够降低价格或者提供更好的服务。如果企业有能力和资源提供杰出或者划算的特定服务，就最适合采用服务聚焦战略。其次，企业或许会进一步运用其优势拓展海外市场（与此同时进行更多的顾客细分）。最后，如果一个特定的细分市场有特殊的需求并且要求设计特别的服务环境、服务过程和与一线服务人员互动，就应采用完全聚焦战略。完全聚焦战略由于其聚焦点和经验，可以使公司提供高质量、低价格的服务。

聚焦与卓越在本质上是一样的。根据弗莱与莫里斯的理论，卓越需要作出牺牲，形成聚焦，舍弃无效。然而，决定企业不需要涉及（即顾客不看重）的领域是很重要的，这些知识会使企业有更多的资源专长于服务它们的目标顾客。

表 4-1 总结了服务定位策略的思路框架，左栏显示了服务定位策略的要素，右栏显示了与此相关的核心概念。

2. 服务市场定位原则与定位图

定位策略是创造、传递和保持区别于竞争者的独特差异，这些独特差异是企业欲与之建立长期关系的顾客群体所能感知和重视的。成功的定位需要管理者深谙目标顾客的偏好、价值观念、竞争者提供的服务产品特征。传统市场营销（如 4Ps 理论）指出，价格和产品通常与定位战略相联系，但是对于服务业而言，定位经常涉及服务营销的特殊方面，包括服务流

表 4-1　服务定位策略的要素与核心概念

定位策略要素	核心概念
服务市场细分	服务属性与市场细分相关的服务水平 ——重要性属性与决定性属性 ——建立服务水平
服务目标市场的四种聚焦策略	完全聚焦 市场聚焦 服务聚焦 非聚焦
竞争市场环境中的服务定位	采用定位图来规划竞争战略 制定一个有效的定位策略

程(例如,便利性、易用性)、分销系统、服务时间表、地点、服务环境、服务员工。企业在以上的各个方面都可以实施差异化定位。

(1)定位的基本原则

特劳特将定位的本质概括为以下四个原则:

• 公司必须在目标顾客的心目中创建一个定位;

• 定位必须是单一的,要为顾客提供简单而连贯的信息;

• 定位必须使公司区别于其他竞争者;

• 公司不能面面俱到地为所有顾客提供所有服务——它必须有针对性。

这些原则适用于任何一类为争夺顾客而竞争的组织。理解定位原则是建立有效的竞争优势的关键。它迫使服务管理者对公司现有的产品进行分析,并回答以下六个问题,从而提供有价值的启示。

• 我们公司当前在现有顾客和潜在顾客的心目中是什么印象?

• 我们现在为哪些顾客提供服务? 我们将来的目标顾客是谁?

• 我们当前每一种服务产品的价值主张是什么? 每一种产品针对的细分市场是什么?

• 在每一种情况下,我们的服务如何区别于竞争者?

• 在不同目标细分市场中,顾客在多大程度上认为某服务产品满足了他们的需要?

• 为了巩固公司在目标细分市场中的地位,我们需要对服务作出怎样的改进?

建立行之有效的定位策略的挑战之一就是避免在那些容易被复制的差异特性上过度投资,而是投资竞争者难以模仿的差异。比如,过去一些大公司在寻求审计服务时通常会把目光投向全球知名的四大会计师事务所。但是现在这种情形则有些不同了,大批客户正逐渐转向"二级"会计师事务所,以期得到更好的服务或更低的成本,或两者兼而有之。致同会计师事务所(Grant Thornton,行业中第五大会计师事务所)就将自己成功地定位为一家"能为商业伙伴提供便利服务"和"对会计行业充满激情"的公司。

(2)定位图

定位图是一种强大的工具,它可以使竞争性定位形象化,可以描绘出不同时刻的发展变化,也可以勾画出潜在竞争者的反应场景。制作定位图(有时被称为一种感性的制图工作)是把顾客对相互之间形成替代关系的产品的认知通过图形表达出来的一种有效方法。一般情况下，一张图只能显示两种属性（当然也可以用三维模型来描述三种属性）。当需要使用三个以上的属性来描述产品在某个既定市场上的表现时，为了达到通过视觉表述的目的，就需要画出一系列独立的图表。

有关某个产品（或某个组织在任何一个属性方面）的定位信息，或者可以从市场数据中推断出来，或者来自有代表性的消费者的评价，或者同时来自这两个方面。如果消费者对服务特征的认知与管理层所定义的"现实"截然不同，就可能需要通过沟通工作来改变这些认知。

实践案例：酒店业应用定位图的例子

酒店业是一个高度竞争的行业，特别是在客房供给大于需求的季节。到大城市旅游的游客可能会发现，对于任何星级酒店而言，他们要找一个适宜的地方入住都会有多种选择。实体设施的奢华程度将是一个选择的标准；其他标准包括实体空间、舒适程度，会议室、餐厅、商务中心、游泳池的实用性与常客的忠诚计划。

让我们来看一个例子，它讲述了现实世界中一家成功的四星级酒店——皇宫酒店（Palace）的管理层是如何通过绘制定位图，更好地认识到在贝尔维尔这座大城市，酒店在目前的市场定位中所面临的潜在威胁。

皇宫酒店坐落于加拿大贝尔维尔市繁华的金融区的边缘地带，是一家历史悠久、环境优雅的酒店。几年前，它进行了大规模的翻修和现代化的改建。皇宫酒店的竞争对手包括 8 家四星级酒店和被认为是这个城市历史最悠久的一家酒店——大酒店（Grand，五星级）。近年来，皇宫酒店的盈利状况良好，并以高于平均水平的客房出租率而自豪。一年中的许多月份，它的客房在非周末的时候都销售一空，说明这家酒店对商务旅行者具有很强的吸引力，而商务旅行者对酒店而言是很好的顾客群，因为他们比度假客人或者会议客人更愿意支付较高的客房价格。但是，酒店的总经理和员工们却看到了即将出现的问题：近来，这座城市又有 4 家新的酒店获得审批得以建立；同时，大酒店正在开始一项大规模的翻修和扩建工程，其中包括建造一幢新的侧翼楼。这样，皇宫酒店就可能面临顾客觉得其经营管理落后的风险。

为了更好地认识到竞争威胁的本质，酒店的管理层和一名咨询顾问一起制作了一张定位图。该定位图显示了在新的竞争来临前后，皇宫酒店在商务旅行市场上的定位。研究内容包括四个因素：客房价格、实体设施的豪华程度、人员服务的水平和酒店的区域位置。

1.数据资料

在这种情况下，管理者并没有对顾客进行新的研究，而是根据以下几种资料来推测顾客的认知：

- 公开的信息。

- 以往调研的数据。

- 经常与顾客打交道的旅行社和经验丰富的酒店员工所作的报告。

获得竞争对手的信息并不困难,因为它们的区域位置是众所周知的。获得信息的途径有:

- 参观和评价实体设施。
- 销售人员一直密切关注竞争者的定价策略和折扣信息。
- 一种评价酒店服务水平的简易的替代方法是,计算该酒店每个员工所服务的客房的数量,这很容易通过已公布的客房数量和提供给该市政府的雇用数据计算出来。
- 从皇宫酒店所作的旅行社调查中得到的数据,为评价每个竞争对手的员工服务质量提供了补充说明。

2.酒店标准与衡量

为每个属性制定标准,然后对酒店的各个属性进行打分,这样就可以画出定位图了。

- 衡量价格因素比较简单,因为每家酒店对商务旅行者收取的标准间的平均价格是已经量化的信息。
- 酒店每个员工所服务的客房的数量(客房率)可以作为评判服务质量的基础,该比率越低说明服务的质量越高;然后还要根据主要竞争者的服务质量信息来对这个比率进行修正。
- 实体设施的豪华程度则是一个比较主观的因素。管理层需要先确定一家其所有成员均认为是最豪华的酒店(大酒店)和一家大家认为是最简朴的四星级酒店(机场大厦),其他四星级酒店则以这两家酒店为基准来确定其豪华程度。
- 区域位置则根据该酒店与地处金融区中心的股票交易大楼的距离来衡量,因为以往的研究表明,皇宫酒店的大多数商务旅客前往的目的地都在这个区域内。也就是说,根据各个酒店与股票交易大楼的距离来对区域位置进行评级,由 10 家酒店所组成的竞争者组合全部落在一个半径为 4 英里(1 英里=1.609 千米)的扇形区域内,从交易大楼穿过该市的主要零售商业区(会议中心也坐落在那里)并延伸到近郊和附近的机场。

两张定位图均描述了目前的竞争情况:第一张(见图 4-4)显示了 10 家酒店在价格和服务质量方面的水平;第二张(见图 4-5)表明了酒店的区域位置和实体设施的豪华程度。

3.结论

有些结论是创新性的,另一些结论却提供了有价值的发现。

(1)快速浏览一下图 4-4 就可以发现,价格和服务水平两个属性之间具有显著的关联性:具有较高服务质量的酒店价格一般也较高。图中从左上角到右下角的阴影带显示了这种关联性,这并不奇怪(把斜线向下延伸到三星级及以下的酒店也可以看到这样一种关系)。

(2)进一步分析可以发现,在高等级的市场类型中似乎有 3 家酒店。阴影带最顶端有一家四星级酒店——丽晶酒店,它紧挨着大酒店;中间是与皇宫酒店一组的 5 家酒店;最末端是其他 3 家酒店。从这张图中有一个惊人的发现,即皇宫酒店所收取的费用看起来大大高于(或者相对高于)它的服务水平。但是,这种情况被认为是合理的,因为它的入住率一直很高,客人们显然很愿意支付目前的价格。

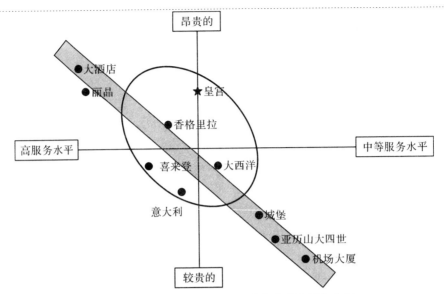

图 4-4 主要商务酒店定位图：价格水平和服务水平

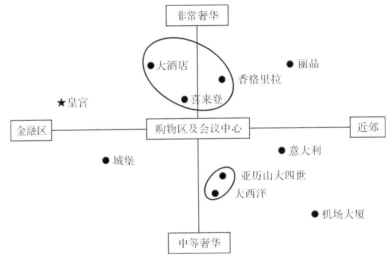

图 4-5 主要商务酒店定位图：区位和豪华程度

图 4-5 表明了皇宫酒店与其竞争者在区域位置和设施豪华程度方面的状况。我们并不认为这两个变量之间有任何联系，从图上来看也确实如此。在这里，一个重要的发现是，皇宫酒店在图上处于一个相对空白的区域，它是金融区内唯一的酒店——这个事实也许可以解释为什么它能够收取高于它的服务水平或者实体豪华程度的价格并且被认为是合理的。

在购物区和会议中心附近有两组酒店（见图 4-5），第一组是以大酒店为首的 3 家相对豪华的酒店，第二组则是 2 家中等豪华的酒店。

4.描绘未来情景以确定可能的竞争性反应

未来的情况将是怎样的？

接下来，皇宫酒店的管理人员还试着预测 4 家在建的新酒店的定位和大酒店有可能的重新定位(见图 4-6)。对专家们来说,预测 4 家新酒店的定位并不困难,尤其是有关新酒店的细节内容早已向城市规划局和商业媒体披露。

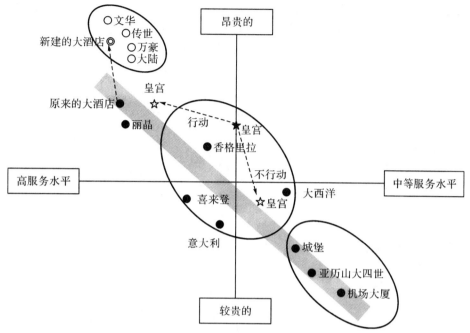

图 4-6 主要商务酒店未来定位图:价格水平和服务水平

建造的地点是已知的:有 2 家将坐落在金融区,另 2 家位于会议中心附近。当然,会议中心本身正在扩建之中。大酒店发布的新闻已经表明了该酒店管理层的意图:新的大酒店不但会比原来的规模更大,而且会比原来的更豪华,同时还将提供新的有特色的服务。另外,新加入者里有 3 家隶属于国际性的连锁集团,因此可以通过考察各自所属的连锁集团最近在其他城市开张的酒店来推断这几家酒店的战略。其中,有 2 家酒店的所有者已经表明了欲建成五星级酒店的意图,尽管这可能需要几年的时间才能实现。

价格也很容易预测。新的酒店运用一个公式来制定房间的价格(一般指在旺季的工作日夜晚向个人房客收取的价格)。这个价格与每间客房的平均建设成本相关联,它们之间的比率是 1∶1000,即每个房间每个晚上要分摊建设成本的 1%。这样对于一个拥有 200 间客房、建设成本为 8000 万美元(包括土地成本)的酒店而言,每个房间的平均成本为 40 万美元,那么每个房间每晚的价格就需定在 400 美元的水平上。根据这个公式,皇宫酒店的管理者总结出 4 家新酒店将不得不制定一个远远高于大酒店或丽晶酒店的价格,结果无异于在现有的价格水平上建起了一个营销人员所说的价格保护伞(price umbrella),从而给竞争者提供了提高价格的选择机会。为了使这样的高价格看起来比较合理,这些新酒店将不得不给顾客提供很高的服务质量和豪华的设施。与此同时,新的大酒店将需要提高它的价格来回收由于改造、新建和改善服务所带来的成本(见图 4-6)。

假设皇宫酒店和其他酒店均没有任何改变,那么新的竞争者将对皇宫酒店构成严重的威胁：它将丧失原本独一无二的地理优势，成为未来金融区附近的 3 家酒店之一（见图 4-7）。销售人员认为，皇宫酒店目前的商务客人将被大陆酒店和文华酒店吸引，并且愿意为它们所提供的附加利益支付更高的价格。而另 2 家新进入者则对位于购物区及会议中心的香格里拉酒店、喜来登酒店和新的大酒店这一组酒店构成更严重的威胁。与此同时，新的大酒店和 4 家新的酒店将在市场的顶端形成一个高价格/高服务质量（高豪华程度）组，而把丽晶酒店留在一个可能是与众不同的（因此也是有抵御能力的）属于自己的空间内。

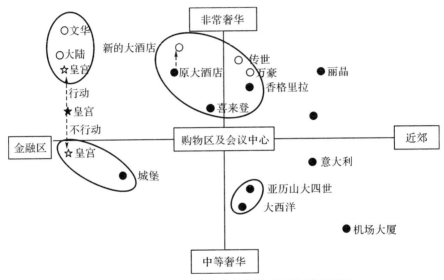

图 4-7　主要商务酒店未来定位图：区位和豪华程度

　　定位图有助于管理者将战略形象化。皇宫酒店的例子说明了将竞争态势形象化后所得到的启示。战略制定者面临的挑战之一是，使所有的执行者在开始讨论战略变化之前，都对公司目前所处的态势有清楚的认识。管理层普遍认为，公司战略和产品定位的图示要比定量的数据和枯燥的大段文字表述容易掌握得多，图表能够激发起他们所认为的"视觉唤醒"，不仅使管理层认识到竞争性威胁和机会的特征，还能够突出表明顾客（或可能成为顾客的人）与管理层对组织的认识的差距。此外，它还有助于确认或消除这样一种信念，即一种服务（或提供服务的组织）在市场上占据着独一无二的细分市场。

　　思考竞争环境未来的变化将会怎样改变目前的定位图，皇宫酒店的管理层意识到一旦酒店丧失地理优势，就很难保持现在的市场位置。除非酒店积极采取行动来改善服务和提高实体设施的豪华程度，提高价格来支付这些提升，否则它很可能被迫降价，从而很难维持目前的服务水平和设施档次。

资料来源：沃茨，洛夫洛克.服务营销：第 8 版[M].韦福祥，译.北京：中国人民大学出版社，2018：141-145.

第三节　服务企业竞争战略

从商业模式视角看,现代服务企业竞争战略可按照竞争驱动力的主要来源分为客户驱动型竞争战略、资源驱动性竞争战略、产品/服务驱动型竞争战略、财务驱动型竞争战略四类。

一、客户驱动型竞争战略

就像所有从单一集中点展开的竞争一样,客户驱动型竞争战略关注的是客户这一端,关注点包括客户需求、降低获取成本或提高便利性等。典型的客户驱动型竞争战略包括需求驱动、价格驱动和体验驱动三种。

(一)需求驱动

需求驱动型竞争战略,是指在商品搜索和发现过程中,消费者本身就有较为强烈明确的主观消费意愿。比如说消费者要买房、找工作、找酒店、找餐馆等,他本身就有这样的需求。

对应需求驱动型的 O2O 商业平台模式中,最典型的就是分类信息平台模式。在这方面比较典型的代表企业就是赶集网、58 同城和百姓网等。

分类信息平台模式的基本特点是实用,它以满足消费者个人生活实用信息为主。此外具有较大规模性,大量同类的资讯或广告放在一起,形成网上各类消费物品和服务的超级市场,方便消费者比较选择。分类信息平台的信息发布价格低廉,部分发布信息是免费的,即便是收费的部分,相对于其他传媒而言,价格也是便宜的。分类信息网站还具有自助性,从本质而言,它属于 Web 2.0 的模式,相当多内容由用户主动填写。分类信息网站还具有比较明显的社区性,对于每个帖子可以通过回帖的形式,或者通过垂直社区互动的形式进一步完善。

赶集网和 58 同城基本奠定了在分类信息市场上的领先地位,它们基本的盈利模式是以面向卖方的广告发布为主。以赶集网为例,它为卖方所提供的广告工具包括以下几类:第一类是赶集帮帮,每年收费 300 元,在所有的免费帖的上方对卖方的企业进行推荐,一年内可以无限次自助刷新。第二类是精品推荐,有 10 个位置,一般是放于首页或者是比较显眼的位置,费用是每年 14400 元。第三类是赞助商广告,一个页面有 5 个位置,每年的年费是 14000 元;还有一类就是品牌广告,每年的年费是 28800 元。

由于分类信息平台所拥有的大量信息以及黏着的大量用户,使得它的商业模式具有相当大的延展空间。比较自然的延展是分类信息网站可以沿着这个消费者的搜索行为往后走,也就是逐渐走向交易购买环节,这样就自然而然地进入了团购这样的商业模式。此外,为了避免用户只是一次性交易,建立用户持久使用的黏性,社区化也是这一类网站比较典型的一个方向。

以赶集网为例,其相继推出了婚恋、短租和团购这样几个新型业务。由于分类信息网站所具备的信息、客流优势,因此它切入团购领域是比较自然的。赶集网的团购业务开展的时间不长，就达到了每月几千万元的交易额，很快实现了盈利。更重要的是，由于团购本质上属于地域型业务，而这些分类信息网站本身在业务体系部署的初期，也是面向各个城市下沉开展的，因此也比较便于实现人力资源和客户资源的复用，从而快速地进行团购业务的拓展。除了团购之外，赶集网还开辟了蚂蚁短租的模式，为房东和租客牵线搭桥，与携程网和艺龙网相对比，它是一种差异化的竞争，更多定位在价格便宜的闲置客房上，并且租期平均是 1～5 天。为确保可靠，赶集网会安排专人验证房源，并保证留房。

(二)价格驱动

价格驱动型客户，顾名思义就是在商品的搜索和发现过程中，针对价格相对敏感的客户。

O2O 平台对应于此类消费者的典型模式是比较购物搜索。比较购物搜索是一种专业化的垂直搜索引擎，它主要是通过海量商品信息的采集和整理，向消费者提供可对比的商品资讯。这种购物搜索引擎与一般的搜索引擎的主要区别在于，它可以进行商品价格的直接比较，而且可以对产品和在线商店进行评价，这种评价往往对消费者的最终消费决策会有较大的影响。而且作为在搜索和发现环节的筛选者，专业化的比较购物搜索会对商务的产品质量进行检测，确保用户购买的商品有质量保障。

这种比价搜索网站一般不收取用户的任何费用，而是从消费者在点击进入网站的购物支付中赚取收入，后端的商家要么交纳这些比较搜索网站的摊位费，要么为比价搜索引擎带来的流量的每次点击付费。国内已经有比较多的这种搜索比价的网站，比如像机票类的"去哪儿"，像书刊类的琅琅比价网，像电子产品类的比价网等。

国外同类的网站也有很多，比如日本的价格比较网站 Kakaku，它是日本最大的比价网站，有五分之一的日本人在买东西之前都会先上 Kakaku。日本的线上电子商务和线下实体商务之间已经达成了较高程度的互通，也就是 O2O 的水平比较高，线下商家在 Kakaku 平台上挂出的商品，用户可以马上在线上跳转到商家的电子店铺或者直接到实体店铺购买。由此，Kakaku 成了一个连接用户、厂商的信息汇聚平台。厂商为用户提供商品信息以及价格信息，让用户在一个平等的尺度下进行价格比较，同时用户反馈的商品评论也为商家提供了有价值的反馈，为后续买家用户提供了第一手指南。通过这个过程，Kakaku 获得了大量的消费者购买行为数据，经过整理分析之后可以对厂商进行销售，因此，它也就具备了面向用户行为提供定向细分广告数据的基础。

Kakaku 的盈利模式主要包括以下几种：第一种是商家入驻 Kakaku 平台，网站根据商品的点击数或实际成交数收取费用；第二种是促销服务，也就是通过 Kakaku 平台直接促成交易量或是交易额，厂商支付促销的手续费；第三种是信息提供，比如向厂商出售用户的行为数据；第四是为用户提供旅行酒店、票务预订服务的佣金；第五是广告。Kakaku 在运营中为了保持自己的竞争力，对于商品的价格变动保持定时监测，每天上午 10 点、下午 5 点、凌晨 1 点，都去主动获取相关商品的价格信息。同时，Kakaku 每月设立奖项，鼓励用户参与娱乐版和口碑版的文章发表，写得越多获奖概率越高。Kakaku 还编辑出版了专业导购杂志，每期会有个专题栏目、连载关注栏目、最新上市产品评测栏目、特约评论员的每期特稿、一些草根的点评和研究等，都旨在帮助用户作出明智的购物决定。

除了比价搜索之外，团购是最典型的一类价格驱动型 O2O 代表。与传统电子商务的电子市场加物流配送的模式相比,团购的模式事实上是电子市场加到店消费的模式。在最近一两年中,团购几乎是互联网领域最火的概念之一,团购就是线下商业机构利用网络线上揽客,消费者通过网络筛选并到线下接受服务。即便在电子商务最发达的美国,线上电子商务也只占 8％,也就是说,线下基于实体的消费比例仍然高达 92％,那么将线上的客源与实体店面消费进行对接,其中蕴含着巨大的商机。消费者大部分消费时间都花在商场、餐场、电影院、美容美发店、KTV、健身房、干洗店、加油站等商业服务场所,这一服务类的店面,O2O 团购是大有发展空间的。

当前团购也正在发生商业模式的变化,比如从短期促销慢慢转向了长线的消费,也就是把团购网站、消费者、商家由一种短期的联系关系变为一种长期关系的保有,不希望消费者只是一次消费,而是希望长期保持客户忠诚。因此也可以看到,团购网站除了优惠券的模式外,也在拓宽商品的范围甚至加入了许多社区要素,采取这些的目的都是对于团购商业模式本身进行的优化。

(三)体验驱动

客户体验驱动战略是指在搜索和发现环节中,非常在意别人曾经有过的体验的客户。

体验驱动型客户催生出一类非常重要的商业模式,那就是 O2O 里面的点评模式。这里面的典型代表首推大众点评网。大众点评网是一个独立的第三方点评平台,它始终强调自己只是一个社区,允许食客们对自己光顾过的餐厅发表看法,它依靠第三方的评价吸引消费者,从而吸引餐厅加盟。网站会根据客户 IP 地址自动显示区域首页,为用户提供所在地区的餐饮信息,而用户能以排行榜作为起点,通过种类、地区、价位等各种标准,开始自己的美食发现之旅。由此可以看到,大众点评网事实上采取的是典型的用户创造内容的 Web2.0 模式,而这种模式是通过网民信息的自发积累,不需要企业自身进行信息收集。

总体来讲,点评网站的盈利模式大体上包括收佣金、收会员费、出版美食评论书籍等。大众点评网始终不介入预定,使自己保持一个独立社区的地位。从本质上讲,大众点评网作为典型 O2O 模式的一种,事实上就是在搜索和发现环节,通过大量曾经消费过的信息帮助消费者降低搜索成本,有效捕捉自己的消费对象,这就是这一类商业模式存在的空间。

在旅游领域,点评类的 O2O 模式出现得也越来越多。以马蜂窝为例,它定位于给旅行出发前的消费者提供搜索和发现服务。马蜂窝希望把具备点评内涵的旅游攻略做到极致,并且在某种程度上延伸消费者的旅游体验。一方面它也是采用 UGC 模式,把用户提交的一手信息做成类似孤独星球这样的精美的手册,内容包括交通、美食、住宿、购物,然后发布到网站上供用户免费下载。另一方面它还设立了分舵形式,在各地组织了一批对目的地非常熟悉,又非常了解旅行需求的热心用户作为舵主,依赖这些舵主来维护和更新内容。旅游用户可以在手机端和电脑端看到不断更新并且信息准确的旅游攻略。用户总能从这些攻略中找到自己感兴趣的、契合自身需求的信息。事实上,马蜂窝不仅为想要旅游的人提供服务,也能够激发潜在的旅游用户。那些在马蜂窝上闲逛的用户,在照片和文字的吸引下,旅行的欲望也可能被触发。

总体来看,在用户消费的搜索与发现环节中,以为用户创造愉悦体验为出发点,围绕着如何让用户更便利地去发现,如何更快速地去搜索,如何更完善地去比较,蕴藏了大量的商机。

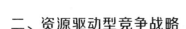

服务管理与营销：数字服务的创新与运营

二、资源驱动型竞争战略

资源驱动是指以资源为最关键动力驱动商业模式。从资源类型来看，有生产资源/实物资源、知识性资源、人力资源、金融资源。上一章已经介绍，这里不再赘述。

驱动力的获取方式包括资源寻取和资源拼凑两种。

(一)资源寻取

资源寻取是指厂商通过向外广泛的搜寻、比较，进而取得特殊的资源，其价值来自成本的比较优势，或是取得战略性资源的竞争优势。

(二)资源拼凑

资源拼凑(bricolage)是指利用手边既有的资源做事，其价值主要来自既有资源的活用。在传统工业经济时代，资源拼凑战略形成了山寨模式；而互联网时代，资源拼凑战略形成了社群平台模式。虽然同属资源拼凑战略，但它们是截然不同的，因为它们发掘了不同维度的资源价值。与传统工业经济时代不同的是，互联网时代的拼凑战略还将场景从内容中独立出来，利用场景来促进学习型组织的创新，获得熊彼特租金，形成了不同于以往的组织之间的关系，以及利用场景来推动连接和跨界，从而形成了新的竞争优势。

三、产品/服务驱动型竞争战略

产品/服务驱动型竞争战略的实质是创造一种能被感觉到的新的价值主张，形成相应的商业模式。产品/服务驱动型竞争战略并没有忽视成本，但其最主要的目的是在目标顾客愿意支付的前提下、资源能够支撑的条件下，通过差别化改进产品或服务。

产品/服务驱动的形式有很多，包括品牌形象、技术、特性(如美国运通的全程旅行服务)、顾客服务、经销商网络以及其他形式。这些驱动形式往往通过以下方式中的一种或几种组合最终实现。

(一)使无形产品有形化

从本质上讲，服务通常是无形的，顾客购买后没有留下能够产生记忆的实体。为了使顾客能回忆起曾经在宾馆的住宿经历，目前许多宾馆提供印有宾馆名字的精美梳洗用具。

(二)将标准产品定制化

关注定制化可以使企业以很少的花费赢得顾客的满意。能记住客人名字的饭店经营者可以给客人留下很好的印象并带来回头客。美发沙龙增加了许多个性化的特征(如个人造型、软饮吧、休闲环境、背景音乐)，以此与普通理发店相区别。

(三)降低感知风险

缺乏服务购买信息使得许多顾客产生风险感。由于对服务缺乏了解或自信，比如汽车修理服务，顾客会寻求那些愿意花时间解释其所做工作、设施清洁有序和提供服务担保的服务企业(如新奇特汽修服务)。当信赖关系建立起来后，顾客常常会觉得多花点钱也值。

(四)重视员工培训

基于人力资源开发所带来的服务质量的提高,是竞争对手难以模仿的竞争优势。处于行业领导地位的企业,其高质量的培训项目在同行中常常也很有名。有些公司已建立了学院式的培训中心,很多国内银行都设立了企业学院,如中国建设银行的建行大学,浙江泰隆商业银行的泰隆学院等。

(五)控制质量

在劳动密集型行业,多场所经营企业要做到质量稳定确非易事。企业采取了一系列的措施来解决这个问题,包括人员培训、明确的程序、技术、限制服务范围、直接指导、同事间的约束等。例如,为保证质量的稳定性,Magic Pan 连锁餐馆设计了一种简单易用的机器生产其著名的烤饼。由于顾客期望与体验之间存在的潜在差距,服务质量问题更为复杂。因此,影响顾客期望十分重要。

四、财务驱动型竞争战略

财务驱动是指由收入来源、定价机制或成本结构来驱动商业模式的其他构造块。盈利能力的强弱是商业模式有效与否的检验标准,公司财务指标的不同表现体现企业不同的盈利机制,因此可以通过运用财务数据分析来评价企业盈利能力的形成机制,进而评价盈利能力背后的商业模式。

基于杜邦分析法,纵观企业盈利能力的全貌,并分析其内在联系,财务驱动的商业模式可分为以下七种类型:产品收益型、营运效率型、杠杆贡献型、收益效率型、收益杠杆型、效率杠杆型和收益效率杠杆型。其中,产品收益型、营运效率型、杠杆贡献型三种为基本商业模式类型,收益效率型、收益杠杆型、效率杠杆型和收益效率杠杆型四种为组合商业模式类型。

(一)产品收益型商业模式

属于产品收益型商业模式的公司,权益收益率主要得益于净资产收益率的贡献。公司可能是因为产品或服务的成本领先优势、差异化战略或集中战略可以从市场中获得超额收益,产品的收入足以弥补产品的生产成本和企业的期间费用,而这也形成了相比其他竞争者而言的竞争优势。支撑公司可以获得这一核心竞争力并享受回报的背后力量应该来源于企业的规模效应、先进技术和工艺流程、学习曲线、研发和设计能力、质量管理等因素。

(二)营运效率型商业模式

营运效率型公司的权益收益率主要得益于资产周转率的贡献。较高的资产利用效率反映了管理层良好的资产管理能力,进一步分析构成总资产周转速度的各因素,可能是公司的应收账款管理、存货管理良好或非流动资产利用程度高。当然,公司所处的生命周期也可能是造成资产周转率较高的重要原因,例如,如果公司处于初创期,资产规模有限,管理也会比较容易。

知识拓展：财务视角商业模式分类过程（见图4-8）

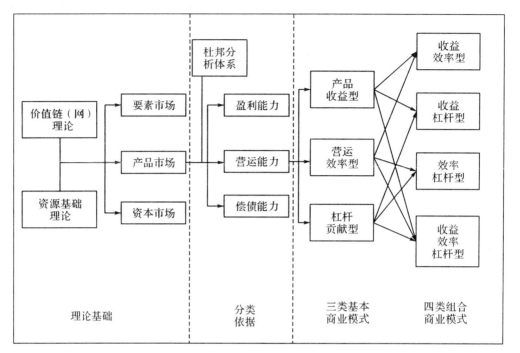

图4-8　财务视角下商业模式类型划分过程

资料来源：王民.基于财务视角的文化产业上市公司商业模式识别及价值差异研究[D].青岛：青岛大学，2020：14.

(三)杠杆贡献型商业模式

属于杠杆贡献型商业模式的公司的权益收益率主要得益于权益乘数的贡献，权益乘数与企业的财务政策及营运资本筹资策略等密切相关。一方面，公司为投资新项目、扩大现有规模、研究开发新技术等原因在自有资金的基础上对外筹集债务资本，在充分发挥财务杠杆作用的同时又可以不稀释公司的控制权；另一方面，公司还可以凭借自身信用，充分利用从供应商处获得的经营性负债，而这就涉及公司与供应商之间的关系、在价值链中的相对地位以及在产业中的竞争力等因素。

(四)收益效率型商业模式

属于收益效率型商业模式的企业可以凭借商品或服务从市场上获得超额利润，同时公司的资产管理良好，资产的利用效率较高，因此权益收益率主要得益于销售净利率和资产周转率的正向影响。例如，当企业由于技术优势在实现产品差异化、获得超额利润、增加销量的同时，再辅以高效的管理机制可以提高资产的利用率，进而提高收益率。

(五)收益杠杆型商业模式

属于收益杠杆型商业模式的企业可以从市场上获得超额利润,同时又利用负债经营,企业的权益净利率得益于销售净利率和权益乘数的正向影响。但是企业资产的管理和利用能力却相对欠缺,企业可能存在应收账款、现金等流动资产及闲置的非流动资产等方面的短板,因此外部融资也可能是用来弥补企业周转能力的差异,长此下去,企业的财务风险会不断上升,进而也会增加未来经营的不确定性。

(六)效率杠杆型商业模式

属于效率杠杆型商业模式的企业的权益收益率主要源于资产周转率及财务杠杆的贡献。一方面,企业较好的资产周转率可能是因为企业的资产规模不大,较易管理并得到充分利用,也可能是因为虽然企业已形成较大规模,但是能够对应收账款、存货、长期资产等项目进行良好的、高效的管理,最终使得企业保持相对较高的资产周转率;另一方面,企业有较好的外部融资能力,通过调整资本结构以较好地利用财务杠杆。

(七)收益效率杠杆型商业模式

属于收益效率杠杆型商业模式的企业不论是销售净利率,抑或是资产周转率和财务杠杆都会对企业的权益净利率产生正向影响。企业在产品市场上凭借产品的差异化特征、销售渠道的扩展、市场开发、成本管理等能够获得超额利润。而且企业也有着良好的资产管理能力,资产的利用效率较高,资产拥有较快的流转速度及变现速度,闲置及无效资产很少。同时,企业还能借助外力,利用负债发挥财务杠杆的作用。

本章小结

现代服务战略规划是为了在特定的竞争环境中,企业基于自身资源,规划构建核心竞争力。战略规划的内容包括划分市场细分、形成服务概念、制定运营战略、设计服务传递系统四大主要内容,以及服务定位、价值/成本杠杆作用、战略与系统三大衔接内容。

现代服务战略规划的核心是市场定位分析,包括顾客、竞争者、企业内部竞争力分析(3C分析)以及市场细分、目标市场和市场定位(STP分析)。市场细分是指依据顾客分析、竞争者分析和企业内部分析(3C分析)研究市场与顾客,并从需求、人口、心理及行为等视角进行市场细分。服务定位确定公司能够为其提供最好服务的顾客或细分市场。市场定位是指企业以独特产品或服务占据某个细分市场消费者的系列活动。

现代服务企业采用的竞争战略多种多样,包括客户驱动型竞争战略、资源驱动型竞争战略、产品/服务驱动型竞争战略、财务驱动型竞争战略等。

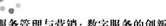

本章思考

1.服务战略规划包括哪些内容,具体流程如何?

2.现代服务的竞争战略主要有哪些类型?

3.服务市场定位分析包括哪两个主要方面,具体流程如何?

第五章 现代服务创新

数字服务业商业模式实现的落脚点是新服务开发。本章将首先对服务创新、新服务开发、服务设计三个概念进行辨析,概述服务创新的内涵,进而介绍新服务开发的一般过程,最后将重点介绍服务设计的一个重要工具——服务蓝图。

第一节 服务创新概述:内涵、理论定位

一、相关概念辨析:服务创新、新服务开发和服务设计

服务创新(service innovation)与新服务开发(new service development)、服务设计(service design)、服务工程(service engineering)、服务营销(service marketing)等相关概念容易混淆。其中,服务创新与新服务开发最容易混为一谈,在早期文献中,两者被视为同一概念。此外,在主张将新服务开发管理模块化、工程化的研究中,常以新服务开发代替服务设计,导致两者概念边界模糊不清,相互交叉重叠,容易形成文献脉络不清,进而造成研究力量分散、重复研究等问题,阻碍本领域理论研究与实践。因此,有必要对相关概念进行比较分析,厘清彼此之间的联系与区别。

本节将对最易混淆的三个概念,即服务创新、新服务开发、服务设计从以下几个方面进行深析。

(一)研究焦点区分

从关注焦点上看,服务创新往往关注与服务相关的抽象理论的发展;而新服务开发更多地关注服务开发的实践活动;服务设计则直接面对实际操作安排。关注焦点的区别,导致在考虑影响因素的时候,服务创新更关注战略性影响因素,如外部环境和内部资源与能力等较短时间内无法改变的因素。

外部环境因素如技术创新、产业创新周期等。这方面研究开拓了我们对"服务创新周期"的认识,并由此出现了两种著名的服务创新周期模式,分别是"技术创新过程"和"逆向产品生命周期"。外部战略性影响因素还包括服务产业集群、企业网络关系和网络能力等。内部资源与能力因素如企业的动态能力。服务无形性导致服务业创新活动容易被模仿,因此服务企业动态能力水平的高低决定了其是否能够实现持续创新战略以摆脱模仿者,获得可持续竞争优势。

而新服务开发考虑的是新服务开发过程中的影响因素,这些因素往往集中于更小范围,

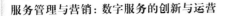

如群体、团队或个人，又如顾客参与、组织结构、组织文化等。服务设计主要考虑如何在实际操作中发挥积极因素，规避消极因素，确保新服务的有效设计和实施。

(二)核心知识区分

从依托的核心知识来看，服务创新更多的是对经济学和企业战略管理基础理论知识的承袭。如从发展经济学理论视角探讨服务创新对经济增长的作用，也有研究借鉴社会学相关理论，如社会网络研究组织群体服务创新的特征。新服务开发则更多基于来自服务管理理论和市场营销理论及核心知识，如服务质量、用户参与、员工合作、流程管理等。服务设计则更多借助科学管理方法和工具，如基于系统管理思想的"生产线"方法以及基于流程管理得到的"服务蓝图"服务交付系统设计；又如基于营销理论获得的服务质量设计，服务营销方案设计方法；等等。可见，服务设计可以理解为新服务开发过程中的一些环节，也被称为新服务的"技术性开发"。

(三)研究内容区分

服务创新通过对外部关键影响因素的研究，获得的"服务创新周期"描述了特定产业长期整体演变规律，通过对动态能力内部因素的研究获得的动态能力影响规律，都是企业服务创新战略决策所必须依据的基本规律。这些规律是普遍存在的，在较长时间内是一成不变的，企业往往只能被动适应，无法通过一己之力改变规律。而新服务开发获得的是策略安排，如培养企业的动态能力，以使企业更能适应市场变化开发新的服务；持续开发新服务或持续的过程创新，以便维持竞争优势。服务设计包括服务生产与交付系统设计（内嵌服务流程与服务接触设计）、服务概念设计、服务质量设计、服务营销方案设计以及服务组织设计等。

(四)创新程度区分

服务创新活动从底层创新到表层创新，存在一个连续谱。以上相关概念的创新程度在连续谱上处于不同位置。服务创新、新服务开发和服务设计三个概念一起才构成了服务领域创新活动的整个创新连续谱。服务创新涉及的往往是基础性创新，如基础战略思路变革、革命性技术的引入、商业模式的创造和颠覆、新企业的创建等，处于创新连续谱颠覆性、基础性创新位置。新服务开发涉及的是某一商业模式下的新服务产品开发、产品线延伸。服务设计则更多地表现为现有服务产品流程优化、参数改变、风格变动等。

(五)观测单元区分

相关概念之间更为直接的差异就是观测单元的差异。服务创新主要研究层次为行业（如电子服务业创新）或行业中经常从事新服务活动的企业（如 Apple、Google 等以 ICT 为支撑的新兴互联网企业）。新服务开发的观测单元是组织，包括企业内部某个新服务系列（如提供多种互联网服务的 App Store）或某种新服务（如 App Store 中的社交服务）或某种新服务中独立的项目（如 App Store 社交软件的互评服务）。服务设计观测层则是新服务项目的用户感官体验（如某款社交软件界面设计）。

综上所述,服务创新是指服务业应对技术进步等因素引起的社会需求发展、经济结构变化而展开的对服务业发展规律以及一些重大创新实践活动的探索。新服务开发是指服务企业在整体战略和创新战略的指引或影响下,根据顾客和市场需求或在其他环境要素的推动下,通过可行的开发阶段为企业现有顾客或新顾客提供的新的服务。新服务开发活动包含从风格变化到全新服务产品的开发。服务设计是指有效地计划和组织某项服务中所涉及的人、基础设施、通信交流以及物料等相关因素,从而提高用户体验和服务质量的活动。服务创新、新服务开发、服务设计是密切联系的服务企业管理创新系列问题。服务创新是战略方向,新服务开发是服务创新的重要表现形式和手段,服务设计是具体的实施措施。三者之间的比较分析可用表 5-1 概括。

表 5-1　服务创新、新服务开发、服务设计的比较

	服务创新	新服务开发	服务设计
研究焦点	服务相关抽象理论发展,以及重大创新实践	对实践活动的理解	实际操作安排
核心知识	经济学、战略管理学、社会学核心知识点(如资源基础观、企业家精神、技术创新、社会网络)	服务质量、用户参与、员工合作、流程管理	科学管理方法和工具(如"生产线"方法,"开放服务系统""服务蓝图""服务质量指标与评价""菲斯克互动服务营销")
研究内容	战略启示、商业模式、基本规律	服务开发流程、开发绩效影响因素	开发工具、服务系统要素及组成、服务流程、客户界面等设计安排
创新程度	颠覆性、基础性创新	新服务产品开发、产品线延伸	流程优化、参数改变、风格变动
观测单元	经济区域、行业、集群、网络、企业	企业、部门、团队、服务产品系列、服务产品或服务产品某一单元	新服务中某一指标
举例	知识经济与服务创新 制造业的服务创新与差别化战略 欧洲公共服务创新及其对我国的启示 基于大规模定制的服务创新策略 知识型服务创新对信息和通信技术聚合的影响 服务创新的价值贡献与方向选择		机构知识库内容建设与服务设计的趋势 基于顾客体验的新服务开发与设计 以"学习用户"为中心的智慧教育装备服务设计研究 完整服务产品和服务提供系统的设计 面向非正式学习情境的移动学习服务设计

二、新服务开发理论：定位及溯源

(一)新服务开发的理论定位

新服务开发的概念是 20 世纪 80 年代末提出的,是指服务企业在整体战略和创新战略的指引或影响下,在顾客和市场需求或在其他环境要素的推动下,通过阶段性的开发过程,向顾客提供包含从风格变化到全新的服务产品的活动。

最初关于新服务开发的理论和实践直接借鉴自有形新产品的开发。之后，借助市场营销、组织行为等管理学成熟理论，不断拓展研究视角。近几年随着创新管理研究的兴盛和服务管理理论体系的发展，新服务开发研究由应用层面向创新基础理论层面深入，形成了服务创新管理研究这一独立研究领域。由此，对新服务开发与服务创新、服务设计的研究构成了服务创新管理研究。服务创新管理研究的发展汲取了创新管理和服务管理的基础性理论研究成果，是两个领域的交叉地带。新服务开发与上述相关研究领域的关系可用图 5-1 表示。

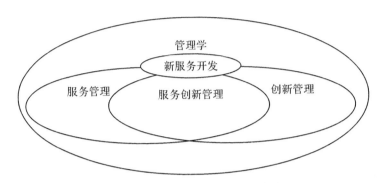

图 5-1　新服务开发的理论定位示意

(二)新服务开发的理论来源

传统市场营销理论认为新产品开发是营销策略的一个基本组成部分。直到现在这种迹象也仍明显，如有关新产品开发的研究文献较多地被刊登在营销类期刊上。随着技术进步速度的加快，环境动态性的增强，组织主动提升创新活动，以应对外部环境的快速变化，于是创新成为组织管理的一项基本职能。

由于新服务开发起源于新产品开发，因此，与新产品开发一样，新服务开发也经历了一个"脱营销"的过程。自从 20 世纪 80 年代，美国市场营销协会(AMA)、欧洲市场营销协会(European Marketing Academy Conference，EMAC)等机构有关新服务开发的一系列论文集的出版，在全球范围内唤起了一波新服务开发研究的热潮。之后的近 40 年中，新服务开发研究广泛借鉴了众多研究领域的理论和研究成果，经过学科交叉和理论整理的漫长过程，初步发展成了较独立的服务创新研究领域，形成了较完整的理论体系。

服务创新管理理论体系以管理学基本原理为基石，以服务管理基本理论为直接支撑，其演化形成可用图 5-2 的模型来概括。首先，借鉴管理学基本理论与方法，服务管理基础理论形成；其次，服务管理借鉴创新管理的研究，初步形成了服务创新管理理论体系。事实上，服务创新管理理论体系目前只看到雏形，离成型还很远。

综上所述，服务创新、新服务开发、服务设计三个层次涵盖了服务创新连续谱上的各种创新活动，构成了独立的、完整的研究领域——服务创新管理研究。而新服务开发是服务创新战略的实现途径，它既是一个动态过程，也是一个整合系统。下文将对新服务开发的研究主题和脉络进行梳理。

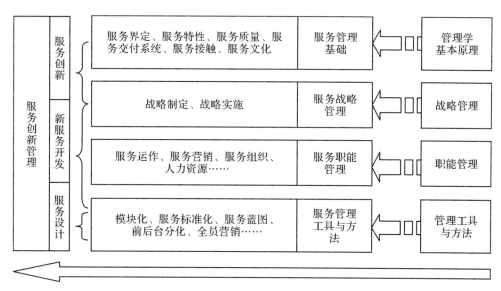

图 5-2　服务创新管理的理论来源示意

第二节　新服务开发过程

现代服务业必须通过业务创新才能获得持续竞争优势,这已经是共识。然而,大多数企业的服务创新活动具有偶然性,没有形成系统化的服务创新管理。因此,将新服务开发理论研究同管理实践相结合是推动服务业创新的一项基础性工作。

系统研究发现,新服务开发有个一般过程。从大方向来看,服务部门与制造部门的产品创新过程基本一致,其过程大致分为概念阶段、开发阶段和引入阶段三个阶段。虽然各阶段内涵大致相同,但具体实施中服务创新与产品创新还是存在差别的。如服务业产品开发不像制造业产品开发那样,广泛采用集成方式或并行工程。此外,相比制造业产品创新,新服务开发中开发阶段的重要性要低很多,设计和引入阶段重要性更高。

现代服务业的典型特征之一是知识密集属性。因此,现代服务业新服务开发的各个阶段,前台创意人员与后台开发人员之间持续着密集的知识转移活动。可以说,现代服务业新服务开发过程是一个知识密集转移的过程,包含概念阶段、开发阶段、引入阶段三个阶段。各阶段的详细过程如下。

一、概念阶段

概念阶段是指从市场潜在需求引发新服务创意,经过对创意的发展和细化,形成完整的新服务概念的过程,通常包括创意形成、概念形成和发展、概念检验和筛选几个主要环节。

(一)创意形成

创意形成的渠道多样,如同行交流、同行探秘、客户交流等。首先,创意的产生,可能来自合作同行之间的相互交流和学习,这往往发生在服务企业管理人员之间。通过交流和学习获得的新服务概念往往已经包含了较全面的细节,如客户对象、产品种类、参数设计、营销方式、征信条件等。除有合作关系的同行之外,非合作关系同行之间的一些活动也可能提供创意。如很多创意来自同行的现有产品,通过文件、手册等形式完成。

其次,创意的产生也有可能只是基于市场信息交流形成的初步想法。如服务企业高层在行业会议讨论中,形成对某种服务的初步概念。服务企业新服务创意也可能来源于一线业务人员之间的日常业务交流。如银行的柜员、信贷员或营销人员等前台人员通过交谈,了解客户遇到的问题,发现客户需求,基于自身知识积累,产生银行新服务创意。也可能来自市场潜在需求,通过与客户的深入交谈、走访等形式获得。

创意知识的来源有些是显性的、直观的,有些是隐性的、默会的。

(二)概念形成和发展

创意产生之后,还要进一步概念化为可行的服务,这个环节,前台人员可能会通过识别领先用户的需求较快完成。领先用户了解未来需求,甚至已经形成服务产品的概念原型,一线人员只需将领先用户的知识进行吸收并转化到企业新产品概念中,就能快速形成新服务概念,这种情况下,新服务概念与市场结合度往往较高。如果没有领先用户,前台人员则要与后台人员和顾客保持频繁的双边交流,不断深入刺探用户的潜在需求以获得新产品的功能需求、技术细节,并将需求与后台人员知识库匹配,最后发展成完整的产品方案。

(三)概念检验和筛选

在概念发展成型后,前台人员(包括参与行业交流的管理层、一线业务员和营销人员等)要将其通过私下谈话等非正式渠道,以及开会、意见反馈等正式渠道传递到相关部门。负责接受前台人员信息的相关部门可能是服务企业内部常设的新产品业务开发专职机构(如市场发展部),也可能是兼负这一职能的常规部门(如调查统计部)。这些部门收到新服务信息后,对新服务概念进行判断筛选,筛选过程往往要联系技术部、风险管理部门、战略部门等。即使通过筛选之后,负责开发的部门仍旧要与各个部门以及一线人员保持持续互动,确保新服务的各方面细节完善。

简而言之,概念阶段主要包括客户和前台人员之间以及前台人员和后台人员之间两个方向的知识转移。首先是前台人员通过与客户交流,获取隐性知识(与潜在需求相关的)和显性知识(领先用户的产品概念),或者前台人员从同行人员处获得现成的产品知识。其次是前台人员向后台人员传递产品创意和相关细节,并获取后台人员对技术标准、风险控制等的判断。概念阶段知识转移过程如图5-3所示。

需要指出的是,新服务开发中组织与客户之间的交流贯穿整个过程。尤其在概念阶段和引入阶段与客户的交流更为频繁。有些产品(尤其是突破性新产品)在开发阶段中也需要与客户保持交流。

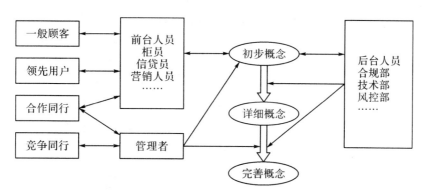

图 5-3　概念阶段前后台知识转移主体、方式及结果

二、开发阶段

开发阶段是指新服务产品概念成型以后，设定参数，开发信息系统，形成具体产品的过程，包括商业分析、项目授权、服务设计与测试、传递系统设计、营销程序设计。

(一)商业分析

为确保新服务产品的开发具有商业意义，新服务推出需经商业分析验证。商业分析一般由营销部门或者委托外部完成，可能涉及服务企业内部大范围的前台员工调研，包括前台人员参与的问卷调查、开会研讨等形式。在此期间，前台人员反馈自己的业务心得及经验判断。

(二)项目授权

经商业分析认为商业上可行之后，产品即可正式开发。正式开发要授权特定人员或部门，认定其为主要责任人(机构)。授权过程中要对产品前期研究和商业分析的主要信息进行介绍，确定权力和利益。

(三)服务设计与测试

现代服务业提供的往往是基于信息系统的知识密集型服务，所以，其新服务开发的核心工作是基于信息系统的流程设计和服务参数设计，因此，服务设计和测试环节以后台部门之间技术和标准的沟通为主。创新性较大(如网银业务)或非标准化产品才会涉及系统修改或外挂开发，才需要前台向后台提供一线操作经验和判断等隐性知识。

(四)传递系统设计

该环节主要涉及新服务产品传递系统设计。前台人员可以通过顾客的抱怨、顾客的偏好等来获取顾客的"过程需求"，将其反馈给后台开发人员。该环节前后台之间知识转移以前台人员提供大量隐性知识为主。

(五)营销程序设计

为将新产品较快推向市场，需要一套有效的营销方案。营销方案设计基于以往营销知识积累和业务员对新产品的个人经验判断。因此，营销程序设计转移知识包括前后台人员之间隐性知识的转移以及后台部门之间显性知识的转移。

综上可见，开发阶段需要管理知识、专业知识、市场知识、新兴技术知识的逐渐融合。因此，前后台之间需要建立顺畅的相互间沟通渠道，促进不同部门和不同条线人员之间的互动接触和知识共享。开发阶段知识转移显性化程度较高，但也不排除某些项目（创新性较高或非标准项目）中大量隐性知识的转移。主要转移方式以文件、电子试用版等间接形式为主，某些项目也可能安排讨论会等直接形式。开发阶段知识转移示意如图 5-4 所示。

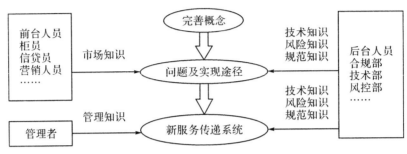

图 5-4　开发阶段知识转移示意

三、引入阶段

引入阶段主要是指新产品初步开发完成直至正式发展为成熟业务的阶段。通常包含流程系统检测、小规模测试、员工培训、营销检验、投放市场、投放后评价与跟踪改进等主要环节。

(一)流程系统检测

创新性较大的产品为排除产品设计缺陷，会先进行内部测试。测试内容主要是信息系统稳定性和安全性，产品参数设计的适宜性以及业务程序操作性等。测试往往由产品开发人员和业务人员一起进行。测试通常较为复杂，涉及很多业务人员和开发人员经验。主要传递方式是现场面对面讨论等。

(二)小规模测试

全新产品引入前一般会进行局部网点测试，包含业务流程系统的再测试以及与客户需求的匹配。网点业务人员完成测试，并将业务办理中出现的问题和现象反馈给开发人员，主要涉及流程测试操作经验和客户潜在需求等隐性知识，主要反馈方式包含面对面讨论和E-mail、文件等形式。

(三)员工培训

新开发的服务正式推向市场前，还要进行一定范围的内部培训。一般流程是，首先由参与开发产品的人员培训业务代表，再由业务代表培训其他业务人员。较简单的产品也可以只通过业务手册、业务通知等形式培训。较复杂的产品，也会在课堂培训之外加"师傅带徒弟"的方式手把手培训。培训内容主要包括产品基本知识、业务操作流程、营销程序技巧等，以显性知识传授和学习为主，也可能伴随着少量隐性知识。

(四)营销检验

该环节是对制订的营销计划进行检验,与小规模测试相似,主要由前台人员将营销活动中发现的问题反馈给后台部门,以开会、电话、文件等正式方式为主要反馈形式。

(五)投放市场

经过小规模测试验证和修改的新服务便可以大规模地投放市场。这个环节,后台向前台持续转移新服务知识,前台人员之间会相互教授和学习。知识属性以显性知识为主,伴随着较多经验类隐性知识。

(六)投放后评价与跟踪改进

正式推向市场的产品,仍可能存在未被发现的问题,因此一定时期内,仍需要前台业务部门就该产品与后台保持密切联系,交流新服务的市场评价信息,并据此持续改进。跟踪改进可能会维持一个较长的过程,可将基本参数定型作为结束的标志,它也是新服务开发全过程的结束。如基本参数定型后,经过较长时间因某种原因(如市场改变、战略调整等)对该产品作必要的调整(如信用额度调整、增加功能等),则可以认为是新一轮的新服务开发,可称为修正性新服务开发活动。

总结而言,引入阶段知识转移首先是后台将产品知识、操作流程、营销方案等向前台输出,同时需要结合大量市场信息、客户信息、操作经验等制订营销方案,完善产品和流程。此阶段的主要知识转移发生于前台人员与顾客之间以及前台人员与新服务开发后台各条线部门之间。知识属性主要是前台人员接受后台人员的显性知识,后台人员接受前台人员的隐性知识。引入阶段知识转移过程如图 5-5 所示。

图 5-5　引入阶段知识转移示意

以上是新服务开发的一般化流程。需要说明的是,虽然新服务开发过程可以一般化为概念阶段、开发阶段、引入阶段三个阶段,各阶段知识转移的方式、影响因素等也存在共性,但由于新服务项目创新程度、规模,以及服务业组织结构、文化等差异,新服务开发的具体过程存在很大差异,包括以下方面。

——阶段完备性差异。并非所有新服务开发项目都经历每个环节。大量标准化项目或修正性项目都省略了某些环节,知识转移的过程更简单,因此知识转移也更简单。

——知识内容和属性差异。总体而言,新服务开发三阶段中概念阶段隐性知识转移比重更高,开发阶段和引入阶段则显性知识更多。但标准化项目或修正性项目中各阶段显性知识的程度都在增加,使得上述差异并不十分明显,非标准化或突破性项目中,各阶段隐性知识转移都在增加,也使得上述差异弱化。

——主体之间联系特征差异。总体而言，新服务开发三阶段中前后台之间主要以文件、内部系统等间接方式联系，前后台与客户之间主要以面对面讨论等直接方式联系。但不同项目中，各类参与者在各阶段的参与程度与任务目的可能也不同。如非标准化、复杂项目，前后台会通过项目组形式增进直接联系。

实践案例：商业银行服务开发实例

1. 开发过程

（1）概念阶段

浙江台州是中小企业集中的一个地区，私营经济发达。个体工商户和小微企业创业者在创业初期往往缺少资金，这种资金需求并不大，常常是几万元甚至更少。但由于没有资产抵押，这样的资金需求无法通过银行常规贷款渠道获得。泰隆银行的一线业务存在"劳动密集"的特点，业务员与客户之间保持了密切联系，第一时间发现了客户对小额贷款的潜在需求信息。一线业务员将这些新情况通过多种渠道，如"定期会议"（不同部门轮流组织召开的例行会议）"不定期临时会议""内部邮件""办公系统信息反馈平台"以及跟老总"偶遇"等向银行管理层反馈。泰隆银行敏锐地捕捉到了这一机会。经过分析，初步确认了可行性。之后，公司成立了创业发展部，由该部门全权负责对市场小额贷款的进一步研究并开发相关金融服务产品。

起初，创业发展部由3名共同发现这一市场需求的年轻人组成。他们展开了深入调研。随着这些工作的开展，市场需求被进一步确认，贷款额度、市场规模、客户属性等重要信息被一步步确定，创业通贷款的概念雏形渐渐清晰起来。

（2）开发阶段

产品概念初步清晰后，产品就进入了开发阶段。此时创业发展部的人员在内部征召有志于该产品创新工作的年轻人加入，部门人数增加到了8人。开发工作分成了三大块，即"业务管理开发""风险控制开发""开发工作信息跟踪"。每个人都参与三大开发模块之一。"业务管理开发"负责设计新产品未来运营涉及的内部管理政策设计。如业务员考核、内部流程设计、业务分配等。"风险控制开发"则负责与新产品相关的新的风险评估制度设计、内部系统参数设计等。可见，每一块开发工作都涉及前端业务和后台业务，因此这种分工被称为"纵向"分工，每个开发人员的工作既包含前台信息搜集的功能，也包含后台设计开发的功能。同时他们也邀请其他部门协助开发工作，如信息技术部、资金运营部、风险控制部等，各个部门都积极地对产品提出建议。资金运营部主要涉及产品定价，信息技术部主要涉及开发系统，风险控制部主要把控业务开展过程中的风险，合规部主要把控法律问题。由于机制很灵活，这些部门人员安排工作流程很简单，相互之间配合得很顺利。这个过程中创业发展部人员时刻与市场和客户保持联系。因此，"产品能不能推广？""客户到底有多少？"这些问题也随着逐渐成型的产品以及与市场的互动沟通逐步得到确认。

（3）引入阶段

创业通贷款的引入是多阶段渐进的。引入阶段前期，创业发展部成立了专门的宣传部和发展部，还成立了一个专门的销售（直销）团队，叫专业团队。并在台州玉环设立一个销售试点。试销期间，客户们的意见或者建议被整理出来，传递回创业发展部。在此基础上对产品进行改进。试销过程中，专业团队客户经理发现新产品有很大的运作空间。经过试销改进，创业通贷款才开始在全行范围内推广。引入阶段后期，泰隆银行在分行、支行层级都成立了创业发展团队，这些团队专门负责在所在分行或支行业务区域内销售创业通贷款。与之相对应的是传统销售渠道（如市场销售部）。经过几年的发展，创业通贷款更加成熟，已经达到一定程度的标准化。此时，其销售渠道从专业团队扩展到传统渠道。

2. 特点总结

创业通贷款是一个较大型新服务开发项目。第一，其创新性很高，具有突破性，所以能够成为泰隆银行的拳头产品，并获得"全国十佳金融产品"的称号。不仅为泰隆银行创造了巨大的经济效益，也创造了巨大的社会效益。项目启动之初就成立了非临时性机构——创业发展部，由该机构全权负责项目的所有工作。项目成员随着开发工作的增加而不断增加。第二，前台和后台融合，联系强度很高。项目中的所有人员有分工，但都是纵向分工，而非横向分工。即每个人都分配到不同职能的岗位上，每个职能岗位都要参与相关市场调研以及后台开发。虽然有时需要邀请协助，但是大部分开发工作都可由来自原来组织各职能部门的人牵头和参与完成。第三，前后台人员之间关系融洽。从最初的3名成员发展到后期的8名成员，所有人员都对项目高度认同，自愿加入。且由于主要成员都是年轻人，有共同语言，相互信任度较高。第四，项目知识转移量很大。表现为知识需求多样性和未知性程度高。不仅仅涉及开发银行产品所需要的常规性知识（风控、业务、法律法规），更多涉及外部知识（市场和客户知识）。而且，因为没有可参照的模板，所以项目需求不明确，有很多未知的需求信息。知识多样性和未知性也增加了知识的复杂程度。第五，项目获得了泰隆银行高层以及企业其他部门的通力支持，所以项目组手中的权限和资源很充沛。泰隆银行本身在中小客户中的经验是该项目的一个关键优势。这两点为项目的成功奠定了基础。第六，引入阶段包括内部测试、小规模试销、大规模推广以及后期标准化等多个环节。

第三节　服务蓝图

传统观点把服务看作一种个体行为，即一个人直接为另一个人服务。这种观点不利于服务系统设计的创新。现代服务业则体现出类似于制造业的生产流程特征。麦当劳公司是将生产线方式应用到服务业的典范，原料（如汉堡包调料）在别处经过测量和预包装处理，员工不必为原料的多少、质量和一致性而操心，此外，专门有储存设施来处理半成品，在服务过程中不需要对酒水饮料和食品提供额外的存放空间。麦当劳的整套系统的整体设计从开始到结束，即从汉堡包的预包装到能使顾客方便清理餐桌的明显的废料盒，每一个细节都进行了仔细的策划。

服务生产流水线呈现出以下基本特征。

(1)个人有限的自主权：标准化和质量(可看作技术条件的稳定性)是生产线的优势所在。对于标准化的常规服务，服务行为的一致性受到顾客的关注。

(2)劳动分工：生产线方式建议将总的工作分为一组简单的工作。这种工作分类使得员工可以发展专门化的劳动技能。另外，劳动分工的同时实行按劳取酬。

(3)用技术代替人力：运用设备代替人力，大量的业务通过系统的软技术来完成。

(4)服务标准化：限制服务项目数目数量为预测和事先规划创造了机会。服务变成了事先已经设定好的常规工作，这便于顾客有序流动。标准化也有助于稳定服务质量，因为过程变得容易控制。特许服务方式充分利用了标准化的好处，有利于建立全国性的组织，克服了服务半径有限带来的需求受限的问题。

服务蓝图就是基于服务流程思想的一种有效的新服务设计工具。

一、服务蓝图的含义及构成

(一)服务蓝图的含义

服务蓝图(service blueprint)是详细描绘服务系统与服务流程的图示。制造业的产品可以通过产品设计图进行展示，建筑可以用建筑蓝图详细展示各个细节，而服务因具有无形性，较难进行沟通和说明。这不但使服务质量的评价在很大程度上还依赖于我们的感觉和主观判断，更给服务设计带来了挑战。20世纪80年代美国学者肖斯塔克等首先提出服务蓝图的概念后，众多学者将工业设计、决策学、后勤学和计算机图形学等学科的有关技术应用到服务设计方面，将服务蓝图发展成为一套基于可视化技术的新服务开发有效工具。服务蓝图基于图形化方法，把服务流程合理分解，再逐一描述各环节任务、执行任务的方法以及通过顾客能够感受到的方式进行有形展示等。同时从几个方面展示服务：描绘服务实施的过程、接待顾客的地点、顾客雇员的角色以及服务中的可见要素。

(二)服务蓝图的构成

服务蓝图由包括有形展示、顾客行为、前台员工行为、后台员工行为和支持系统在内的五个部分以及客户互动分界线、可视分界线、内部互动分界线三条线组成的"三线五部分"图形系统。有时，还会加入时间维度。如图5-6所示。

有形展示是指不同行为节点下，对顾客产生影响的线上/线下触点，包括实体店、宣传册、网站、手机提醒等。一般每一个触点上方都列出服务的有形展示。在家电零售服务蓝图中，有形展示包括家电本身、标识、物理商店、网站、教程视频或电子邮箱。

顾客行为部分包括顾客在购买、消费和评价服务过程中的步骤、选择、行动和互动。这一部分紧紧围绕着顾客在采购、消费和评价服务过程中所采用的技术和评价标准而展开。在家电零售中，客户操作包括访问网站、访问商店、浏览家电、与销售助理讨论选项和功能、购买家电、获得交货日期通知，最后接收家电。

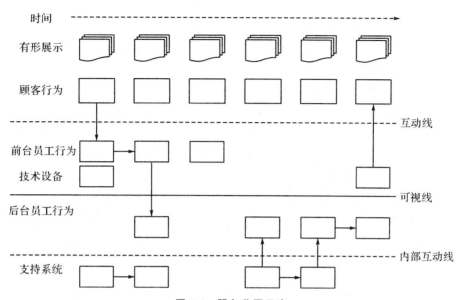

图 5-6 服务蓝图示意

前台员工行为是指那些顾客能看到的服务人员表现出的行为和步骤。这些操作可以是人对人或人对计算机的操作。人对人的操作是联络职员(与客户交互的人)执行的步骤和活动。当客户与自助服务技术(例如手机应用程序或 ATM)交互时,将执行人对计算机的操作。在家电零售中,前台操作直接与客户操作相关联:商店工作人员会见并问候客户,网站上的聊天助手告知客户哪些产品有哪些功能,贸易伙伴联系客户安排发货。

需要注意的是,并不是每个客户的触点都有一个平行的前台操作。客户可以直接与服务交互,而不遇到前台操作者。每次客户与服务(通过员工或技术)进行交互时,便是真相显现的时刻。在这些真相显现的时刻,顾客便会判断你的服务质量,并对未来的购买作出决定。

那些发生在幕后,支持前台行为的雇员行为称作后台员工行为。后台员工行为围绕支持前台员工的活动展开。这些操作可以由后台工作人员(例如厨房中的厨师)执行,也可以由前台工作人员(例如将订单输入厨房显示系统的服务员)执行。家电零售中存在许多后台操作:仓库员工将库存编号输入并更新到销售软件中;装运员工检查单件货品的情况和质量;聊天助理联系工厂以确认交货时间;员工维护公司网站并更新网站的最新单品;营销团队制作广告材料。

支持流程部分包括内部服务和支持服务人员履行的服务步骤及互动行为。这一部分覆盖了在传递服务过程中所发生的支持接触员工的各种内部服务、步骤及其相互作用。家电公司的流程包括信用卡验证、定价、从工厂发货到商店、编写质量测试等。

服务互动过程由三条分界线分开。

第一条是客户互动分界线,表示顾客与组织间直接的互动。一旦有一条垂直线穿过互动分界线,即表明顾客与组织间直接发生接触或一个服务接触产生。

第二条是极关键的可视分界线,这条线把顾客能看到的服务行为与看不到的服务行为分开。看蓝图时,通过分析多少服务在可视线以上发生、多少服务在可视线以下发生入手,可以很轻松地得出顾客是否被提供了很多可视服务。这条线还把服务人员在前台与后台所做的工作分开。比如,在医疗诊断时,医生既进行诊断和回答病人问题的可视或前台工作,也进行事先阅读病历、事后记录病情的不可视或后台工作。

第三条线是内部互动分界线，用以区分服务人员的工作和其他支持服务的工作及工作人员。垂直线穿过内部互动线代表发生内部服务接触。

图 5-7 以零售服务为例，展示了服务蓝图的构成。

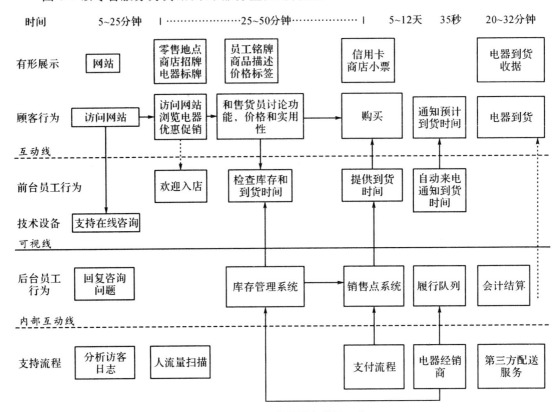

图 5-7　零售商店的服务蓝图示意

服务蓝图的构成并非一成不变，因此所有的特殊符号、蓝图中分界线的数量，以及蓝图中每一组成部分的名称都可以因其内容和复杂程度而有所不同。

知识拓展：服务蓝图的附加要素

有些服务蓝图除了常规的"三线五部分"之外，为了更详细地展示与流程相关的信息，还会在服务蓝图中附加一些其他要素。

1. 箭头
箭头是服务蓝图的一个关键元素，它表示关系，更重要的是依赖关系。单向箭头表示一种线性的、单向的交换，而双向箭头表示需要达成一致和相互依赖。

2. 时间
如果时间是你的服务中的一个主要变量，那么应该在你的蓝图中表示每个客户操作的预计持续时间。

3.政策法规

任何规定流程如何完成的政策或法规(食品法规、安全政策等)都可以添加到你的蓝图中。这些信息将使我们了解在优化时什么可以改变,什么不能改变。

4.情感

与用户情绪在整个客户行为图中的表现方式类似,员工的情绪也可以在蓝图中表现出来。员工在哪里感到沮丧?员工在哪里感到快乐和有动力?如果你已经有了一些关于挫折点的定性数据(可能来自内部调查或其他方法),你可以在蓝图中使用它们来帮助集中设计过程并更容易地定位痛点。

5.度量标准

任何能够为你的蓝图提供情境的成功度量标准都是有益的。度量标准的一个例子是花费在各种流程上的时间,或者与之相关的财务成本。这些数字将帮助企业找到由于沟通不畅或其他效率低下而浪费时间或金钱的地方。

整合以上附加要素后的服务蓝图如图 5-8 所示。

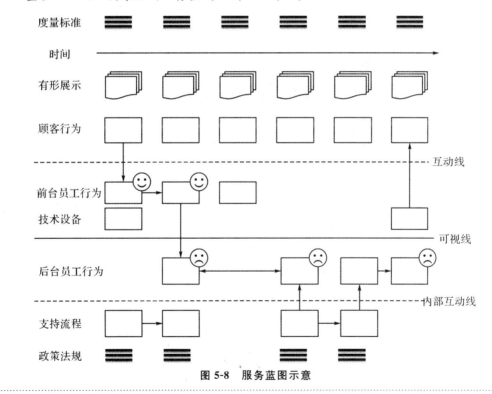

图 5-8　服务蓝图示意

二、服务蓝图的实施过程

(一)需求调研

需求调研环节的主要任务是发掘新需求,包括组织内部人员、第三方服务设计人员等进行初步实地调研。通过深度访谈业务部门领导及员工、电话调查外部用户、召开一线营业员和客户经理座谈会,深挖内部客户和外部客户服务未满足的需求点或不满的真实原因,对服务业务现状进行全面的诊断,形成《需求调研报告》或《现状诊断报告》。基于调研结果,确立服务设计项目,初步设定项目细节,画出一个框架草图,制订一个基础规划。

(二)绘制服务蓝图

1. 获取行为剧本

基于消费者的核心服务需求,研究新服务中消费者可能的消费行为。与此同时,对服务人员行为模式的研究,也有助于管理层识别出服务系统中那些消费者看不见的部分。基于消费者和服务人员的行为建立服务剧本。

服务剧本描述了从消费者角度出发的,进入服务系统后消费者的一系列行为,引导消费者对信息的解释、对服务期望的改变、对适宜行为模式的设计,以及服务员工在与消费者互动时的行为。

2. 识别服务流程关键环节

基于服务剧本,可设计出一幅包括顾客和服务人员双方在内的服务蓝图,用来诠释服务人员和消费者及其各自行为的相关情况,识别服务关键环节,并将他们在服务接触过程中的行为先后顺序进行排列,制定出一套服务流程规范。

3. 建立顾客行为、员工行为与服务支持系统的联系

根据时间顺序或服务逻辑将顾客行为、前后台员工行为及支持系统联系起来。若干条穿过三条分界线的垂直线反映出四个不同部分和界面之间的互动,人员、信息、资金和实物等市场资源在连线之间流动,形成了整体的服务过程。进而与完成该项服务所需要的时间关联起来,建立起标准的服务执行时间规范。

在每个顾客行为上方加上有形展示。每个顾客行为,特别是与服务企业或服务人员产生直接接触的行为,都是企业向顾客展示和传递企业形象、服务理念、服务品牌和服务能力的重要时机。因此,在服务蓝图中,每个顾客行为的上方都可能涉及服务企业的有形展示。服务企业需要提供有助于服务传递、彰显服务能力及品质,而且符合本企业服务市场战略和服务市场定位的有形展示。

(三)落实服务举措

组织在局部范围试点,并定期召开阶段性成果讨论会,深度听取反馈意见和建议,对成果进行不断丰富和完善,进而在更大范围推广应用。

(四)监测执行效果

围绕服务规范执行情况和专项措施落实情况,深入组织一线开展实地调研,并同时启动全域范围内部客户满意度监测,通过实地调研和电话调查,持续对目前的服务流程及服务提升措施进行修正,以推动支撑部门更好地为业务部门服务,从内向外延伸,拉动外部客户满意度的提升。

三、服务蓝图的拓展应用

服务蓝图的本质是一种可以操作的工具,它以一种视觉化的方式将服务的各个部分细致地展现出来,便于分析、执行和维护服务。服务蓝图不仅可用于服务产品的开发阶段,而且在服务的整个生命周期中都可发挥作用。

(一)服务质量改进

服务蓝图能可视化分析谁在做什么,借此,可以帮助服务企业发现服务弱点,即发现企业没有做的事情以及不为客户提供支持的地方,还可以通过提供每个参与者行为的地图来确定优化机会。这种可视化经常会出现在重复的工作中,以及能够简化内部流程的地方。

实践案例:服务蓝图应用于质量改进的实例——定制班车服务的质量改进

某"互联网＋集体出行"创业公司,其主营业务是"定制班车"。与常见的大型公司通勤班车的主要差异在于,定制班车不是只为限定的公司提供服务,而是向社会开放,充分利用大巴车的运力资源。从用户的角度来看,典型的通勤乘车流程一般为:用户在乘客端(App/微信公众号)查询线路—购票—前往停车点—找车上车—出示车票—舒适乘坐—下车。搜集完成相关信息后,很容易绘制出通勤班车服务蓝图,如图5-9所示。

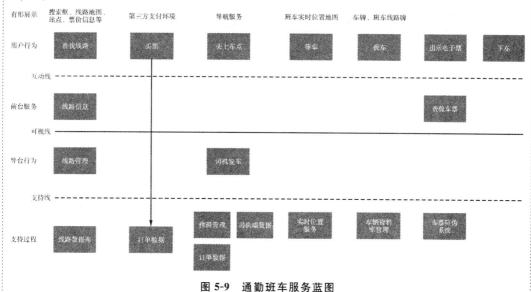

图5-9　通勤班车服务蓝图

班车服务实际运行情况存在各种问题。该公司以用户投诉为数据源,将全部投诉按照流程的不同阶段拆分归类到各个阶段。结果发现,71％的投诉都落到了"等车—找车"这个流程段内,毫无疑问,这里就是需要重点关注和改进的关键瓶颈。

由于通勤班车是一个服务性质类的业务，而服务是由人(在当前的业务环境下就是车企)来提供的，因此改进服务最直接的方式就是规范服务者的行为，也就是服务蓝图中所定义的"前台行为"。前台服务跟用户直接接触，给用户带来的主观感知度最高，理论上也应该是投入产出比最优的节点。带着数据和想法，我们找到了运营中心的同事。正好运营中心也在着手处理线下服务的事情，其核心思想是通过惩罚措施来规范服务行为，具体内容如表 5-2 所示。

表 5-2 通勤班车服务惩罚措施

赔付金额	规则定义	赔付规则	赔付对象	赔付责任人
3 倍票价代金券	首站迟到 10 分钟及以上	1.首站迟到 10 分钟及以上 2.司机/车企在发车前 10 分钟通知到客服，由客服通知乘客的除外	整车赔付	车企赔付
3 倍票价代金券	未出车	1.车辆未出车 2.司机/车企在发车前 10 分钟通知到客服，由客服通知乘客换乘的除外	整车赔付	车企赔付
3 倍票价代金券	换车未通知	车企换车，但未在发车前修改后台信息，也没有在发车前通知乘客已换车及更换车辆的车牌号码等情况	未坐上车的乘客	车企赔付
3 倍票价代金券	线路信息更改未通知	线路下架、站点更改、发车时间调整未通知	未坐上车的乘客	平台赔付
3 倍票价代金券	司机未停车	司机未在指定上下车站点停靠	未停车站点的所有乘客	车企赔付
3 倍票价代金券	司机提前 5 分钟发车	司机提前 5 分钟发车	未坐上车的乘客	车企赔付
3 倍票价代金券	线路地图严重偏差	司机实际停靠位置与线路地图相隔 200 米以上的	未坐上车的乘客	车企赔付
退票/1 倍代金券	车辆行驶路途中发生故障/事故，乘客中途离开	车辆在行驶途中故障或出现一时半会儿解决不了的事故	未坐上车的乘客	车企赔付
退票/1 倍代金券	停靠位置变化	司机临时更换停车位置，离之前停车位置 200 米以上，未通知我司和乘客	未坐上车的乘客	车企赔付
退票/1 倍代金券	软件问题	打不开电子票、软件闪退、登录不了账号等，属软件问题的	未坐上车的乘客	平台赔付
退票/1 倍代金券	定位不准误导	GPS 无信号、定位不准确导致乘客未坐上车	未坐上车的乘客	平台赔付
退票/1 倍代金券	交通管制	因交通管制站点无法停靠或停靠时间较短，导致乘客未坐上车	未坐上车的乘客	车企赔付

续表

赔付金额	规则定义	赔付规则	赔付对象	赔付责任人
退票/1倍代金券	超载	车辆实际座位数与放票数不一致、司机查票不严造成有乘客逃票导致超载	无座位的乘客	车企赔付
退票/1倍代金券	首次乘坐没上车	乘客不熟悉停车位置或踩点到站点乘车,首次乘坐未坐上属乘客自身原因的,多次婉拒仍不接受的乘客	首次乘坐没坐上车且多次婉拒不接受的乘客	车企赔付

从以上赔付规则可以看出,运营中心也将"乘客无法上车"作为服务管控的核心关注点,与服务蓝图的分析结果是一致的。

赔付规则执行了一段时间之后,用户投诉量有所下降,但并没有特别明显的改变。与此同时,其副作用也开始逐渐显现:由于运营手段是靠"惩罚"来规范服务,时间一长,与供应商之间的关系开始变得紧张,我们不得不重新审视这个事情:如果说处罚是发生在事后的补救措施,显然服务事故是平台、车企(供应商)和乘客都不愿意看到的事情,那么,事中是否可以采取措施来纠正差错?事前又有没有手段可以规避问题的发生呢?带着这两个问题,我们再次观察服务蓝图,从中发现了几个问题。

1. 主动服务流程有"断点"

基于体验设计的基本规则,在一个完整的流程中,不应当出现"用户不知道自己该干啥/需要等多久"的体验流程断点。而我们的服务流程中,却有好几处这种问题:

(1)用户买好车票后,不知道班车是否如约正常运行,心里没底。

(2)用户已到达停车点,不知道什么时候该留意来车,沉迷玩手机错过班车。

(3)用户上车后,可能因为补觉(早班车很常见)坐过站。

2. 关键节点的有形展示不够到位

通勤班车都运行在上下班高峰时段,大家很容易想象得到,高峰时期的公交车站是什么样的一个场景。而长期以来,辨识班车最靠谱的标识就是车牌。当然平台上运行的班车原则上都需要配置有车贴标识,但因线下运营的一些实际困难很难做到位。这样一来,用户在公交站台的茫茫车海中,时不时会因为看不到车牌(目标太小)而错过班车。

根据以上两点结论进行服务流程优化,优化后的服务蓝图如图5-10所示,灰色部分为新增内容。

具体来讲,我们增加了这几个服务节点:

(1)正常发车时,会对该班次全部购票用户推送发车通知。

(2)车辆即将到站的时刻,发送到站消息。

(3)提供下车提醒服务(由程序自动完成)。

(4)提供车辆外观形象,帮助用户找车。

上述服务的具体作业流程,非本文重点,在此不进行详细描述。当然这些内容除了涉及新开发的软件功能点之外,对运营流程和人力资源也提出了更高的要求。幸运的是,公司整个团队对此事保持了非常一致的支持力度,经过4个产品迭代和长达2个多

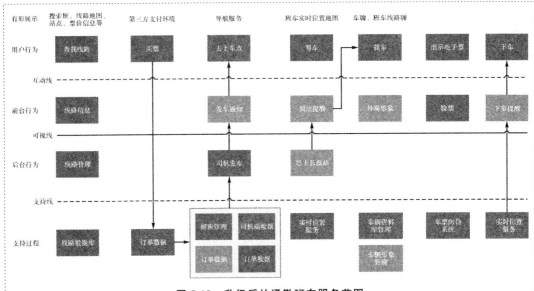

图 5-10　升级后的通勤班车服务蓝图

月的流程落地,最终的结果是令人满意的:通勤班车的用户投诉量整体下降超过 15 个百分点。

资料来源:服务蓝图在体验设计中的初步应用[EB/OL]. (2017-08-31) [2023-11-10]. https://zhuanlan. zhihu. com/p/28926855.

(二)用户体验

一段愉快的顾客行为讲述的是用户经历的故事,它包含了真实故事所能表达的丰富的体验——情感、内心对话、高兴和沮丧。这是我们作为一个服务提供者进入客户视角去"看"他们如何体验的机会。

不同服务可以通过不同方式满足某种客户的需求。比如,用 Keep 软件和请私教都可以帮助用户达到健身的需求。但是在不同方式满足需求的过程中,用户体验是不同的,成本也是不一样的。私教可以通过打电话、发短信等方式,把用户拉回健身房,很多动作的训练,如果不是教练监督,自己真的很难完成。教练的介入,对于控制情绪曲线,完成训练任务,有非常大的作用。作为健身服务提供者,选择提供 Keep 这类健身服务软件还是私教这类服务,所对应要求拥有的系统能力、需要设置的资源结构和角色框架当然大相径庭。没有一家服务企业能够满足用户所有的期待。如果每一个触点都达到其至超过用户的期待,超过了拥有的资源配置,那么该企业的资源配置一定是超级冗余,成本一定是过高的。

服务蓝图可提供服务全景概览,帮助服务提供者思考如何在总体成本控制的范畴内设计顾客核心体验。换言之,服务蓝图可以用于解析如何配置资源结构,以及如何在每个用户触达点上来设置角色框架,以提升用户的核心体验。

如何依靠服务蓝图设计服务体验?要做到"一眼、一路、三个点"。

- "一眼"就是产品要第一时间要让用户"一眼"看到自己的目标。
- "一路"就是产品要有一个清晰的路径,让用户能够知道如何使用你的服务,用来达到或者接近自己的目标。
- "三个点"就是体验的峰值、终值和忍耐点。

对成本的控制是本分,但是不能挑战用户的忍耐底线。比如 PC 时代,等待一个页面打开的时间是 7 秒,如果没有打开,将会失去 99% 的用户。

2002 年诺贝尔奖得主、心理学家卡尼曼提出峰终定律(peak-end rule)。他发现大家对体验的记忆由两个核心因素决定:第一是体验最高峰的时候,无论是正向的最高峰还是负向的最高峰,一定是能记得住的;第二是结束时的感觉。

体验一个事物或产品之后,所能记住的就只有在峰值与终值时的体验,而整个过程中每个点好与不好、时间长短,对记忆或者感受都没有那么大的影响。这意味着要提升服务体验,就要想清楚客户与我们接触到的、购买到的、回购到的品牌效应的每个节点,并且在资源有限的情况下,找到峰值体验,以及购物后的终值体验。所有的体验过程,肯定都会有各种小问题,但是峰值和终值好,你的回忆便是好的。在用户有预设的地方,不要让用户太失望,在用户没有预设的地方,给他惊喜,制造峰值。

知识拓展:亚朵酒店和宜家的峰值与终值

- 样板间体验就是宜家服务蓝图的峰值设计。终值就是出口处 1 元钱的冰激凌。
- 亚朵作为定位中高端的酒店体系,找出了 12 个节点,并且采取"与其更好,不如不同"的策略。

本章小结

现代服务的创新是服务业持续发展的关键,其内涵广泛,包括服务创新、新服务开发、服务设计等内容。广义上,三者都属于服务创新的内容,理论渊源相连,但在研究焦点、核心知识、研究内容、创新程度、观测单元上存在差异。

新服务开发主要讨论企业层面如何创新服务模式。新服务开发的基本流程依次包括概念阶段、开发阶段、引入阶段三个阶段。

服务设计主要讨论微观层面如何设计服务流程,其主要的工具是服务蓝图。服务蓝图是用以描绘某一项服务具体流程的"三线五部分"图形系统,包括有形展示、顾客行为、前台员工行为、后台员工行为和支持系统五个部分,客户互动分界线、可视分界线、内部互动分界线三条线。

本章思考

1. 服务创新、新服务开发、服务设计三者有何区别和联系？
2. 新服务开发的一般过程包含哪些阶段？
3. 服务蓝图包含哪些主要内容？
4. 服务蓝图除了用于服务设计外还可用于哪些方面？

第六章　现代服务企业客户关系管理

　　数字技术重塑了现代服务业与客户之间的关系,因此现代服务企业的客户关系管理与传统服务企业的客户关系管理完全不同。本章将概述客户关系管理的内涵、历史及理论框架,并在此基础上探讨现代服务企业中几种新的客户关系类型。最后介绍数字环境下的几种客户关系管理工具,包括用户画像、触点管理、智能客户关系管理系统。

第一节　客户关系管理基础

一、客户关系管理内涵

　　客户关系管理(customer relationship management,CRM)的理论基础来源于西方的市场营销理论,在美国最早产生并得以迅速发展,随着管理理论的发展,对 CRM 的认识也不断发展。加纳斯集团(Gartner Group)认为 CRM 是指为增进利益、收入和客户满意度而设计的企业商业战略。卡尔松营销集团(Carlson Marketing Group)则认为 CRM 是通过培养企业的每一个员工、经销商或客户对该企业更积极的偏爱来留住他们,最终提高企业业绩的一种营销策略。赫尔维茨集团(Hurwitz Group)提出 CRM 的焦点是自动化并改善销售、市场营销、客户服务和支持等领域中与客户有关的商业流程。而 IBM 公司所理解的 CRM 则包括企业识别、挑选、获取、发展和保持客户的整个商业过程。

　　综合来看,CRM 是一个获取、保持和增加可获利客户的方法和过程。现代服务业的客户关系是企业利用 IT 技术和互联网技术实现对客户的整合营销,是"以客户为核心"的企业营销的技术实现和管理实现。要理解其内涵需关注以下几个要点。

　　(1)以客户为中心:客户是交易的主要组成部分,客户的满意度直接关系到企业的利益是否能够达到最大化。以客户为中心的经营理念有三个重要的关注点,即客户细分、客户购买的选择标准以及客户利润率,也就是根据客户需求特征细分客户,满足客户购买的选择标准,最终实现客户利润率的最大化。

　　(2)一种现代经营管理理念:CRM 主要吸收了"关系营销""数据库营销""精准营销"等现代管理思想的精华,通过满足客户的特殊需求,来建立长久稳定的客户关系。

　　(3)集合了最先进的信息技术:CRM 的主要实现手段是融合了各种 IT 技术的 CRM 信息系统。CRM 集成的最新的信息技术主要包括互联网、大数据技术、基于地理位置的服务技术(location based services,LBS)、物联网、人工智能等。

　　(4)企业与客户的竞合性博弈:客户关系管理理论指出,客户和企业之间不再是供需矛盾的对立关系,而是一种竞争条件下的合作性博弈。

（5）一套完整的业务解决方案：完整的客户关系管理可以给企业提供一套完整的业务解决方案，在提高服务质量的同时，还可以实现信息共享和优化商业流程，有效降低企业的运营成本。

二、客户关系管理回顾

(一)客户关系管理的产生

客户关系管理是消费者主权崛起的必然产物。如前所述，现代经济社会已进入消费者主权时代，现代企业必须重构营销体系，将工业经济时代以企业为中心的营销体系变革为以消费者为中心，其中重构客户关系是核心内容。客户关系的构建，包含从找到顾客、建立链接、产生影响、增强黏性直至打造终身价值顾客的整套客户关系体系，都需要进行深入研究。由此，客户关系管理产生并成为企业管理的重要的一门学科。

(二)客户关系管理发展阶段

客户关系管理理论发展可分为三个阶段。

第一个阶段是 20 世纪 30 年代以前，可称为无为营销阶段。其特征是企业以自我为中心，根据自己的理解来设计产品和生产产品，企业管理的核心是怎样提高劳动生产率，增加产量，提高质量。企业并不重视消费者的需求，不尊重消费者。守株待兔似地坐等顾客上门是这个时代的典型特征。

第二个阶段是 20 世纪 30 年代至 20 世纪末，可称为操纵营销时代。其特征是企业以满足消费者需求为口号，以获得最大利润为目的，以传播技术为手段，实施对消费者的操纵。企业利用各种工具，如广告、推销员队伍、公共宣传等对消费者购买行为进行诱导。在这个阶段，由于广播、电视、杂志、报纸等大众媒体的普及，消费者成了各种信息轰炸的对象。由于获取信息的不对称，消费者犹如柔弱的羔羊，只能被迫接受企业的操纵。在企业操纵营销的时代，消费者经常受到企业的欺骗，消费者不是买到假货，就是为满足自己的需求付出更多的代价。追求品牌是顾客在无力与企业抗争的情况下的无奈选择，而品牌营销实际上也是通过形象包装对顾客进行的操纵。关系市场营销主张与顾客建立长期稳定的关系，以保证顾客对它的忠诚，本质上仍然是对顾客的操纵，不同的是口号更具有诱惑力罢了。

进入 21 世纪，营销进入第三个阶段，可称为主动性客户关系管理。在这个阶段，随着信息技术的发展、消费者的觉醒、各种新闻媒体对企业营销行为的监督以及各种保护消费者权益的法律制度的完善，企业不可能再像过去那样对顾客进行操纵了。一个企业赢得顾客的手段不是"关系"而是企业对顾客的忠诚。只要哪个企业能够比竞争对手更好、更准确地揣摩顾客的需求及变化，并在适当的时间、适当的地点向他们提供物有所值或物超所值的产品和服务，它就不愁没有市场。这一阶段中，企业得以利用互联网大数据的技术工具，最大限度地迎合消费者，甚至以超消费者预期的形式提供产品与服务。

三、客户关系管理的框架

企业要全面优化客户关系管理以提升企业价值,需要系统性的方法。IDIC 就是顾客关系管理的一套完整框架,包括识别顾客(identify)、区别对待顾客(differentiate)、同顾客进行互动(interact)以及推行以顾客为中心的管理战略(customize),也就是"识别—区分—互动—顾客化"的客户关系管理框架。

(一)识别客户

识别客户的目标,最主要的不是了解哪些客户是企业所需要的,而是在每次为客户提供服务的时候,能够精准地识别出每一个客户,然后通过相关数据与特征的整合,形成一个完整的用户画像。换言之,企业在为客户提供服务的时候,应该能够准确地识别出客户的偏好、购买记录,甚至是长相、名字等。识别客户,具体可分为两步:对企业目前识别获得的客户信息进行评估;通过一次性联系以及经常性营销活动将客户与其特别的服务交易行为联系起来。

企业识别客户时应采取一系列具体细致的活动。如定义识别标志、收集信息、联系所有服务触点、整合信息、认识客户、存储信息、更新、分析,做到随时可用、保证信息安全等。对于企业来说,收集客户信息的最终目的,是让企业能够与每个客户建立起一种更为亲近和精准的关系。这种关系下,企业每次为客户提供服务时,都能够做到更简洁、更迅速、更低成本。随着技术的发展,企业用于识别客户的方法变得更加多样,也更为有效。

(二)区别对待客户

对于企业来说,了解最有价值的客户以及相对有价值的客户,有利于其在资源有限的条件下优先为客户安排资源,从而使企业在资源的使用上更高效。对于能够带来高回报率的客户,企业应该分配更多的时间、资源和努力。这是因为在现实生活中,往往是小部分最有价值的客户在企业的总盈利中占据着很大的比例,而大部分客户对企业盈利并没有多大作用。著名的"二八法则"认为,在顶端的 20％的客户创造了企业 80％以上的利润。在某些情况下,这 20％的最有价值的客户甚至创造了 150％～300％的利润,因为他们的满意会给企业带来额外的客户,进而增加利润。10％～20％的低价值客户会降低利润率,而中间的 60％～70％的客户所创造的价值与损失的价值持平。

客户价值在时间维度上有三种。

(1)历史价值。对企业来讲,到目前为止已经实现了的客户价值。

(2)客户当前价值。企业在现在及可预见的未来较短时间内可以从客户那里获得的收益,这些收益可能来源于客户使用的各类服务。企业可以通过客户当前价值的高低寻找目前的高价值客户,以获得可持续的业务发展和收益增长。

(3)客户潜在价值。客户未来可能给企业带来的利润,可分为基本价值,即客户的财富水平、收入水平等影响客户终身价值的个人因素;成长价值,即随着时间的推移,客户价值的变化情况。

纵观以上三方面的价值,从企业可持续发展和利益最大化角度考虑,客户终身价值中的

"当前价值"和"潜在价值"最为重要。当前价值主要受客户以往的交易行为的影响,通过历史数据可以估算与测量,而潜在价值则具有动态性和不确定性。

企业在对客户进行区分时,通常根据客户终身价值以及他们所能提供的价值类型,将客户大致分为四类:灯塔客户、跟随客户、理性客户、逐利客户。这四类客户的价值是递减的。

在企业知道哪些客户更具价值后,就应该根据排序分配资源,把主要资源集中在能够为企业带来最高回报率的客户上。

(三)同客户进行互动

为了更好地对客户与服务提供者之间的关系进行管理,客户和企业双方都要深入地参与进来,并相互了解对方,这就需要与客户进行频繁互动。

一个注重与客户保持良好关系的企业,需要获得单个客户的反馈意见并利用这种反馈。企业与客户之间最好的双向交流方式是对话,同客户进行一次对话就是进行一次思想的交流。从服务过程来看,客户通过与企业间的互通,提供偏好、挑战、预警等具体信息,能够为企业提升服务过程质量提供更多参考。更重要的是,企业通过与客户进行互动能够获得更多了解客户潜在需求的机会,并由此找到增加价值的途径,创造出更适合市场的新服务。

(四)为客户定制

为了在长期关系中抓住客户,企业需要改变自己的行为来满足客户的需求,并且是以每一位客户的需求和价值为基础去做这种改变的,即为客户提供定制化的个性服务。然而,如果每个互动和交易必须作为对单个客户的定制供应而单独设计,则企业的成本将会格外高昂。由此,在一定规模基础上交付定制产品的规模定制技术便应运而生。在该服务中,企业既可以为某些客户提供具有批量性质的个性化服务,也可以对某些极具价值的客户提供量身定制的某种服务。

延伸思考:营销管理中的关系是指什么?

1.关系内涵

关系内涵是指事物之间相互作用、相互影响的状态。有效的关系具备某些显著的特征。第一,关系暗含"共同性",即涉及关系的参与双方都应该考虑到,并且注意到关系的现存形式既是一种双向关系,也是一种双方的共同认识。第二,关系是由互动行为来驱动的,双方进行互动时,产生的信息交换是建立关系的核心动机,同时双方的共同努力也有助于促进关系的建立和维持。第三,关系具有"重复"的自然属性,如果只有单次的互动,则并不能建立关系。第四,关系受到双方持续利益的驱使,关系的建立和维持需要花费成本,如果不能通过持续利益弥补成本,则关系不会长久。第五,关系具有一定的独一无二性,即每一种关系都是不一样的。第六,对于成功的、持续的关系而言,最重要的要求就是信任。信任、影响和满足是客户与企业建立关系后所感知到的积极感觉,并促使客户采取更多的努力来发展关系。由此可见，并不是所有的客户与企业之间的互动都能够被称为关系。

2.服务企业的关系类型

企业在营销活动中可能涉及的关系包括四个层面：企业与内部员工、部门的关系；企业与价值链上的供应商、经销商、合作者或竞争对手等的关系；企业与宏观环境中的政府、公众的关系；企业与客户的关系。

而在服务行业，关系被分为三种类型，也是现有研究中主流的三种研究方向。在组织层面，服务的提供者多被定义为服务企业或者部门，根据建立关系的对象不同，第一种关系是指服务企业或部门与组织客户之间的关系，第二种关系则是指服务企业或部门与个体客户之间的关系。此外，由于在众多以人际接触为主导的服务部门中，一线服务和营销人员与客户的个人关系也显著地影响着企业的服务绩效，因此，第三种关系则是强调服务人员与客户之间的关系，这种关系更多地体现为一种私人的社会交往行为而非正式的契约关系。尽管服务人员代表组织的身份和形象，但他们与客户的交往又带有浓厚的个人特征。然而，由于企业在营销过程中，服务结果主要是指服务提供者与服务接受者（即客户）之间建立起的某种合作关系，所以，我们主要探讨服务企业或部门与个体客户之间的关系。

第二节　新型客户关系

一、顾客参与

(一)顾客参与的含义

顾客参与是一种在产品或服务生产过程中顾客承担一定的生产者角色，即为获得情感、个性化需求、自我创造及自我实现等方面的需求，在消费服务的过程中主动投入资源（智力、精力、金钱、情绪等）的行为。

案例：努比亚在京东电商众筹新款手机

随着市场从产品主权到渠道主权，再到消费者主权的演变，消费者选择产品和服务决策的心理也从最早的功能式消费过渡到了品牌式消费，并逐步演变成现在的体验式消费。极致的体验消费导向了顾客参与。

在物资匮乏的年代，人们为了满足功能性的需求而消费。那时，当用户要买一块手表，这块手表是上海牌还是北海牌都不重要，重要的是能准确看时间。随着社会的发展，商品日益丰富，渠道和品牌成了商品世界的核心因素。娃哈哈矿泉水深度占领零售渠道，成为中国矿泉水第一品牌。摩托罗拉、爱立信发明了手机，但后来诺基亚"科技以人为本"理念下的全球化品牌运作，让诺基亚品牌深入人心，超越了摩托罗拉、爱立信，在消费电子领域取得了前无古人的市场占有率。在中国商业史上，品牌运作最疯狂的年代，在保健品和白酒行业最为突出，很多人还记得，有些保健品把广告刷到了全中国的每个县镇乡村，很多农村的墙上都刷着它们的广告,品牌知名度成就了这些企业辉煌的历史。

产品和服务的进一步丰富催生了体验式消费。体验式消费更追求感官与情感的诉求。伴随着体验式消费时代的到来,很多原有的产品和服务开始走下坡路,甚至销声匿迹。比如超级市场等体验式卖场逐步取代传统的百货商店。

实践案例:娃哈哈"联销体"网络

娃哈哈的营销网络结构是这样的:总部—各省区市分公司—特约一级批发商—特约二级批发商—二级批发商—三级批发商—零售终端。每年特约一级批发商根据各自经销额的大小打一笔预付款给娃哈哈,由娃哈哈支付银行相当的利息,在每次提货前,结清上一次的费用。特约一级批发商在自己的势力区域内发展特约二级批发商和二级批发商,他们的区别在于特约二级批发商要打一笔预付款给特约一级批发商以争取到更优惠的政策。

娃哈哈集团与国有的糖酒批发公司及其下属的二级、三级批发站紧密合作,借其现有的渠道推广娃哈哈集团的产品,娃哈哈集团的分销渠道初步建立。20世纪90年代中期至末期,娃哈哈调整其既有的分销模式,与各地市场中兴起的大户联手重新组建市场网络,通过大大小小的经销商,娃哈哈集团的产品渗透到了大江南北的每一个角落。20世纪90年代末至今,鉴于原有的以农贸和专业市场为基础的分销模式中逐渐严重的多头经销、窜货现象导致公司对渠道的控制能力的日益降低,娃哈哈集团摒弃了原有的粗放式的营销路线,逐步建立起自己的"联销体"网络。

实践案例:农夫山泉的新"体验"

2020年农夫山泉上市。此前,农夫山泉的饮用水一直稳居全国市场第一位。在茶与果汁等饮料类目上,农夫山泉也是不折不扣的前三名。这得益于农夫山泉创造了瓶装水和饮料领域的新体验。农夫山泉在纯净水霸占瓶装水市场的时候推出了天然水,"有点甜的"的味觉新体验,开创了瓶装水卡扣式饮水新体验;2008年之后,农夫山泉针对年轻人,优化了旗下产品的包装,使其深受年轻人的喜爱。2015年,农夫山泉推出了玻璃瓶装水;2017年,农夫山泉把网易云音乐的热评印在包装上。凭借这些全新的用户体验,农夫山泉逐渐反抢了娃哈哈的渠道并跻身第一。

如今元气森林将更加大胆地在瓶装饮料市场打"体验"牌。

(1)一直根据消费者的喜好,不断地创新饮品的品类,从苏打气泡水、燃茶、乳茶到外星人电解质水等,都始终紧跟着消费者的需求。元气森林在陆续研发上市新款饮品的同时,也在不断增加饮品的口味,时刻保持着消费者对品牌的新鲜度,并且让消费者喜爱饮品的同时也有了更多的选择。

(2)除了口味的变化,元气森林也发现了年轻消费者喜爱创意、探寻创新的心理。元气森林乳茶与迪士尼合作推出的"迪士尼限定版乳茶"系列,将深受大家喜爱的迪士尼公主和米奇家族印在乳茶的包装上,同时推出了浓香原味、茉香奶绿和咖啡拿铁等时下广受年轻人欢迎的口味。这样的创意深受年轻用户的喜爱,也给了"80后""90后"一波回忆杀。

元气森林与迪士尼联名的创新不仅仅体现在包装上,紧接着便推出了火爆全网的盲盒玩法,以亲情、友情、爱情作为主题,与迪士尼合作推出名为"瓶中玩偶盲盒"的乳茶联名款盲盒,以瓶身为彩蛋的方式呈现,让消费者在拆乳茶的时候,能获得一种对未知的可能所产生的惊喜感。

可见,元气森林从乳茶联名迪士尼的瓶身设计开始,就在用心地挖掘着消费者的需求,用心了解消费者的心理,在做好每一款饮品口味的同时也在对消费者的使用、情感、体验等需求上不断优化。

从心理层面来说,用户体验的极致,是顾客在交易过程中对如被别人尊重、认可、自我实现等心理需求的追求。这种最高的心理需求的满足需要通过顾客更深度参与产品和服务的生产过程来实现。比如让用户参与,能满足年轻人"在场介入"的心理需求,抒发"影响世界"的热情。在此之前,多见于内容型UGC模式的产品,比如在动漫文化圈,著名的"B站"(bil-ibili)就是典型的例子,爱好动漫和创作的年轻人通过转发、戏仿式的再创作等诸多方式进行投稿,营造出独有的亚文化话语体系,有人把这种消费称为"参与式消费"。

(二)顾客参与的动力机制

1. 经济驱动

消费者决定参与合作生产的原因之一是为了降低接受不合适产品的风险。消费者消费过程中会感知各类风险,包括生理的、心理的、经济的、社会的以及与时间相关的风险。由于感知到风险而引起的焦虑,会导致消费者行为启动风险降低机制,因此,顾客愿意通过参与生产过程和直接控制降低风险。

当然,顾客参与的过程也可能创造新的风险。这些风险可能是由于消费者缺乏所必要的技能,导致其与服务提供者之间存在潜在冲突,因此,服务企业要在建立顾客参与的同时建立参与过程风险防范机制。

2. 心理驱动

消费者作出参与的决定,是因为参与相关任务的绩效和参与行为本身能带来一种体验,这种体验表现为通过了解产品的本质或在过程中创造服务而获得心理效益。为了创造一系列这种心理效益,企业需要依靠解释性营销和消费者文化理论来完善相关营销策略。

3. 价值驱动

消费价值理论认为体验价值应该被划分为两种类型:内向和外向。内向价值是指一种体验填补人本性需求而被感知的价值。比如人的本性都有对"玩耍和乐趣"的需求,或一种对"美"的需求,客户参与能满足这种需求,就被认为具有内向价值。此外,顾客参与可能为顾客提供了超越本性的探索性、挑战性需求。比如,顾客参与可以满足他们对自我表达和独特性的需求,以及满足他们锻炼和使用个人与生俱来的、平时得不到运用的能力和实现隐藏的梦想的需求，从而感知到参与的探索价值；又比如，顾客参与可能为顾客带来学习和掌控新技能的挑战，从而使其感受到挑战的价值。

（三）顾客参与的影响

1. 正面影响

顾客的参与能够提升顾客满意度。实证研究发现，如事前准备、关系建立及资讯交流等顾客参与形式，与满意度是呈正相关的。此外，顾客参与能够促进新产品/服务创新，顾客参与会使顾客结合其需求与服务提供方现状提出改进意见，促进新产品/服务的开发。顾客参与还能使顾客不断学习以提升其技能水平，使服务过程更有效、精准。对企业而言，提升顾客满意度、促进创新、提升效率，最终都导向了企业绩效的提升。

2. 负面影响

首先，有学者认为顾客参与不一定会百分之百提升顾客的满意和对服务质量的感知，而且可能存在一定的负面影响。如自助银行的 ATM 机就对顾客的操作技能水平有一定的要求，并且，企业为了提高其自身效率使顾客被动参与服务生产，事实上是将部分的服务成本转移到了顾客身上。其次，由于很多顾客在服务传递过程中并不能很好地承担自身责任，理解自己的角色，使得企业的培训成本增加，甚至会延缓服务完成的时间。再次，顾客参与服务过程，熟悉整个服务流程则会对服务质量提出更高的要求和新的心理预期，导致满意度评价的降低等。最后，顾客参与行为可能培养了潜在的竞争对手。

顾客参与对创新的积极作用和被动参与生产的负面影响，引出两个典型的顾客参与议题：用户共创与数字劳动。

二、用户共创

（一）用户共创的含义

尽管传统的观点认为企业才是价值的创造者，消费者只是价值的消费者，不产生价值，但随着信息技术赋能消费者，消费者得以与企业便捷互动，成为企业新的资源并成为生产力量参与价值创造。这种通过适当的规则和引导，由产品的使用者或消费者共同创造价值的生产形式被称为用户共创。

在传统系统内，产品和服务的生产完全由公司来决定，公司通过推断来决定顾客需要什么样的价值。在这个系统里，顾客这一角色与价值创造几乎毫无关系。在过去的 20 年间，管理者已经找到了一些办法，切割出部分工作，交给顾客来做。例如，自行付费结账的零售系统、产品开发流程的顾客参与以及产品和服务中存在的大范围的顾客自适变量。用户共创不是简单的顾客导向，它会走得更远。

与用户共创变化趋势相关联的是，过去的以企业或产品为中心的用户共创观正在转变为以体验为中心的用户共创观。允许每一位顾客与公司合作、分享经验、价值共同创造，实现高质量的交互融合，正是挖掘企业核心竞争力新源泉的关键。

(二)用户共创的分类

1. 内容共创

内容共创又分为三种,即用户生产内容(UGC)、专业用户生产内容(PUGC)、专业组织生产内容(PGC)。

用户生产内容是指消费者会在不同的平台发布不同的内容。比如 B 站、微博、抖音、小红书等社媒平台的内容就是在 UGC 模式基础上建立的。UGC 具有基数大、涵盖范围广、传播力强等特点,为品牌的传播发展助力,生产出符合大众需求的产品。

专业用户生产内容相比于用户生产内容对某一领域有着更深刻的个人见解、更专业的水平以及更持久的热情,在用户共创中可以把专业用户看作一群引导者,汇集普通用户的智慧,引导内容生产朝着更深一步发展。最典型的例子就是 B 站中的 up 主(上传者,即 up-loader),他们是 B 站主要的内容产出者。2021 年,B 站月均活跃 up 主达 100 万人,月均投稿量达 310 万次,分别同比增长 93% 和 83%。作为视频内容社区,B 站有 91% 的视频播放量来源于 PUGV(专业用户制作的视频)。

拥有专业组织的关键意见领袖(key opinion leader,KOL),如达人或者博主,在内容创作上更具专业性,宣传效果也更好,主要原因在于这群意见领导者背后是一个团队、一个组织,他们在人力、物力、财力等资源投入上更大,使得专业组织生产内容相比普通用户和专业用户在打造精品内容方面有更大的优势和更高的成功概率,为用户共创提供了坚实的基础。

2. 产品共创

产品共创是指运用适当的规则和引导方式,由产品的使用者或消费者在参与整个产品研发和上架的过程中,提出自己的想法和反馈,让企业了解用户的同时,用户也能更好地传达自己的观点,实现自己的智慧价值,从而让企业与用户实现双赢的创造方式。

产品共创中,用户不仅是产品或服务的购买者,也参与甚至驱动产品创新。

比如,为了更好地适应时代,2014 年乐高诞生了"LEGO ideas"共创平台,汇聚了全世界各地的玩家和创作者,他们将对乐高的未来产品进行想象、创造和提案。

- 13 岁以上的用户,上传自己的创意作品,然后在整个社区中寻找支持自己创意的人,获得他们的"点赞/支持"。
- 但如果在两年内得到了 1 万个支持,乐高就会对其进行评审,并变成乐高的新品,在全世界发售。假如在全球范围内发布,提案者不仅可以参加各种活动,成为明星,还可以获得 1% 的销售分红。
- 社区每周都会发起挑战活动,鼓励用户发挥他们的创意,分享他们的创作,并获得相应的积分和徽章。目前,用户的创意已经不需要拥有乐高玩具本身,他们可以通过免费第三方的乐高 CAD 软件"乐高数字设计师"进行设计,并提交。
- 迄今为止,LEGO ideas 拥有超过 180 万注册会员,提交了超过 36000 个项目,有 200 多个作品获得了 1 万票的支持。
- 通过该共创平台,乐高已经将几十套玩具推向市场,包括来自美剧《老友记》的 Central Perk 玩具套装(该套装在发布几小时内就被抢购一空)、来自 NASA 的土星 5 号火箭套装,以及树屋套装(该套装是由植物性的乐高砖块制成的)。

- 在数字化提速下，乐高又再进了一步。乐高世界建筑师（LEGO world builder）诞生，乐高与 Tongal 公司（连接自由职业者和视频制作的平台）合作，他们为玩家们提供一个创意开发彼此赋能的平台，鼓励粉丝们协同创作乐高的新概念、新故事、新产品。
- 乐高还创新了 Mindstorm，即由乐高、MIT 和使用者社群共同形成的一个包含供应者、合作伙伴顾问、外围制造商和大学教授等的完整生态系。

3. 品牌共创

用户共创体现在内容和产品维度上，终极目标体现在品牌维度上，品牌共创相比前两者，是共创内容涵盖更广的系统工程，不是单个营销部的事，而是牵动企业全局，面向未来5～10年的整体战略。

比如，现在许多造车新势力都在提倡品牌共创概念。这些车企邀请用户融入一台新车设计、开发、生产、制造、销售、维修、保养、二手置换的全链过程中，并实时提出基于个人经验的反馈。这些反馈包含正面积极的，也包含负面批评的。至于汽车公司是否会真正听取这些想法，并将它们付诸后续过程，则取决于样本数。在一整套的"用户共创"闭环后，汽车公司以较低成本获得更一手和丰富的交互信息，顺便斩获一批不离不弃的粉丝。用户则在提意见的过程中获得了极大的精神价值，加深了与车企的"情感联结"。但这些造车新势力在实现品牌共创过程中也遇到了不同程度的问题。

实践案例：吉利汽车用于用户共创的 App

2021 年 6 月 6 日，吉利汽车用户品牌"我们"正式发布，由用户共创的"我们"品牌标识、运营机制同步推出，新上线的吉利汽车 App 将成为"我们"共创的品牌阵地（见图 6-1）。

图 6-1　2021 年上线的吉利汽车 App 宣传广告

三、数字劳动

(一)数字劳动的含义

数字劳动是指根植于自动化、信息化产业中,以数据信息、数字技术为支撑,囊括工业、农业、经济、知识、信息等领域,消耗用户时间的数据化、网络化形式的劳动。

广义的数字劳动大体上可以划分为网上的有酬劳动和无酬劳动两类,具体表现形式主要包括互联网产业的专业劳动、网络众包劳动、受众劳动和玩乐劳动。狭义的数字劳动是指无酬数字劳动,既与有偿专业劳动相区别,也与其他形式的无酬劳动(家务、家庭手工作坊)不同,具体是指用户参与为数字环境生产某种内容,数字媒介公司借助用户生产的内容获得利润,用户却得不到报酬的在线用户劳动,即受众劳动和玩乐劳动。数字劳动具体形式的划分不一,但都是指数字技术、互联网领域中创造剩余价值的劳动形式。

(二)数字劳动的分类

1. 互联网专业劳动

互联网专业劳动通常是指由拥有一定技术知识的人员所进行的与技术性相关的工作,如程序编程、应用软件开发,以及非技术性人员所进行的管理与日常工作,如后台管理员、网站客服。简单来讲就是数字产业的雇佣劳动。

2. 网络众包劳动

"众包"一词由美国记者豪于 2006 年首次提出,意指企业或组织通过网络将员工任务以自由自愿的形式外包给大众志愿者的行为。随着社会进入数字化时代,越来越多的企业依靠数字技术、借助网络平台并通过众包模式在全球范围内寻求廉价的劳动力,由此出现了多种网络众包劳动。如以网约车和外卖平台中的众包模式等为代表的线上与线下交互融合的数字劳动,以国内的猪八戒网、国外的 Upwork 等为代表的网络众包服务平台中的专业服务,以好大夫在线等为代表的网约医疗服务平台中的医疗服务等。

3. 受众劳动

受众劳动是从传播政治经济学的角度所得出的无酬数字劳动的一种具体表现形式。英国著名学者福克斯在借鉴斯迈兹的"受众商品"理论以及托夫勒的"产消合一"概念的基础上,提出了"产消商品"的受众劳动概念。福克斯指出,互联网上的广大网民既是平台的使用者,同时也是广告受众。以 Facebook(脸书)为例,用户在 Facebook 上浏览相关网页等行为会产生大量的数据,用户使用社交软件的时间便是其劳动时间,用户在社交软件上所耗费的时间越多,其生产的数据也会越多。这些数据在未征得用户同意、未支付用户相应报酬的情况下被互联网企业私自收集并打包出售给相应的广告商。广告商在购得这些数据后,经过整理与分析,借助大数据和算法等技术,精准投放到指定的用户群体中去。这时的互联网用户便成了"产消合一"的受众劳动者,一方面作为生产者产出相应的数据内容,另一方面作为消费者消费数据商品。

4. 玩乐劳动

玩乐劳动主要指用户为了获取乐趣在网络上进行的一系列娱乐性质活动,如闲聊、网络游戏和影视观赏,这些活动同时也为媒介公司生产了更多的资源和数据。玩乐劳动与受众劳动相近,但玩乐劳动更突显其对于劳动者自身娱乐需求的满足。玩乐劳动逐渐消解了用户劳动与休闲时间的界限,使得劳动和娱乐在某种意义上不可分割,人们的大部分时间都逐渐被纳入资本积累服务的进程之中。近年来,短视频、网络游戏等娱乐软件层出不穷而又形式多样,人们在其上消耗繁多时间的同时生产了大量的内容和数据。互联网及数字媒介公司通过收集、分析和处理用户的浏览痕迹或搜索记录等数据,向用户提供精准的定制化的内容和服务,并在其中穿插广告引导用户进行消费等,使玩家在某种程度上沦为数字资本家无偿服务的免费劳工。

(三)数字劳动的保障

1. 用户自觉维护自身权益

狭义的数字劳动中,很多人选择不断地"剁手"或装卸游戏,在无意识中源源不断地为资本积累贡献了大量的时间和精力。此时,作为产消者的个体不只是数据商品生产的"机器",而是具有生产性、群体性和社会性的集体和价值创造者。可以说,数字经济发展中的财富和权力来源于用户的创造和授权,用户才是网络空间和数据信息的所有者和主导者。因此,网络用户在进行内容生产时要看到网上行为背后隐藏的价值逻辑,不能只看到消费和娱乐而忽视背后的劳动关系,在个人信息或隐私遭受侵犯时要勇于维护个人权益,依法捍卫合法权益。

2. 保护劳动者数据产品

虽然用户的内容生产价值量难以测量或者很低,但这并不代表数据产品是可以免费共享的,资本家不能打着网络免费共享的旗帜和口号去侵占用户的创造性劳动。网上产生的具有使用价值和交换价值的数据信息是劳动者创造性劳动的结果,但个体网上消费、娱乐的背后是社会的结构性不平等,即资本支配着生产资料和劳动产品。增强对数据信息成果的保护,首先需要人们认识数字劳动产生的数据商品的内涵、特点、生产过程和经济价值,将其纳入劳动者权益保护的范围。具体可从以下两个方面完善权益保护制度。

(1)加强数字治理,健全管理制度

并不是有关用户的所有信息都能虚拟化、货币化、娱乐化,也不是所有的网络数据源都是资本积累的"聚宝盆",要通过技术和法律手段控制网络的商品化,不能将荣誉、人际关系、道德等都以金钱为标准照搬到网络上来。在技术层面,网民的生产内容所有权应归属于用户,平台商使用用户的数据信息要经过用户的许可,网络服务和使用条款应建立在使用者和所有者平等协商、公平公正的基础上。为此,要构建网上用户数字产品安全保护体系,以劳资双方协议的形式背书,并建立网络信息和用户隐私泄露预测和警报系统,防止用户数据信息在技术上被盗用和侵占。在法律层面,要建立健全劳动政策,否则隐私和数据产品遭到泄露和侵权时用户无法维护自己的合法权益,无视价值生产者只会让数字技术沦为资本剥削和积累的工具。网络立法中要完善社交媒体平台管控,严格禁止擅自使用、买卖用户个人信息的违法行为;完善网络信息服务和安全保护法律法规,依法规范和治理网络行为。

（2）建立网络空间稳定的雇佣关系

参与生产过程并提供大量劳动时间进行价值生产的劳动者,理应享有以下权利:更加民主、自由、平等地参与生产决策和剩余价值分配,合理分享劳动成果,减少劳动异化和剥削现象。因此,在制定相关政策和法规时,还要关注数字劳动者的福利待遇或薪酬问题,构建和谐健康的雇佣关系。在现实中,资本家寄希望于人工智能、云计算、大数据和物联网等新技术能最大限度地取代人工劳动,但技术决定论的迷思已逐渐被打破,数据产品、网络游戏、社交媒体使用等背后存在的严重劳工问题没有得到解决,构建和谐健康的网络雇佣关系仍是雇主、员工和政府无法回避的现实问题。由于正式的劳动关系难以覆盖数字劳动者,政府应承担起向没有稳定雇佣关系的劳动者提供法律和社会福利保障的责任。比如在数字商品的成果分配中,劳动者享有数字产品使用权的福利,再分配中通过福利制度补偿劳动者的劳动付出。

延伸思考:网约出租车的劳动报酬问题

2021年11月30日,交通运输部等多部门发布《关于加强交通运输新业态从业人员权益保障工作的意见》(简称《意见》),要求企业落实主体责任,保障从业人员劳动报酬、休息等权益。

在完善平台和从业人员利益分配机制方面,《意见》要求各地相关部门督促网约车平台企业向驾驶员和乘客等相关方公告计价规则、收入分配规则,每次订单完成后应明确告知驾驶员本次抽成比例,保障驾驶员知情权和监督权。同时,督促网约车平台公司加强与有关方面的沟通协商,合规确定抽成比例并公开发布。督促网约车平台企业在确定和调整计价规则、收入分配规则等经营策略前,公开征求从业人员代表及工会组织、行业协会的意见,并提前一个月向社会公布。

在保障从业人员劳动报酬权利方面,《意见》要求相关行业主管部门、工会组织、行业协会持续跟踪行业运营情况及从业人员收入水平,并适时公开发布,引导驾驶员形成合理收入预期。同时,为保证劳动者的基本收入,提出综合考虑工作性质、劳动强度及当地职工平均工资等因素,网约车平台企业与有关方面协商确定驾驶员劳动报酬计算规则和标准,并向社会公布。督促网约车平台企业支付给驾驶员的劳动报酬不能低于当地最低工资标准。

在保障从业人员休息权利方面,要求科学确定网约车驾驶员工作时长和劳动强度,保障驾驶员获得足够的休息时间,确保安全运营。督促网约车平台企业应持续优化派单机制,提高车辆运营效率,不能以冲单奖励等方式诱使驾驶员提供超时服务。

资料来源:切实保障新就业形态劳动者权益　维护网约车司机报酬　休息权益[EB/OL].(2021-08-19)[2023-11-10].https://tv.cctv.com/2021/08/19/VIDEL8c4R37cIpraGmkoGZlV210819.shtml.

3.建设共有的网络空间

在数字化时代,资本通过对网络空间的"圈地运动"实现对数据信息的垄断和占有。为了应对数字世界资本主义的异化和剥削,福克斯在《数字劳动和卡尔·马克思》一书中提出建立"共有的互联网"或"工人阶级的互联网"的政治目标，即人类的互联网应该消除阶级利益矛盾，实现共同占有和共同使用。构建共有的互联网空间，劳工阶级必须实现自觉联合和团结，掌握数据资源的所有权和使用权，数字信息技术要实现集体共有，保障劳工掌握数字技术知识技能，并将资本榨取剩余价值的触角阻挡在网络空间之外，防止资本衡量一切的错误意识形态的侵蚀。这样才能摆脱资本逻辑的控制，按照民众的逻辑建设网络空间，为反抗资本在数字世界的空间圈占和数据源窃取奠定坚实基础。

现代服务业现阶段的一个重要议题就是让渡用户数据权利。多数互联网平台以兜售用户信息分发广告作为主要营业收入。据统计，2021 年，拼多多、微博的广告收益占比总收入的 80% 以上，快手、百度则超过 50%。创作者付出巨大时间、精力成本，但最大获利者则是平台。创作者不仅成了大型公司的盈利工具，个人数据隐私也受到了威胁，人们逐渐意识到了大数据杀熟、隐私滥用、诱导广告等问题。

早在 2015 年，万维网之父纳斯·李、以太坊共同创始人伍德等提出了以保护用户隐私为目标的 Web 3.0，旨在将互联网"去中心化"：将个人信息让渡给用户自行保管，用户可以选择向平台发送，也可选择保留，这些数据不可被追溯、也不会被泄露。

我们看到，近些年，迫于各国政府部门对互联网数据的监管压力，用户数据隐私管理才逐渐被互联网平台所重视，我们看到 Facebook 被送上听证会，苹果迫于压力将 IDFA 开启权限让渡给用户。

人和人之间的社会关系既有联系又相互排斥。在实践中，虽然共有的互联网建设具有艰巨性、复杂性和不可预测性，但人类社会历史的发展要求未来的网络必须以最广大劳动者的发展和利益为根本。

实践案例：小米如何打造参与感

小米公司把用户的"参与感"看作最核心的理念，通过用户参与做出好产品，通过用户口碑完成产品营销和推广。其中的秘诀是"参与感三三法则"，即三个战略："做爆品"的产品战略、"做粉丝"的用户战略、"做自媒体"的内容战略；三个战术：开放参与节点，设计互动方式，扩散口碑事件。具体见图 6-2、图 6-3。

图 6-2　小米打造用户参与感"三三法则"之三个战略

图 6-3　小米打造用户参与感"三三法则"之三个战术

三个战略具体如下所述。

1."做爆品"的产品战略

执行"做爆品"的产品战略,应当坚持做好产品,以期聚焦公司资源、吸引海量用户。小米公司的初期产品只有三个,分别是 MIUI(手机操作系统)、米聊(即时通信工具)、小米手机(硬件),并用追求极致的工匠精神,把这些产品做到市场上的性价比最高。

2."做粉丝"的用户战略

在粉丝营销方面,小米最初首先在论坛有计划地培养自己的种子用户,其次小米赋予"米粉"极大的"权利",比如粉丝有权决定产品创新或者功能递减;小米还会每年举办米粉节、通过爆米花盛典、颁发米兔奖杯等仪式、米粉专属 F 码特权等,不断给予粉丝强烈的归属感与身份认同感。

小米的粉丝经营战略,秘诀就在于通过互动和用户建立了拟态亲密关系,这种亲密关系被称作伪社会关系,这种伪社会关系虽然看起来小米和用户之间在实际时空上的距离很远,但实际上两者之间的心理距离很近,构建起的是类似朋友般的"老铁"关系。和用户成为朋友之后,品牌就是用户的信任代理。只有拥有强信任背书之下,用户才可能成为品牌粉丝。

3."做自媒体"的内容战略

小米执行"做自媒体"的内容战略,充分利用微信、微博、论坛、QQ 空间等社会化媒体,小米通过社会化媒体发布的,不是小米的广告,而是小米作为一个自媒体所运营的内容。鼓励引导每个员工、每个用户都成为"产品代言人",遵循"有用、情感、互动"的思路去创作内容、参与互动、分享扩散。

三个战术具体如下所述。

1.开放参与节点

"开放参与节点就是把做产品、做服务、做品牌、做销售的过程开放,筛选出让企业和用户双方获益的节点。双方获益的参与互动才可持续。"把做产品的研发、生产、测试、营销、服务等环节筛选出让企业和用户双方都获益的节点,引导用户积极参与,以期获得用户的信任、建立强用户关系。

小米公司把产品研发中的需求确定、内测、发布等节点,以及营销环节中的开放购买节点,开放给用户。这种开放使得企业可以根据用户的意见不断迭代完善产品,用户也获得了自己想要的功能和产品。小米首先允许自行编译定制 MIUI 系统,得益于这个参与节点的开放,很多国外小米发烧友自行参与进来,发布了 MIUI 英语版、西班牙语版等新版本,并为品牌赢得了更广泛的口碑传播。

其次,小米还推出"橙色星期五"的互联网开发模式,MIUI 团队蹲点在论坛手机用户反馈,每周吸收用户的意见,进行系统升级,每个周五下午,新一版的 MIUI 就会与粉丝们见面。据悉,"橙色星期五"开发模式一问世,每周就能收集到上万用户的反馈,发展到后期甚至能收集到 10 多万用户的参与。

小米开放参与节点的做法能够取得如此成功,关键就在于:用户能够参与到产品的研发过程中,陪伴产品和品牌共同成长,用户既是产品的受益人同样也是产品的缔造者,在用户参与之下,品牌的成长变得"可视化"。当既得利益与"我"相关时,用户参与兴趣自然不会太低。

2.设计互动方式

应遵循"简单、获益、有趣和真实"的原则,根据开放的节点进行相应的互动方式的设计,并且持续改进,以期不断推进互动的广度和深度。

在"橙色星期五"的互联网开发模式下,小米每周五在论坛发布新版 MIUI 产品,提请用户使用并于下一周周二提交使用体验报告。通过体验报告,可以汇总出用户喜欢哪些功能、哪些功能不够好、哪些功能正广受期待。

为了鼓励工程师与用户互动,小米设置了"爆米花奖"。一方面,由用户评选出上周做得最好的项目,在论坛公布项目小组的姓名和照片,奖励一桶爆米花。工程师们得到用户的肯定和鼓励会觉得特别开心,反之则会努力改进。另一方面,根据用户的参与深度,给予其不同的权益。

此外,小米手机开放购买的"红色星期二"、线下各地"同城会"的活动、公司每年的"米粉节"庆典,都是小米公司为粉丝提供的参与感。

正是这样的用户深度参与机制,让 MIUI 收获了令人吃惊的好口碑和增长速度。2010 年 8 月 10 日,第一版 MIUI 发布时,只有 100 个用户,是工程师在各大论坛中一个一个地筛选、联系和争取来的。凭借用户的口口相传,没有投入一分钱广告,没有做任何流量交换,到 2011 年 8 月 16 日,MIUI 发布一周年时,已经有了 50 万用户。

3.扩散口碑事件

小米是如何"扩散口碑"的呢?

首先培养自己的粉丝用户,也就是对产品兴趣最大的一批认同者,在小范围内让参与感发酵。其次,将互动产生的内容包装成可二次传播的事件,让口碑产生裂变,影响十万人、百万人更多地参与,同时也放大了已参与用户的成就感,让参与感形成螺旋扩散的风暴效应。扩散的途径一般有两种,一种是在产品内部植入鼓励用户分享的机制,2013年现象级的休闲游戏"疯狂猜图"和"找你妹"就做得很好,每天都有几十万条信息是从产品中简单地分享到微博、微信等社会化媒体;二是从和用户互动的过程中,发现话题来做专题的深度事件传播。

比如小米前期基于"橙色星期五"的互联网开发模式,在 MIUI 产品内测的冷启动期得到了 100 个用户的鼎力支持。小米后来不仅制作雕像,将这 100 个用户的名字刻在了上面,还将他们融入故事中,拍摄成励志微电影——《100 个梦想的赞助商》,加倍放大了用户的参与感。

2011 年 7 月,小米公司宣布要做手机时,虽然已经有了 50 万 MIUI 用户,但整个市场对小米公司还是一无所知。为了快速打响品牌,小米公司在微博上发起了一个游戏活动。他们设计了一个"我是手机控"的页面生成工具,用户只需要在其中的机型列表进行选择,即可自动生成一张图片和微博文案,用户再点一下就把他使用手机的历史分享到微博上去了。为了增加炫耀感,还帮用户自动计算出所有的手机花费,并且突出炫耀他的"机龄"。这个活动上线的当晚,转发就突破了 10 万次。

可以说,小米公司的前 50 万用户基本都是在论坛发酵的,而 50 万~100 万用户则是由微博、微信等社会化媒体推动而成的。不同的社会化媒体有着不同的调性,微博适合拉新用户,微信适合做客服,论坛适合资深发烧友的深度讨论。

拥有 100 万级的粉丝数量后,小米公司进一步尝试用互联网方式做电视广告,把用户数量放大到了亿万级。他们的成功经验是,要全网互动,电视广告只是二次传播;电视广告应尽量做品牌而不是功能广告,信息越简单越好。

三大战术是三大战略的支撑,战略与战略之间、战术与战术之间又相互支撑。比如,爆品战略本身在无形之中支撑了用户群的"粉丝"忠诚度,也支撑了内容战略。开放节点的战术支撑了互动设计的可行性,汲取了用户和品牌互动的内容,将这些内容包装成故事用于传播,内容和用户之间就拥有了极强的关联性,参与感自然就高,也更能激发用户主动传播的意愿。

资料来源:黎万强.参与感:小米口碑营销内部手册[M].北京:中信出版社,2014.

第三节　现代客户关系管理工具

一、客户识别：用户画像

传统服务企业中最有竞争力的销售员,往往是那种记得大多数顾客姓名、喜好、购物历史和需求的人,换句话说,就是对客户的样貌非常清楚的人。现代服务业则依托数字技术创新了客户识别的方法,即以信息系统为支撑,通过对用户全方位多维度特征的标签化,将原本"最佳销售"掌握的技能工具化,用来更全面地刻画用户画像,识别用户。

(一)用户画像的含义

用户画像是现代服务企业常用的 CRM 基础工具。用户画像就是指基于大数据应用,以多维度特征属性刻画用户或产品,完美地抽象出一个用户的信息全貌,并对这些特征属性进行统计分析,挖掘潜在的信息价值。简单来说,用户画像就是用户信息标签化,从用户海量的信息里定义一些属性标签,为用户去贴上这些标签。

通过标签将用户属性数据化、可视化，可以为企业决策提供量化支撑。比如京东商城可以轻松地将用户购买的商品的种类、价格、频次等一系列活动作为描述用户的特征维度，每一个活动代表一个或多个标签，通过对标签的汇总、分析、分类来深化对京东商城用户个人或群体的认知。

一般而言，用户画像中定义的属性包括人口属性、资产属性、营销属性、兴趣爱好、购物偏好、需求特征等一级分类维度。一级之下，还可进一步设二级、三级子维度，并根据用户画像进度要求，各维度上设置颗粒度大小等。图 6-4 展示了银行服务可能采用的用户画像指标层级以及形成的画像示例。

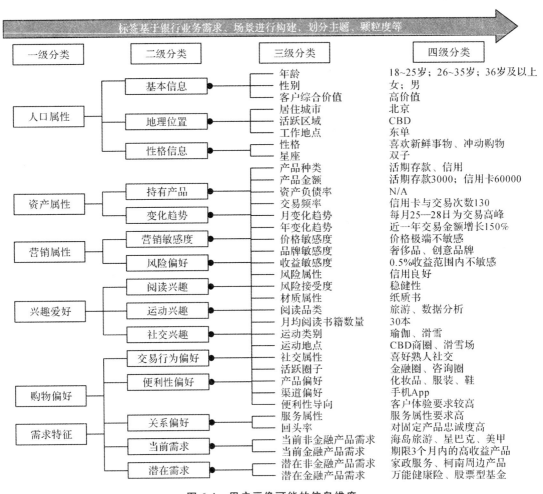

图 6-4　用户画像可能的信息维度

(二)用户画像构建流程

用户画像构建流程简单概括起来就是利用数据分析确定画像目标——通过特征构建模型——将模型小范围测试（A/B test）——模型落地应用——模型持续训练并强化。具体见图 6-5。

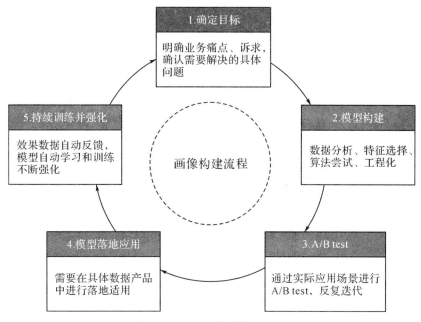

图 6-5　用户画像的构建流程

(三)用户画像的难点

一个优秀的用户画像系统的构建和应用存在以下难点与挑战。

(1)用户实体的标识。一个用户可能拥有多个设备,怎样实现终端设备多对一的合并;反过来同一个设备可能存在多个用户,比如家庭成员共用一台电脑、一个 iPad,这个设备代表了多个实体的特征,很难区分。想要完整定义一个用户实体很难,在业务中不过多关注这一点,主要关注寻找出受众群体。

(2)用户标签的定义。比如男女标签,不仅仅是指生理上的男女,还包括互联网行为上表现出来的男女等。标签必须和业务场景绑定,这样在构建用户画像的过程中,需要和业务部门沟通,搜集业务方需求,制定满足业务需求的标签体系。

(3)数据处理能力。海量数据中,存在大量非结构化数据,且用户行为比较分散,为此需要进行规范化的数据仓库建设。

(4)用户画像的挖掘建模。用户标签的准确率需要不断进行优化,需要结合自然语言处理技术、机器学习、深度学习等方法不断优化效果。

(5)用户标签的验证。有些标签如年龄等,可以用标准的数据集验证标签的准确性,但是有些标签是没有事实标准的,如兴趣、用户忠诚度等,只能在具体的业务上进行效果验证。

(四)用户画像的应用

用户画像的应用主要包括以下几个方面。

(1)营销决策

基于用户画像对人群各维度的刻画,洞察目标受众的偏好,指导媒体进行投放优化,提升营销效果。如分析化妆品检索用户,发现以 25 岁以上的女性居多,且大部分是北京、上海、广东等经济发达地区的上班族,从而帮助了化妆品行业的广告主实现目标人群的高效触达，提升营销效果。

（2）个性化推荐

根据用户的兴趣偏好、购买行为等，向用户推荐感兴趣的信息和商品。推荐信息点击率提高或者转化率提升，表明推荐比较准确，其核心就是用户画像准确。

知识拓展：银行服务的个性化推荐实例（见图6-6）

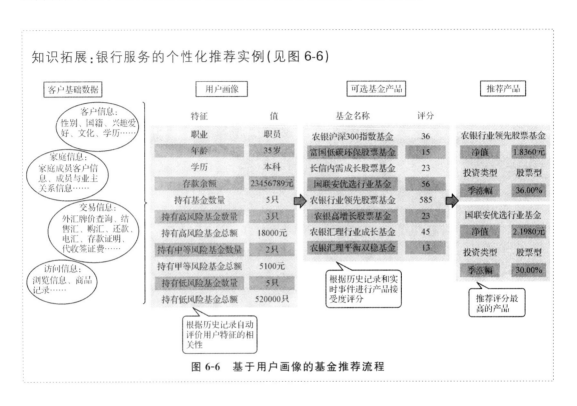

图6-6　基于用户画像的基金推荐流程

（3）广告投放

利用用户画像，更加精准地定位目标受众，进行产品营销、广告投放等。比如母婴产品，主要针对女性、孕期、育儿人群进行广告投放，提高产品转化率。

实践案例：精准广告投放实例

2017年，武汉一家高端女装品牌对合作的12家门店做了场景化精准营销平台搭建。平台一周内从0涨粉到3万人，一年后突破10万粉丝。该女装店开发出一套专门进行"用户画像"的大数据分析系统。通过该系统的微信平台，实体店根据顾客的年龄、职业，推荐与之相符的女装。这家店的几百名老客户，每个人收到的信息各不相同。实体店"大数据营销"就是将以往线下的顾客转移到网络上，顾客浏览、购买商品的信息累积成大数据为其"画像"，了解性别、年龄、喜好、消费水平等，有针对性地推送新款产品和打折信息，引导消费者到实体店试穿体验。

资料来源：用大数据为顾客"画像" 帮小企业互联网转型［EB/OL］.（2020-09-01）［2023-11-30］. https://baijia-hao. baidu. com/s？ id＝1676579643540384616&wfr＝spider&for＝pc.

二、互动管理：触点管理

(一)触点管理的含义

如果说，产品主权和渠道主权时代，决定"说什么"要比"什么时候与消费者接触"重要，那消费者主权时代由于资讯超载、媒体繁多，现代服务业竞争就变成了营造"多样＋持续"接触，保持与客户紧密连接。

接触点管理又称触点管理，是指企业决定在什么时间(when)、什么地点(where)、如何(how)与客户或潜在客户进行接触，并达成预期沟通目标，以及围绕客户接触过程与接触结果处理所展开的管理工作。

虽然触点管理不是营销管理的新鲜概念，但信息技术进步带来的服务营销线上化创造出多种服务营销渠道和客户触点，使得现代服务企业与客户之间的互动模式永久改变。客户触点管理变得比以往任何时候都更复杂，也更加重要。现代服务业营销认为，触点管理的目标是通过触点链接客户，将客户纳入服务体系，成为服务体系的一部分。因此，接触过程必须在科学、系统的管理之下才会有好的效果。

什么叫作触点呢？触点就是服务各个环节与用户接触的每一个点，包括视觉、触觉、听觉、嗅觉、味觉以及心理上所接触的点。用户不管是去门店、访问官网，还是接受服务、使用产品等，都在与服务体系接触。比如去门店，那么门店户外广告、门店招牌、服务员、墙面装修、灯光、绿植、各种软装、厕所、宣传物料、轮播视频……都是与用户接触的点。

(二)触点管理的一般流程

1. 界定触点面向的用户群体

针对的人群不一样，触点就不一样。同一个产品或服务，针对的目标人群也会不一样，可能是客户，可能是合作方，可能是第三方，也可能是内部员工；而同样是客户，也分为新客户、老客户、金牌客户等。不同的目标人群，他们的体验流程和决策路径都不一样，那么对应的与品牌的触点也会不一样。所以，进行触点设计和管理，首先需要界定针对的目标人群，以及他们的体验流程和决策路径，也就是某个流程想影响哪部分人群，那就针对这部分人群做触点设计。

2. 罗列用户体验流程的全程触点

一旦确定了针对的目标人群，就可以设计体验流程。基于体验流程罗列出目标人群可能会接触到的点，包括所有从感官到心理、线上到线下、信息型到操作型的所有触点。一般通过深度洽谈，找出目标消费者大部分人所记得的触点，或不同消费群所确认的重要触点。有时触点多达数百个，而且跨越很多部门，需要开发信息系统接口应用包，给各类触点提供标准接口，触点通过调用接口可以直接被整合进来。在触点管理中，企业必须充分挖掘两类关键触点：体验流程上最能影响"消费者"购买决策的关键触点和最能影响"潜在消费者"的信息传递关键触点。

现代服务业的触点往往包括以下五类(见图 6-7)。

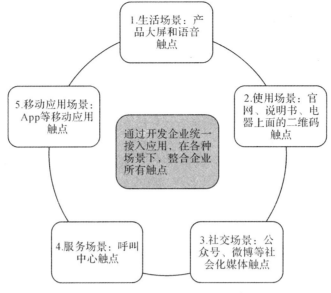

图 6-7　整合五类现代服务触点

（1）生活场景：产品大屏和语音触点。

（2）使用场景：官网、说明书、电器上面的二维码触点。

（3）社交场景：公众号、微博等社会化媒体触点。

（4）服务场景：呼叫中心触点。

（5）移动应用场景：App等移动应用触点。

以线下实体培训服务为例，顾客视角可能的触点包括：

（1）地理位置——距离是否合适、交通是否便捷等。

（2）停车——是否有停车场、停车是否方便等。

（3）户外指引——是否有户外广告、导视指引、门头招牌等。

（4）接待——是否有前台、服务如何，是否有专人指引并接待，是否有等待区，是否提供饮品等。

（5）校区——装修如何、布置是否合适、校区教学氛围如何、空调是否能控制温度、是否有 Wi-Fi、是否有独立的洽谈室、工作人员着装如何、是否有独立卫生间等。

（6）咨询服务——是否有专人提供咨询、服务态度如何、是否有相应资料、资料内容是否齐全、设计风格如何、是否可以提供体验课、是否有客户案例等。

（7）教学及课程——上课时间是否科学、有没有上课提醒、有无课程预习、上课老师是否专业、课程是否有趣、上课反馈机制怎么样、有无课程评测系统、课后是否有作业、上课是否需要分班、每次上课人数有多少、老师对学员关注度如何等。

（8）收费——价格是否合理、如何收费、是否有规范的合同、是否有售后保障、如何申请退款等。

需要强调的是，罗列用户体验触点之前，一定要对目标用户人群有一个清晰的认知。这时，用户画像就可以派上用场了。

3.设定每个触点的功能目标

每一个用户体验触点设计都应该有其要实现的用户体验功能,如果没有功能差异,那触点设计也就失去了意义。触点管理的第三步就是设定每个点要实现一个什么样的功能目标。经过多渠道客户触点整体规划与体验设计,所有不同功能的触点都应该建立起服务企业与客户的多场景、全流程的客户连接。

可参考的触点功能目标分类如下。

(1)切中需求:每个用户都有自己作决策的理由,切中需求才会有强烈的好感。

(2)激发动力:在用户需求上,唤起原本就存在于用户心中的梦想、恐惧或者渴望,激发其行动的动力。

(3)建立信任:通过事实也好,环境也好,品牌实力也好,客户见证也好,权威背书也好,让用户产生信任。

(4)打消疑虑:提前洞察用户会有哪些疑虑,全部告知解决方案。

知道了触点和对应的目的,自然也就知道了每个触点的重要性,那么就可以合理地进行权重排序,分别投入资源。

4.流程穿越

流程穿越就是从客户视角走体验服务全流程,感受每个用户触点。现代服务企业必须在目标用户的体验触点基础上,模拟、界定、规划如何影响用户和感动用户的新内容、新形式和新介质,从而把控关键触点。一般我们常说的产品和服务的内测以及用户体验往往就是重复流程穿越,并据此改进、完善流程的过程。

流程穿越需由企业人员、服务专家、目标用户、核心用户等各类人员参加。执行流程穿越可借助科学的方法,如使用用户触点体验统计表,统计项包括:体验阶段、对应触点、目标是否实现、存在问题、对应解决方法等,如图 6-8 所示。

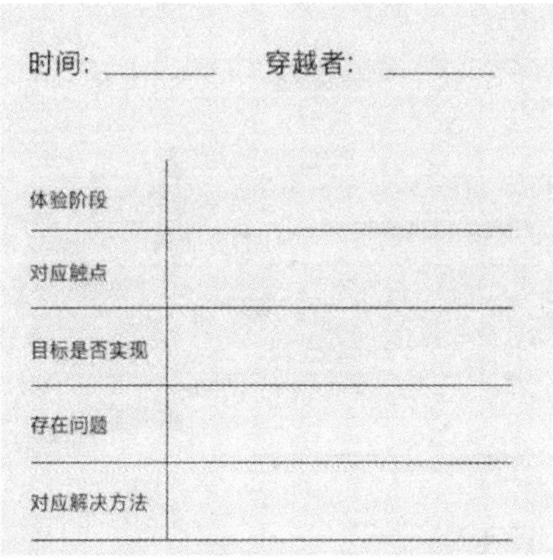

时间: 穿越者:
体验阶段
对应触点
目标是否实现
存在问题
对应解决方法

图 6-8 用户触点体验统计表

5.反馈与迭代

设计的触点整体规划需要不断接收反馈,不断迭代升级。有效的触点管理体系都是一步步升级出来的。

三、关系管理：智能客户关系管理系统

(一)智能客户关系管理系统的含义

20 世纪 80 年代到 90 年代早期,大多数公司都采用商业智能工具来赢得决策过程的竞争优势,如电子表格、报表软件以及联机分析处理软件(on-line analysis processing,OLAP)等。然而,计算机处理技术和存储能力的迅速发展,带来了信息量的幂级增长,传统的商业智能工具已经显得力不从心。集成了最新管理理念和信息技术成果的智能客户关系管理系统,通过业务流程组织上的深度改革,成为帮助企业最终实现以客户为中心的管理模式的重要手段。

智能客户关系管理(CRM)系统作为新一代客户关系管理系统,是指一种以客户个性化需求为中心的商业策略。它是将企业的销售、市场和服务等部门整合起来,利用内建智能功能,自动处理行政任务,有效地把各个渠道传来的客户信息集中在一个数据池中,如数据输入、潜在客户或服务案例分派,从而自动生成洞察、预测客户感受和行动的一种应用软件。它凝聚了市场营销等管理科学的核心理念,市场营销、销售管理、客户关怀、服务和支持等构成了智能 CRM 系统模块的基石。

智能客户关系管理的实现可从两个层面进行思考。首先是管理理念,其次是信息技术的支持。从管理层面来看,企业需要运用智能 CRM 中所体现的思想来推行管理机制、管理模式和业务流程的变革;从技术层面来看,企业需要部署智能 CRM 应用系统来实现新的管理模式和管理方法。基于智能客户关系管理系统的管理体系如图 6-9 所示。

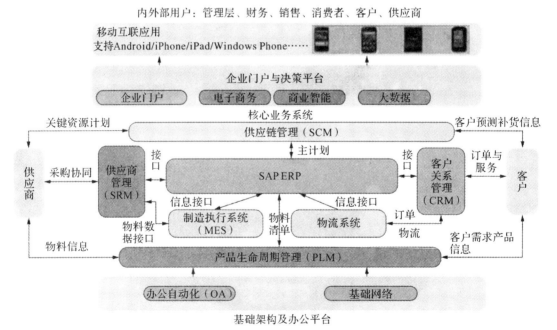

图 6-9 基于智能客户关系管理系统的管理体系

(二)客户关系管理信息系统架构

企业可以将智能 CRM 系统作为管理客户的平台,采用"一对一"和"精准营销"的模式,量化管理企业的市场、销售及服务过程,帮助企业实现市场、销售、服务等,以及面向客户环节信息的有效传递。另外,智能 CRM 还可以实现员工、业务部门、分支机构及合作伙伴的协同工作,及时了解客户、产品、订单、员工、竞争对手的情况,针对不同的客户、产品、地区,采取不同的销售策略。以这些数据为基础,建立整个企业的知识管理、价值管理及决策支持体系,企业可以更好地获取客户、服务客户以及提升客户价值。

智能 CRM 系统架构分为功能架构和业务架构两个维度。由于移动互联用户规模越来越大,企业业务数字化转型趋势越来越明显,新一代智能 CRM 系统包括功能和业务流程融合(智能客户关系管理系统架构如图 6-10 所示)。其中,业务架构的组成直接关系着 CRM 的业务流程和关键控制点,而这个问题的结果直接影响企业在实际应用中业务流程如何配置、有哪些控制点等问题,智能 CRM 强调的是系统业务的实现。

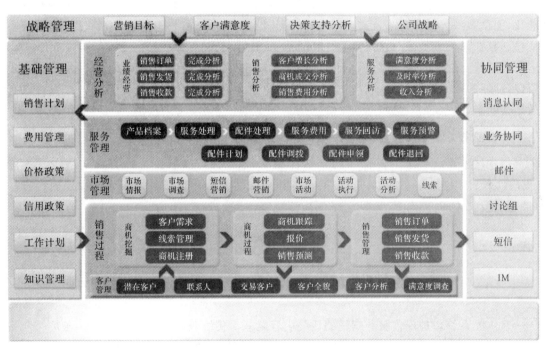

图 6-10 智能客户关系管理系统架构

智能 CRM 系统的目标是协助企业完整地认识客户的生命周期,管理与客户之间所有的交互关系,提供与客户沟通的统一平台,改进对客户的服务水平,提高员工与客户接触的效率和客户忠诚度,并为企业带来利润。一个完整的、有效的智能 CRM 系统包括业务操作管理系统、客户合作管理系统、数据分析管理系统和信息技术管理系统四个方面。

1. 业务操作管理系统(实现基本商务活动的优化和自动化)

智能 CRM 系统中的业务操作管理系统主要针对的是企业的市场营销、销售实现、客户服务与支持三个方面,所以智能 CRM 业务操作管理系统包括营销自动化、销售自动化和客户服务与支持。企业可以根据智能 CRM 系统所提供的有效数据，制定企业的业务发展策略，确定发展方向，并根据这条业务主线，对企业的各项工作进行有效的管理和合理的调整。

2. 客户合作管理系统（实现客户触点的完整管理）

智能 CRM 系统中的客户合作管理系统主要针对的是企业所有的现有客户和潜在客户。其主要管理内容包括客户管理、渠道管理、供应商管理、检索中心、机会管理、项目管理、后期维护、服务管理、来电处理九个小模块。这个智能 CRM 子系统可以全方位地对企业所有客户信息的获取、传递、共享和利用以及渠道的管理等信息进行归档管理，为每位客户提供售后维护、产品服务等优质服务，并做好记录。该子系统可以使企业多维度地把握客户需求，全面透视客户情况，更好地为客户提供服务与帮助。所以，智能 CRM 客户合作管理系统的架构功能主要表现为业务信息系统、联络中心管理和 Web 集成管理三个方面。

3. 数据分析管理系统

智能 CRM 系统中的数据分析管理系统主要针对企业录入到 CRM 系统中的相关数据进行整理和分析，并将科学分析的结果反馈给企业，有效地帮助企业提升商业决策分析的智能化，优化客户数据库、数据挖掘和知识库的建设等工作。智能 CRM 数据分析管理系统主要包括数据库、知识库、数据挖掘、智能分析等工作。

大量真实有效的数据对企业未来的发展方向、发展计划的制订起到支持和参考的作用，所以，良好的数据分析管理系统对企业来说非常重要，智能 CRM 数据分析管理系统可以有效地帮助企业完成这项工作。

4. 信息技术管理系统

信息技术管理系统主要针对的是智能 CRM 系统的技术、设备、软件，这是支持智能 CRM 系统能够正常、高效运转的保障。智能 CRM 信息技术管理系统包含的主要内容有基础软件管理、中间件和系统工具、业务系统集成、电子商务技术和标准等。

本章小结

客户关系管理是现代服务营销的核心内容之一。传统观点认为客户关系管理是一个获取、保持和增加可获利客户的方法和过程。现代服务业中数字技术的引入，重塑了企业与客户关系。客户关系管理不只是单方面获利企业，而是通过价值共创实现企业、客户价值的共享。

数字经济背景下，现代服务企业与其客户形成了新型关系，包括顾客高度参与、客户与企业价值共创、顾客在消费的同时也在参与劳动等。

新型客户关系下，企业与客户的距离拉近，隔阂消弭。现代服务企业得以精准、全面、实时地管理客户关系。现代服务企业中运用到的新型客户管理工具包括用户画像、触点管理、智能客户关系管理系统等。

本章思考

1. 消费者主权时代重视客户关系,是否意味着产品和渠道不再重要?

2. 从"玩乐劳动"视角来看,抖音用户表达的"玩乐"动机有哪些?

3. 请以中式快餐"老娘舅"为例,对其进行线上线下结合的触点分析。

第七章　现代服务质量管理

现代服务业中用户对服务的主观感受关系着服务的成败，因此，服务质量管理成为所有现代服务企业尤为重视的一环。本章将概述现代服务质量管理的内涵，分析技术发展对现代服务质量评价的影响，进而介绍现代服务企业建立服务质量管理体系的理念和举措，最后介绍评测现代服务质量的 10 种实用技术方法。

第一节　服务质量管理概述

一、服务质量的含义

质量管理大师朱兰在很早以前就提出了"质量大堤"的概念。他指出，现代社会，人们常常将安全、健康甚至日常的幸福置于质量的"堤坝"之后。产品质量重要，服务质量也同样重要。

从运营层面来说，如果顾客对服务不满意，将使组织在三个方面蒙受损失。首先，处理抱怨需要时间，而这一时间本可以用来为其他顾客提供服务。其次，不满意的顾客有可能会将不愉快的经历告知其他人，这样将会损害服务企业的声誉。再次，也许是最重要的，每出现一次顾客不满意的状况，都有可能导致顾客的流失，而服务企业就会失去从这一顾客身上获得潜在利润的机会。

从战略层面上说，质量是一个具有长远意义的战略变量。高质量的产品与服务即使高价格顾客也会接受，因为它们在市场上确实与众不同，而且，如果组织继续努力改进产品与服务，顾客就会对该组织更加忠诚，从长远来看组织也会获得更大的成功。

那么，什么是服务质量？服务质量本身是一个非常宽泛的多维概念，涉及一线服务人员的友好态度、知识水平、服务的便捷程度、服务的速度等多个方面。服务企业如果不了解服务质量究竟是什么，就不可能提高服务质量管理。

服务质量理论是从产品理论中演化而来的，因此搞清产品质量与服务质量之间的关系很重要。

(一)产品质量内涵

加文从战略角度提出了八个维度的产品质量框架。这八个维度分别是：性能、特色、可靠性、耐用性、适应性、便利性、审美性和认知度。该框架便于管理者和员工对各种质量因素进行更为精准全面的思考。

（1）性能

性能指的是产品的主要运行特征，它有一些客观的衡量标准。例如，电脑的性能主要就是指其运算速度和存储能力；而电动汽车的性能可以定义为其加速性与续航能力。如比亚迪电动车"汉"的百公里加速用时 3.9 秒，续航里程 715 千米。

（2）特色

特色可以看作一个产品的"点缀与修饰"，是用来补充或提升产品基本功能的次级特征或要素。比如电脑键盘的上网快捷键，汽车里的加热座椅、天窗和音响系统，尽管它们不是产品的基本运行特征，但对顾客却很重要，当然每一位顾客所看重的特征是不同的。

（3）可靠性

可靠性是指产品在某一具体时期内出现故障或失灵的频率。衡量可靠性的标准有平均首次故障的时间（mean time to first failure，MTFF）、平均故障间隔时间（mean time between failures，MTBF）或每单位时间的故障次数。可靠性十分重要，尤其对于那些被要求长期持续工作的产品来说更是如此，因为停工和维修所造成的损失是非常大的。例如，一辆汽车的可靠性取决于它需要维修的频率；又如方太集团的厨房设备就是高可靠性产品的榜样。

（4）耐用性

耐用性是衡量产品使用寿命的指标，它是指产品被更换之前能够持续的时间。一台能用 15 年的洗衣机肯定比一台只能用 10 年的洗衣机更具耐用性。除了时间以外，耐用性的衡量还可以是其他指标。例如，衡量一个汽车轮胎的耐用性就可以以其报废之前的行车里程计算，衡量一个电灯泡的耐用性可以看其烧毁之前照明的小时数。

（5）适应性

适应性是指一个产品的设计和运行性能达到预定标准或特殊要求的程度。例如，如果有人订购一台安装在汽车仪表板上有特定规格要求的收音机，那么该收音机的尺寸要刚好合适，既不能过大也不能过小。

（6）便利性

便利性是指产品维修等活动的便利程度。例如，当你购买一辆新车时，你肯定会考虑代理商的售后服务是否便利。从产品设计的角度来看，便利性则意味着当产品需要维修时，能否便捷接近产品的工作部分。另外，便利性还涉及服务者的速度、礼貌及能力。

（7）审美性

审美性是主观性因素，因人而异，指的是产品在感官上的吸引力，例如人们对某一产品的视觉、触觉、嗅觉及听觉感受如何。一件毛衣的颜色、编织图样、设计款式可能令某位顾客非常着迷，但另一位顾客可能对其毫无兴趣。古龙香水让一位顾客心醉神迷，但也许让另一位顾客心烦意乱。顾客对产品审美性的不同感受为一些小公司提供了机会，就像快速发展的小型酿造厂一样，小公司能针对某一特殊顾客群体的不同感官偏好生产不同的产品。

（8）认知度

认知度是指产品的品牌形象，主要与生产该产品的公司的声誉有关（通常将认知度称为品牌资产）。有些顾客会购买某些特定品牌的产品，因为他们认为这些产品比其他的同类产品要好。例如，一位购车者可能会认为"如果是奔驰，肯定是好车"，一位购买电脑的顾客也许会认为"如果买联想，遇到的问题可能会比不知名的品牌少"。

(二)服务质量内涵

如第一章所述,服务具有无形性以及生产和消费的同时性等特征,这些特点使服务质量的定义和管理更加困难。服务生产消费的同时性,使得服务消费者很关注服务的生产设备、物资等方面。此外,服务质量更偏向主观感受。

1982年,格罗鲁斯提出了顾客感知服务质量的概念。认为顾客感知服务质量是顾客对服务期望(expectation)与实际服务绩效(perceived performance)之间的比较。实际服务绩效大于服务期望,则顾客感知的服务质量是良好的,反之亦然。格罗鲁斯的观点基本上是建立在消费者研究理论基础之上。格罗鲁斯提出的感知服务质量理论框架及在此基础上提出的服务质量差异结构和评价方法至今仍是服务质量管理研究最为重要的理论基础。

1. RATER

基于格罗鲁斯的概念框架,服务营销的研究者研究了包括机械修理、零售、银行、电信服务、物流、会展、电子商务等众多服务行业的顾客对其服务质量的看法,得出了五个顾客服务质量感知的基本维度,按照其重要性由高到低,分别是:可靠性、保证性、有形性、移情性和响应性。取这五个因素的英文首字母,合起来就是 RATER。

(1)可靠性(reliability)

服务可靠性与产品可靠性的含义有所不同。在服务中,可靠性是指可信而又能准确完成所承诺服务的能力。例如,你的衬衣是否每次都能保质保量地按时送回？每月的银行账户清单会准时送到吗？内容准确吗？

(2)保证性(assurance)

保证性是指员工的知识、修养以及他们交付信任与自信的能力。例如,你的会计师所提的问题或所给出的答案能否让你相信他确实熟悉最新的税法与减税方法？或者说,当你提一些问题时,他是对答如流呢还是犹豫不决？

(3)有形性(tangibles)

有形性是指服务的物质方面,包括物资设备、设施、员工以及沟通材料的外在形象。因为服务是无形的,顾客经常会借助一些有形的东西来评判服务的质量。例如,这家餐馆是否干净？它的环境是否与其价位相匹配？菜单清楚吗？员工们衣着整洁吗？服务员是身着礼服还是穿着围裙？还有一些有形物通常用来展示已经完成的服务。例如,贴在出租车后视镜上的检查标签暗示这辆车已经过检查;放在宾馆房间枕头的巧克力表明服务员已经整理过床铺。

(4)移情性(empathy)

移情性是指服务人员在向顾客提供服务时,把每一位顾客当作独特、重要的个人来看待,给予个性化的服务,让他们感到被尊重。例如,当你到理发店理发时,你是否觉得他们把你视为一位很重要的顾客？或者说你觉得发型师是否真的很在意你究竟想要什么,对此发型你有何感受呢？

(5)响应性(responsiveness)

响应性是指服务人员在帮助顾客和提供快速服务时的积极性与主动性。例如,顾客服务热线能否就你有关于物流服务的问题迅速给予答复？当你询问有关问题时,客户服务代表能提供有效帮助吗？

2. 其他因素

影响顾客服务预期形成的因素还包括以下方面。

(1)服务承诺

服务承诺亦称服务保证,是一种以顾客为尊、以顾客满意为导向,在服务产品销售前对顾客许诺若干服务项目以引起顾客的好感和兴趣。服务承诺是指在服务之前提出了服务企业自己的服务标准,是顾客服务预期的基础。

(2)口碑形象

企业形象与服务质量存在相互影响的关系。企业形象对服务质量的影响是通过顾客期望这个心理因素起作用的。因为高形象会为顾客带来高期望,同时也会带来高容忍,这两者是对立而又统一的。麦当劳的服务形象很好,因此我们对它的期望很高,顾客希望在麦当劳能够享受到与众不同的服务,这事实上是对企业提出了更高的要求,也促使企业不断加强对服务质量的管理和创新。

(3)顾客需求

顾客需求则是企业的不可控因素。顾客需求的千变万化及消费习惯、消费偏好的不同,决定了这一因素对预期服务质量的巨大影响。

(4)经验比较

经验比较是指消费者会将自己所体验到的服务与他在竞争者那里体验到的服务相比较,会拿今天感受到的服务与以前享受到的服务进行比较,如果你的服务比他以前或在竞争对手那里享受到的服务差,那他会认定你的服务不好,并且顾客总是希望服务比他想象得更好。

(5)环境因素

环境因素也是影响顾客期望的重要因素,不同国家、不同民族、不同地区、不同文化和不同时间条件下的顾客期望往往也会有所不同,因此,在一致的服务理念下,这种服务的应变能力和分权管理就显得特别重要。

综上,我们认为服务质量是对服务主观感知的结论,感知视角的服务质量如图 7-1 所示。

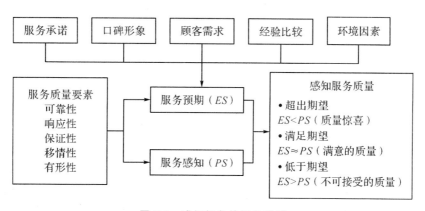

图 7-1　感知视角的服务质量

资料来源:科特勒,阿姆斯特朗.市场营销原理:第 10 版[M].北京:清华大学出版社,2005:281.

以上是关于产品质量和服务质量的内涵介绍。我们应该理解，服务与产品的质量评价存在差异源于它们的属性特征差异。无论是产品质量还是服务质量，其"质量"都是一个包含多种因素的综合概念，当谈论质量时，我们需要明确讨论质量的内涵是指哪个或哪些方面。

二、服务质量差距模型

感知的服务质量与期望的服务质量的差距是怎样形成的？美国服务管理研究组合 PZB〔派拉索拉曼（Parasuraman）、泽丝曼尔（Zeithaml）、伯里（Berry）〕基于 1982 年格罗鲁斯顾客感知服务质量理论进行了更为深入的研究。他们于 1985 年提出了差距模型，解释顾客感知的服务质量与其期望的服务质量之间差距的形成机制。这个概念模型可以为服务组织从整体上优化服务质量提供框架（见图 7-2）。

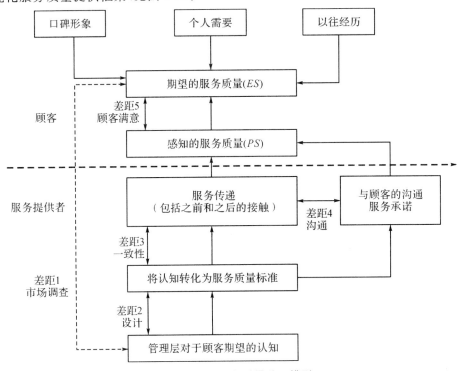

图 7-2　PZB 服务质量差距模型

资料来源：Valarie A，Zeithaml V，Berry L A. Communication and control processes in the delivery of service quality[J].
　　　　　Journal of Marketing，1988；52(2)：35-48.

首先，模型说明了服务质量是如何形成的。模型的上半部分涉及与顾客有关的现象。期望的服务质量是顾客的以往经历、个人需求以及口碑形象的函数。另外，服务质量也受到企业营销沟通活动的影响。

其次，模型说明了实际经历的服务。模型中部称为感知的服务质量，它是一系列内部决策和内部活动的结果。在服务传递过程中，受管理层对顾客期望的认知和对确定组织所遵循的服务质量标准的影响。

再次，模型表明了质量差距是由质量管理前后不一致造成的。模型同时指明设计和分析服务质量时必须考虑哪些步骤，进而找出差距根源。服务从概念形成到实际传递，可能存在五种差异，也就是所谓的质量差距。

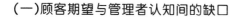

(一)顾客期望与管理者认知间的缺口

管理者对于顾客的真正需求了解不够,发展出来的服务产品就无法满足顾客的期望,因而产生服务质量缺口。影响管理者对顾客期望了解的三个主要因素为市场信息收集程度、上下沟通畅通程度、管理层级数。市场信息收集程度愈高,顾客期望与管理者认知间的缺口愈小;上下沟通愈畅通,顾客期望与管理者认知间的缺口愈小;管理层级愈多,顾客期望与管理者认知间的缺口愈大;缩短方式为:改进市场调查研究、管理者与员工间培养较佳的沟通模式以及组织扁平化。

(二)管理者认知与服务质量规格间的缺口

内部资源或管理者观念的限制,使企业没有能力制定满足顾客期望的服务质量,并将其转为可行的规格,因而产生管理者认知与服务质量规格间的缺口。这个缺口的形成可能出于以下原因:企业有意降低对服务质量的承诺、没有明确设定服务质量的作业目标、作业标准化程度以及顾客期望的可行性不足。

(三)服务质量规格与服务传递间的缺口

当实际的服务传递无法达到管理者所设定的质量规格时,就会产生服务质量规格与服务传递间的缺口,这一缺口主要体现在职员的行为与质量标准之间不符。导致此缺口产生的主要原因为:

(1)服务角色冲突程度及服务角色模糊程度。

(2)团队合作精神。

(3)服务人员胜任程度。

(4)技术与设备运用程度。

(5)对服务过程的控制程度。

(6)绩效衡量指标与服务质量相关程度等。

服务传递过程中顾客的感知质量和服务提供者的感知质量同时发生作用,是一个持续的反馈过程。这里需要强调的是,提供给企业中职员的服务质量感知直接影响着提供给顾客的服务的质量层次和方式。

(四)服务传递与外部沟通间的缺口

实际运作时,企业营销中承诺的质量与实际提供的质量也可能产生偏差,这就是服务传递与外部沟通间的缺口。产生这一缺口的原因可能是:

(1)营销沟通计划与服务生产没有统一。

(2)传统的市场营销和服务生产之间缺乏协作。

(3)营销沟通活动提出一些标准,但组织却不能按照这些标准完成工作。

(4)故意夸大其词,承诺太多。

由于顾客对服务的期望会受到媒体广告及公司其他沟通渠道的影响,所以企业内部的"水平沟通畅通程度"及企业在对外宣传上是否有"过分夸张的习性",都会引起服务传递与外部沟通间的缺口。例如,广告中夸大的承诺或是接洽的员工缺乏相关的信息等,这一缺口提醒企业的广告宣传要真实可行,不要进行不切实际地夸大宣传。

（五）消费者服务期望与服务感知间的缺口

当顾客消费过程结束后，将会有一个期望质量与实际感受质量的比较，形成消费者服务期望与服务感知间的缺口，这将最终决定顾客全面感知服务质量。这一缺口出现的原因可能是：

（1）顾客实际体验到的服务质量低于其预期的服务质量，或者存在服务质量问题。

（2）服务提供者口碑较差。

（3）服务提供者或其所处的环境形象较差。

（4）服务失败。

如果感知服务质量差距过大，将会对企业及其提供的服务产生消极影响，使企业丧失很多顾客甚至是忠诚顾客。消费者服务期望与服务感知间的缺口是以上四种缺口积累和综合的结果。要想弥补这些缺口，应该从以上四个方面同时入手，不断把现实状况同目标质量相比较，不断提高和完善服务质量。

知识拓展：服务质量与服务满意度的区别

服务质量与顾客的态度紧密相关，它反映的是随着时间的累积，顾客对服务质量的一种认知，而满意则是某一次特定交易的结果。服务绩效与恰当或理想的服务质量比较的结果是形成良好的顾客感知服务质量，它决定着顾客的满意度。

三、技术发展对服务质量评价的影响

技术的发展使组织收集顾客数据变得非常容易。丽嘉酒店因为拥有一个遍及世界的数据库而实现了定制化的顾客服务。有着 85 年历史的实得购物超市（Stop & Shop）在美国新英格兰、纽约及新泽西等地拥有 275 家分店。它们提供一种能够追踪顾客购买情况并根据顾客的不同购买偏好提供定制化优惠券的扫描卡，如果顾客拥有扫描卡，在该连锁店购物时就能获得一定的折扣，这样就会激励顾客使用扫描卡，另外，顾客通过使用这种扫描卡还能从收据上看到他们有多少积分。目前，许多公司还通过他们网站中各种网页的点击率来收集顾客资料，并通过他们点击网页的转换数据掌握其需求情况。

技术的发展使公司能够发掘大量顾客反馈的价值。许多公司拥有大量客户反馈信息，却不懂得如何将这些资料转化为有助于制定决策的信息。借助信息化管理工具，可以方便地分析客户反馈数据，从中发掘出有价值的数据并将其转化为有助于制定决策的信息。

技术的发展使服务质量管理更具有时效性，如客户服务智能管理系统能够通过语义分析等方式，随时对人工坐席的服务进行监测。如果发现客服工作状态和情绪有问题，能够及时提醒或者重新进行人员调配，从而有效改善客户服务质量，为管理者解决了实时监管的难题。

毫无疑问，技术能够帮助企业理解顾客如何看待质量，以及看重的是质量的哪些方面。成功的服务企业会知道怎样与客户进行信息沟通，以使它们的服务质量能真正成为一种战略优势。

第二节　现代服务质量管理体系

一、质量成本概念

在顾客可以"用脚投票"的年代,不近人情的服务、有缺陷的产品和不守信用的行为都会付出代价。现实中一个非常明显的例子是,责任关系和保险偿付在所有服务中都十分重要,质量差会导致破产。宣布回收汽车以改进缺陷同样也是常见的话题。

产品可以被召回,但是,一个没有得到良好服务的顾客会有什么反应呢?诉诸法律?医疗事故的投诉案件因巨额偿付而使医院高度重视医疗服务质量,也促进了医生对患者的责任感。为避免疏忽大意而带来的后果,一位有责任的医生在检查上要花费更多的时间,寻求更多的训练或避免做他们不胜任的工作。虽然,这又导致了医生们不断呼吁进行额外的检查导致服务治疗费用的不断增加,加重了医院检验部门的负担,而事实上也并没有带来医疗服务质量的提高。可见,服务质量要系统地对其进行考查。

为了使高层管理者树立全面的质量成本观,朱兰提出了服务质量成本系统的概念。他识别出四类成本:内部失败成本(服务前发现的缺陷)、外部失败成本(服务后发现的缺陷)、检查成本(检查购买的原料和在服务过程中的检查)、预防成本(在第一地点阻止服务失败发生)。

在表 7-1 中,我们将朱兰的服务质量成本系统用于银行服务中。预防成本、检查成本、内部失败成本、外部失败成本分别见最右列。

表 7-1　服务质量成本系统

成本项	定义	以银行为例
预防成本	以避免失败发生或与检查成本最低化有关的活动	质量计划 招聘和选择 培训项目 质量改进计划
检查成本	检查服务状况,确定是否符合质量标准所发生的费用	定期检查 过程控制 检查、平衡、证实 搜集质量数据
内部失败成本	在交付前改正不符合标准的工作所发生的费用	废弃的表格和报告 返工 机器停机时间
外部失败成本	在交付后改正不符合标准的工作所发生的费用或为满足顾客特殊需要而发生的费用	利息惩罚的赔付 调查时间 法律的评判 反面的口碑 未来业务损失

资料来源:格里纳.质量策划与分析:第 4 版[M].柯桢,译.北京:中国人民大学出版社,2005:41.

朱兰发现，在大多数企业中，内部及外部失败成本占总质量成本的50％～80％。因此，为使总质量成本最少，他倡导应更多地关注预防。在预防上投入1美元，可以减少100美元的检查成本和10000美元的失败成本。

但这并不是说，管理者要尽可能将最大的投资投入在质量预防上，因为，防范与评估的成本以及质量问题的纠错成本都会随着服务失败率的变化而发生变化（见图7-3）。纠错成本随着失败率的提升而提高。而为了降低服务的失败率，就要增加防范与评估成本，两者是此消彼长的变化关系，因此，总成本会在某点上达到最优。

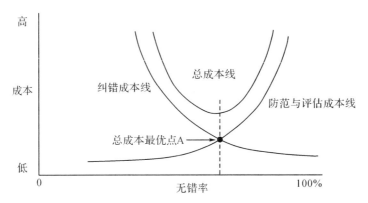

图 7-3 总质量成本示意

资料来源：朱兰.朱兰论质量策划：产品与服务质量策划的新步骤[M].杨文士，等译.北京：清华大学出版社，1999.

图表7-3中，A点是总质量成本的最优点。在这一点上，质量防范和评估成本、纠错成本的总和最低。总质量成本的概念告诉我们，对保证服务质量的资金投入要进行总体权衡，有所侧重，实现资金使用效率的最大化。如果服务失败的概率很低，就不值得专门投资以进行额外培训或改变流程，但如果经常出现这样的错误，顾客怨声载道，那么此时在防范方面进行投资就会很有成效。企业要建立质量总成本理念，通过质量管理达到最佳质量成本。

二、服务质量管理体系构建

质量管理体系是指运用科学的管理方法和手段，通过一定的制度、规章、方法、程序、机构等，把服务的质量防范、评价、改进等活动加以系统化、标准化、制度化。建立服务质量管理体系的目的，就是控制质量总成本，防范重大危机。

(一)服务运作优化

在服务质量管理体系中，核心的内容是保证服务活动的标准化、规范化和程序化。

1. 服务质量标准化

为保证和提高服务质量，服务企业要制定各部门、各岗位、各类人员的服务工作质量规范标准。服务质量的标准应包含设施设备、实物商品、劳务质量和管理等方面，制定时要以顾客的需求为中心，要简单明确、具有可操作性，要做到定性和定量相结合，各项标准既要配套，又要自成体系。

2.服务方式规范化

服务方式是指服务采用什么形式和方法为顾客提供服务,其核心是如何方便顾客,使顾客感到舒适、安全、方便。

3.服务过程程序化

服务过程的程序化就是按照各项服务的内在逻辑关系,把每一项服务的每一个步骤相互衔接,每一个步骤的具体细节及要求详细地规定出来,并依此对服务人员进行训练,形成相应的服务模式。每一项服务工作,无论是直接服务还是间接服务,如果都按规定的程序进行,服务各环节之间有效协作,能使服务形成一个有序的整体流程。

(二)组织优化

1.建立严格的质量责任制

明确服务企业相关部门及人员的职责、任务和权限,实行垂直领导、统一管理、分工协作。责权分工和质量责任制可以使所有的管理者和员工各司其职,有效地避免推卸责任,并使服务质量管理的每一项规定和措施都能得到不折不扣地执行。所以在服务质量管理过程中,应明确规定总经理、质管部、各业务部门和职能部门、各班组及岗位员工的应尽责任和权限,做到责权统一。

2.设置专职质量管理机构

有效的管理机构是提高服务质量的组织保证。服务企业应建立以高层管理者为首的服务质量管理机构和网络,全面负责服务质量管理工作,即各级管理者在高层管理者的直接领导下,根据本部门工作的实际情况,组建以各级管理者为首的服务质量管理小组,全面控制本部门或班组的服务质量,形成遍布组织内部的服务质量管理网络。管理网络的形成可以使管理者及时发现问题并予以解决,把服务差错降到最低。

3.制定明确的服务质量管理规程

在服务质量管理过程中,通常是通过对服务标准和规程的制定和实施,以及各种管理原则和方法的运用,达到服务质量标准化、服务形式规范化、服务过程程序化,最终以优质服务赢得客人。服务规程是进行质量管理的依据和基础,是企业根据各自的等级而制定出的适合本企业实际情况的管理制度和作业标准。在此基础上进一步明确企业服务质量管理制度。服务质量管理制度的内容主要有服务质量标准及其实施工作程序、服务质量检查制度、信息管理制度、投诉处理程序以及服务质量考核(奖惩)制度等。服务质量管理制度应详尽具体,但不宜过多,而且应避免重复交叉或自相矛盾而使员工无所适从。服务质量管理制度是贯彻执行服务规程,满足顾客需要的前提和保证。

4.建立高效、灵敏的质量信息反馈系统

为质量管理活动提供确凿的信息依据,确保质量保证体系的正常运作,使用质量信息的部门或人员应将质量信息的使用结果反馈给质管部,质管部应将此结果作为新的质量信息加以整理分析,并重新传递至有关部门人员。

（三）工具优化

服务的生产与消费同时进行，使得按照 SERVQUAL 模型等传统方法进行服务质量评价进而改进的过程显得有些长。因此，要更全面控制现代服务的质量，应努力建立高效、灵敏的质量信息反馈系统。借助制造业生产过程中的监控体系思路，基于现代信息工具，监控服务传递过程，实时反馈服务运营状态并非不可能。

在服务质量信息反馈系统中，将输出结果与标准相比，再把偏差反馈给输入，随后进行调整，使输出保持在一个可接受的范围内。

图 7-4 显示了运用于服务过程控制的基本控制循环。服务概念为设定目标和确定系统表现的测量方法建立了基础。为与标准保持一致，需要检测服务输出过程。与标准不一致时，需要研究分析服务失范的原因和确定采取的纠偏行动。然而，为服务系统计划一个有效的控制循环是很困难的，难点在于服务的无形性使得服务绩效直接测量非常困难。不过，可采用测量服务质量的替代方法。例如，采用顾客等候时间或顾客及时评价质量结果来替代。

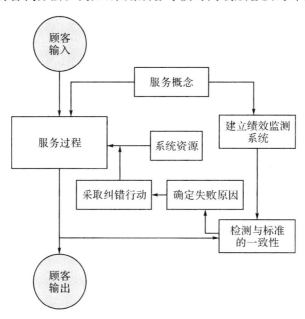

图 7-4 服务过程基本控制循环示意

第三节 现代服务质量评测

服务质量评测是提升服务质量的起点。通过评测，我们可以比较、校准和改进服务质量。以下是评测现代服务质量的 10 种实用技术方法。

一、SERVQUAL 模型

(一)模型概述

服务质量评测最经典的工具是 SERVQUAL 模型。SERVQUAL 模型是 service quality 的缩写。PZB 组合基于他们提出的服务质量差距模型,开发了通过客户感知服务质量与期望服务质量差距测量来评测服务质量的方法。为了能够更好地将服务质量评测量化,PZB 组合的三位学者提出了运用客户打分的方式来计算服务质量的好坏程度,打分指标系统涵盖以下 10 个维度。

(1)可靠性;

(2)响应性;

(3)能力;

(4)可接近性;

(5)礼貌;

(6)沟通;

(7)可信度;

(8)安全性;

(9)理解性;

(10)有形性。

在此之后,PZB 组合对 SERVQUAL 模型进行了进一步的优化,初始模型中涵盖的维度有诸多交叉部分且合理性不足,PZB 组合对维度指标进行了整合,最终形成了五个维度标准,每个维度都包括多个指标,共计 22 个指标(见表 7-2)。五大维度即为可靠性、保证性、有形性、移情性和响应性(见本章第一节)。

(二)SERVQUAL 模型初始量表

SERVQUAL 模型的五大维度 22 个二级指标如表 7-2 所示。

表 7-2　SERVQUAL 初始量表

维度	组成项目
可靠性	1.组织对顾客所承诺的事情都能及时地完成
	2.顾客遇到困难时,能表现出关心并提供帮助
	3.组织是可靠的
	4.能准时地提供所承诺的服务
	5.正确记录相关的服务
保证性	6.员工是值得信赖的
	7.在从事交易时顾客会感到放心
	8.员工是有礼貌的
	9.员工可以从组织中得到适当的支持,以提供更好的服务

续表

维度	组成项目
有形性	10. 有现代化的服务设施
	11. 服务设施具有吸引力
	12. 员工有整洁的服装和外表
	13. 组织的设施与其所提供的服务相匹配
移情性	14. 公司不会针对不同的顾客提供个别的服务
	15. 员工不会给予顾客个别的关怀
	16. 不能期望员工会了解顾客的需求
	17. 组织没有优先考虑顾客的利益
	18. 公司提供的服务时间不能符合所有顾客的需求
响应性	19. 不能指望员工告诉顾客提供服务的准确时间
	20. 期望员工提供及时的服务是不现实的
	21. 员工并不总是愿意帮助顾客
	22. 员工因为太忙以至于无法立即提供服务，满足顾客的需求

SERVQUAL 模型在进行问卷调查时要对每一位被调查者测量两次。第一次测量顾客在接受服务之前所期望自己将获得的服务质量，即期望质量（E）；第二次测量顾客接受服务后实际感受到的质量（P）。最后计算两者的差值，作为判断服务质量的水平（SQ）。服务质量（SQ）＝感知服务（P）—期望服务（E）。

当 $SQ>0$ 时，意味着感知服务大于期望服务，服务质量超过了客户的预期；当 $SQ=0$ 时，客户达到了自己的服务预期，得到了满足；而当 $SQ<0$ 时，则没有满足客户的期望，服务质量较低。SQ 的得分越高，服务质量越好。

量表打分可采用采用 Likert5（或 7）级评分标准，最好到最差之间划分出 5（或 7）等级进行分级处理。受访者根据对服务质量各指标的实际感知和预期程度分别进行评分。5（或 7）分表示对此项问题即所针对的指标的实际感知很好，或者期望非常高，1 分表示患者对此项问题即所针对的指标的实际感知很差，或者期望非常低。

单个指标的服务质量 SQ 值计算公式如式 7.1 所示，SERVQUAL 模型共有 22 个指标，i 为第 i 个指标。若每个指标为平均权重，则整体的服务质量 SQ 值的公式如式 7.2 所示。

$$SQ_i = P_i - E_i, i = 1, 2, 3, \cdots, 22 \tag{7.1}$$

$$SQ = \frac{1}{22} \sum_{i=1}^{22} (P_i - E_i) \tag{7.2}$$

通常情况下，不同的组织和不同的顾客群体都各具特点，利用平均权重的假设所计算出的结果往往无法反映真实的情况，需要对指标分别进行权重处理，如式 7.3、式 7.4 所示。

在维度 j 中：

$$SQ_j = \sum_{i=1}^{n} W_i (P_i + E_i) \tag{7.3}$$

其中，i 为维度 j 中的第 i 个指标；W_i 为指标 i 在维度 j 中的权重。

整体的服务质量:

$$SQ = \sum_{j=1}^{n} W_j SQ_j \qquad (7.4)$$

其中,共有 n 个维度;W_j 为维度 j 在服务质量 SQ 中的权重。

SERVQUAL 模型的五大维度在对不同行业服务质量进行评价时可以适当地增加或减少指标。比如周云霞等在一项社区慢性病卫生服务质量评价研究中,在结合我国医疗行业特点的基础上,认为医疗安全和医疗价格是患者非常关注的要素,他们提出的研究模型包括可靠性、保证性、有形性、移情性、响应性和经济性共六个维度 26 个二级指标(见表 7-3)。[①]

表 7-3　城市社区慢性病卫生服务质量评价初始量表

维度	组成项目	
A 可靠性	A1 活动宣传	1. 社区会组织卫生服务相关活动并及时告知患者
	A2 困难帮助	2. 患者遇到就医困难时,医护能主动关心并提供帮助
	A3 报告交付	3. 社区及时交付检查报告
	A4 应急能力	4. 遇到突发情况时,医护能迅速地处理
	A5 技术操作	5. 医护人员在进行操作时,熟练且符合技术规范
B 保证性	B1 医德医风	6. 医护人员的医德医风是值得信赖的
	B2 信任放心	7. 医护人员进行检查和治疗时,患者是放心的
	B3 态度亲切	8. 医护人员态度亲切,服务有礼貌
	B4 知识获取	9. 患者可以从社区医护人员处获得相关的医学知识
C 有形性	C1 设施设备	10. 社区有先进的设施和设备
	C2 就医环境	11. 社区环境舒适、整洁
	C3 仪容仪表	12. 社区医护人员仪表整洁、规范
	C4 就诊路程	13. 社区就诊流程清晰,就医标识清楚
D 移情性	D1 个性关怀	14. 医护人员给予不同情况的患者个性化关怀
	D2 熟悉病情	15. 医护人员熟悉患者的病情、病史
	D3 考虑利益	16. 社区优先考虑患者的利益
	D4 服务时间	17. 社区服务时间满足患者的需求
	D5 患者隐私	18. 社区能够很好地保护患者的隐私
E 响应性	E1 等候时间	19. 患者等候就诊、治疗或检查的时间合理
	E2 及时服务	20. 医护人员及时提供患者就诊时所需要的服务
	E3 投诉处理	21. 社区工作人员重视和快速处理患者的意见或投诉
	E4 定期随访	22. 社区医护人员会按照约定的时间提供定期上门随访服务

[①]　周云霞. 基于 SERVQUAL 模型的城市社区慢性病卫生服务质量评价研究[D]. 镇江:江苏大学,2020:26-27.

续表

维度		组成项目
F 经济性	F1 挂号费用	23.挂号费用合理,患者能够接受
	F2 药品费用	24.药品费用合理,患者能够接受
	F3 检查费用	25.检查费用合理,患者能够接受
	F4 医保报销	26.医保报销比例符合患者需求

(三)SERVQUAL 模型的变形 SERVPERF 模型

SERVQUAL 模型在诸多行业中应用广泛,极大地帮助了学者和企业对服务质量进行评价。在 SERVQUAL 模型的基础上有学者提出了 SERVPERF 模型。克罗宁和泰勒两位学者认为用户的感知评分受到诸多因素干扰,用户往往会在打分时根据最高和最低评分区间进行评估赋值,对服务质量进行差距对比,所以提出了 SERVPERF 模型。SERVPERF 模型剔除了 SERVQUAL 模型的预期评估。而对于模型的指标体系依旧沿用 SERVQUAL 模型原有的五大维度 22 个指标。学者将 SERVPERF 模型应用于服务质量评估时,指标体系、问卷设计都与 SERVQUAL 模型一致,最大的区别在于各指标的权重均相同,摒弃了加权处理,从而方便进行数据处理。这两种模型都是服务质量评价的成熟模型,在服务质量管理领域都有广泛的应用。

二、KANO 模型

KANO 模型是由日本著名质量管理专家狩野纪昭提出的,他根据双因素理论,采用二维模式对质量进行了研究。传统的质量认知通常是单维度的,即当质量特性满足时,客户就会满意;当质量特性不满足时,客户就会不满意。例如,在炎热的夏天,公交车有空调服务时,乘客就会表示满意;而当没有空调服务时,乘客就会表示不满意。但是,对于公交车上的无线网络服务,当其提供这种服务时,顾客会表示非常满意;当其不提供这种服务时,顾客则表示也可以接受。因此,KANO 模型指出,单维度的质量感知方法并不能充分揭示顾客的偏好和行为,需要采用双维度的感知方法对质量进行分析。KANO 模型如图 7-5 所示。

KANO 模型根据不同类型的质量特性与顾客满意度之间的关系,将服务的质量特性分为魅力质量因素、基本质量因素、期望质量因素、无差异质量因素和反向质量因素。

(1)魅力质量因素(attractive quality)

魅力质量因素被描述为惊奇或惊喜的特性,当特性满足时,能够大大提高顾客的满意度,不满足也不会引起不满。

(2)基本质量因素(must-be quality)

基本质量因素是指顾客对企业所提供的服务的基本要求。当这些质量特性被满足时,服务才算合格,不满足时会引起顾客的强烈不满。

(3)期望质量因素(one-dimensional quality)

期望质量因素也称为线性质量因素,一元质量(顾客期望的质量或满意质量)特性满足时会导致顾客满意,不满足时则会引起顾客不满,它们是被企业宣传或用于企业间竞争的质

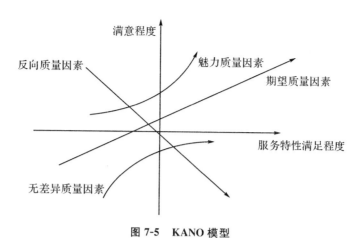

图 7-5　KANO 模型

资料来源：Kano N K, Seraku F T and Tsuji S. Attractive quality and must-be quality[J]. The Journal of the Japanese Society for Quality Control，1984，14(2)，39-48.

量特性。

（4）无差异质量因素（indifferent quality）

无差异质量因素是顾客不关注的质量因素，无论提供与否都不会影响顾客的满意度。

（5）反向质量因素（reverse quality）

反向质量因素是指提供该质量因素时反而会引起顾客不满，不提供时顾客却感到满意。这是由于不同顾客对服务需求的不同导致的。例如，汽车行业中自动泊车、车道偏离预警等高科技技术的应用，给许多司机朋友带来了便利，但同时也给许多不熟悉高科技产品应用的顾客带来了负担。

KANO 模型为产品和服务管理提供了一个有用的框架。通过对 KANO 模型的应用，企业能更好地了解顾客评价产品或服务的视角、顾客的各种需求以及市场竞争状况等。

实践案例：电商网站运用 KANO 评价服务质量

电子商务服务质量评价与传统零售业的服务质量评价在评价具体内容上存在巨大差别。评价电子商务服务质量可从消费者电商购物的具体服务需求出发。朱茂丰运用 KANO 方法研究了消费者对电商网站提供的服务功能需求。通过对文献的整理以及对电商网站服务功能的实际了解和分析，归纳总结出 9 类共 39 项影响服务质量的关键功能（见表 7-4）。

表 7-4　电商网站功能需求

维度	需求问题
注册和登录	1.1 通过手机号注册账户
	1.2 通过电子邮件注册账户
	1.3 通过社交媒体账户登录

续表

维度	需求问题
首页浏览	2.1 商品目录
	2.2 另外平台入口
	2.3 推荐可能感兴趣
	2.4 推荐促销活动
商品搜索	3.1 利用搜索框搜索商品
	3.2 利用图片搜索商品
	3.3 利用扫一扫搜索商品
	3.4 按分类搜索商品
商品订购	4.1 查看商品总览
	4.2 选择商品规格
	4.3 加入购物车
	4.4 立即购买
订单管理	5.1 选择送货方式
	5.2 管理收货地址
	5.3 查看物流信息
	5.4 查看我的订单
	5.5 取消订单
商品付款	6.1 电子支付
	6.2 信用卡
	6.3 好友帮付
	6.4 货到付款
	6.5 分期付款
售后服务	7.1 退换货
	7.2 购买运输险
	7.3 联系卖家
	7.4 联系物流公司
	7.5 联系平台客服
互动与交流	8.1 关注感兴趣的消息
	8.2 分享商品给朋友
	8.3 点赞喜欢的消息
	8.4 查看消息提醒
	8.5 添加通讯录
	8.6 跟朋友聊天

续表

维度	需求问题
其他功能	8.7 设置账户
	8.8 查看店铺全部的商品
	8.9 玩游戏

　　朱茂丰基于 435 份有效问卷,对功能需求进行了定性分类。定性分类的方法如下。

　　首先,收集电商网站主要功能需求,对每个功能需求设置正向和反向两个问题。将用户对每一个问题的感觉划分成"不喜欢""可以忍受""无所谓""理所当然""喜欢"5 个情感等级,对应评分分别为 1、2、3、4、5。具体如表 7-5 所示。

表 7-5　电商网站功能 KANO 问卷题项形式

网站功能	问题	不喜欢	可以忍受	无所谓	理所当然	喜欢
通过手机号注册账户	网站提供该功能	1	2	3	4	5
	如果没有该功能	1	2	3	4	5

　　接着,根据 KANO 评价表(如表 7-6 所示)对问卷结果进行汇总,其中,"M"表示必备功能,"O"表示期望功能,"A"表示魅力功能,"I"表示无差异功能,"R"表示反向功能,"Q"代表消费者作出了自相矛盾的回答。

表 7-6　KANO 评价表

需求属性		反向问题				
		喜欢	理所当然	无所谓	可以忍受	不喜欢
正向问题	喜欢	Q	A	A	A	O
	理所当然	R	I	I	I	M
	无所谓	R	I	I	I	M
	可以忍受	R	I	I	I	M
	不喜欢	R	R	R	R	Q

　　将汇总结果中的最大值作为质量特性归属依据,即某种质量特性对哪种 KANO 类别的归属数量最多,就将该服务功能归属于该项类别,这样,可识别出所有服务功能应该归属的 KANO 类别,得到电商网站服务功能归类表,如表 7-7 所示。

　　最后得到 39 种消费者视角的电商服务功能需求指标类型分类,其中有 11 种是必备功能,包括通过手机号注册账户、商品目录、利用搜索框搜索商品、查看商品总览、选择商品规格、查看物流信息、取消订单、电子支付、退换货、查看消息提醒、设置账户;有 9 种属于期望功能,包括通过电子邮件注册账户、利用扫一扫搜索商品、按分类搜索商品、加入购物车、管理收货地址、查看我的订单、联系卖家、联系平台客服、查看店铺全部的商品;有 9 种属于魅力功能,包括推荐可能感兴趣、推荐促销活动、利用图片搜索商品、选择送

货方式、好友帮付、货到付款、分期付款、联系物流公司、添加通讯录；有10种属于无差异
服务功能，包括通过社交媒体账户登录、另外平台入口、立即购买、信用卡、购买运费险、
关注感兴趣的消息、分享商品给朋友、点赞喜欢的消息、跟朋友聊天、玩游戏；没有指标属
于逆向功能。具体见表7-7。

表7-7　电商网站功能分类结果

需求指标	对应属性的调查结果				
	必备功能 M	期望功能 O	魅力功能 A	无差异功能 I	最终功能
通过手机号注册账户	141	130	101	63	M
通过电子邮件注册账户	91	161	108	75	O
通过社交媒体账户登录	81	75	121	158	I
商品目录	169	98	80	88	M
另外平台入口	75	101	79	180	I
推荐可能感兴趣	30	81	169	155	A
推荐促销活动	114	97	155	69	A
利用搜索框搜索商品	201	55	43	136	M
利用图片搜索商品	68	99	151	117	A
利用扫一扫搜索商品	42	179	125	89	O
按分类搜索商品	124	153	85	73	O
查看商品总览	194	48	101	92	M
选择商品规格	173	83	71	108	M
加入购物车	123	153	100	59	O
立即购买	71	85	107	172	I
选择送货方式	98	103	174	60	A
管理收货地址	156	199	26	54	O
查看物流信息	181	121	78	43	M
查看我的订单	111	172	71	81	O
取消订单	192	28	54	161	M
电子支付	223	24	45	143	M
信用卡	80	43	121	191	I
好友帮付	38	87	175	135	A
货到付款	55	31	217	132	A
分期付款	162	51	169	53	A
退换货	209	65	67	95	M

续表

需求指标	对应属性的调查结果				
	必备功能 M	期望功能 O	魅力功能 A	无差异功能 I	最终功能
购买运费险	69	109	79	178	I
联系卖家	88	201	91	55	O
联系物流公司	83	78	172	102	A
联系平台客服	55	196	106	78	O
关注感兴趣的消息	80	65	89	201	I
分享商品给朋友	101	77	76	181	I
点赞喜欢的消息	98	78	88	171	I
查看消息提醒	160	89	65	121	M
添加通讯录	60	159	201	15	A
跟朋友聊天	102	69	86	178	I
设置账户	199	59	77	100	M
查看店铺全部商品	88	187	46	114	O
玩游戏	37	113	120	165	I

　　基于功能分类进行服务质量调查,即可获得各项功能指标的服务质量状况。

　　资料来源:朱茂丰.基于KANO模型的中泰电商平台网购服务功能需求与满意度比较研究[D].南宁:广西大学,2021:33.

三、神秘顾客调查法

1. 神秘顾客调查法的含义

　　神秘顾客调查法是由经过严格培训的调查员在规定或指定的时间里扮演顾客,就事先设计的一系列问题或服务标准逐一进行评估或评定的一种调查方式。由于调查者按照事先设计的问题或标准评定服务质量,因此相比简单观察员工的工作方式,它能提供更系统的观察。由于调查对象事先无法识别或确认"神秘顾客"的身份,故该调查方式能更真实、准确地反映客观存在的实际问题。神秘顾客调查法多用于零售店、酒店和餐馆的服务质量评价,也可用于了解各行业或公共服务窗口的服务质量,亦用于竞争对手调查。

2. 实施要点

　　(1)神秘顾客的选取

　　"神秘顾客"不同于一般性调查中的访问员,他需要具备较高的综合素质和理解能力,良好的心理状态,端正的工作态度,敏锐的观察、分辨能力。

（2）神秘顾客的培训

神秘顾客培训的主要内容包括服务质量知识、相关业务常识、心理学常识和调查的技巧。

①服务质量知识：行业服务质量评估标准和礼仪规范。

②相关业务常识：对所调查行业的基本业务知识，包括商品或服务的名称和含义、功能、基本内容、性能、价格等。

③心理学常识：具有心理学基础知识的"神秘顾客"在调查过程中，不仅会表现得更自然、不易暴露，而且更容易了解服务人员的心理，易于发现服务管理中存在的问题。

④调查技巧："神秘顾客"要始终保持一种普通顾客的心态，始终坚持公平、公正、中立的工作态度。由于服务质量是由有形的服务设备和服务设施的质量、有形的服务环境的质量和无形的服务劳动的质量构成的统一体，每一部分都是服务质量不可分割的组成部分，因此，"神秘顾客"在进行调查时要遵循"眼看、耳听、用心感受"的八字方针，使硬件服务和软件服务均得到综合考察。"眼看"就是根据考核的服务质量指标，细心观察服务设施和营业人员的服务形象等内容；"耳听"就是倾听营业人员服务过程中的服务用语、业务介绍；"用心感受"就是感受营业环境和设施，营业人员的服务态度、服务意识。

实践案例：美团的"黑珍珠餐厅指南"

"黑珍珠餐厅指南"是美团发布的首份提出中国美食标准的美食指南，目标是打造"中国人自己的美食榜"。2018年1月16日，美团正式发布了2018年黑珍珠餐厅指南。

黑珍珠餐厅指南以烹饪水平、体验感受、传承创新为三大评判标准，由众多美食专家匿名造访、打分、遴选而出。按照不同的社交场景，黑珍珠餐厅指南将上榜餐厅分为三个等级：一钻餐厅（聚会必吃的餐厅）、二钻餐厅（纪念日必吃的餐厅）、三钻餐厅（一生必吃一次的餐厅）。迄今为止，黑珍珠餐厅指南覆盖北京、上海、广州、杭州、香港、澳门、成都、顺德、汕头等国内22个城市，以及巴黎、纽约、东京、新加坡和曼谷等海外5个城市。

四、服务后评价

服务后评价是一种要求顾客在服务交付后立即对其进行评价的做法。关于客户体验的调研并不罕见，比如，中国移动、中国联通等呼叫中心完成问题解答后的满意度调查；银行柜台业务办理后的满意度评分；航班上的满意度调查问卷；甚至淘宝购物后店主的呼唤"亲，给个好评吧"。很多线上服务结束后，系统会弹出服务评级界面，客户作出他们的评价后，也许会分享一些反馈，然后再关闭界面。虽然有些在线调查会让顾客产生厌烦，以至于破坏了整个服务体验，但目前服务后评价的方式还是服务质量控制的常用的方便有效的方式。

服务后评价可采用不同的评价方式。有些企业采用1～10的数字等级，有些企业采用"满意、不满意"选项。不仅评价方式不同，甚至服务后评价的最后结果，也会因为顾客所处文化的不同而呈现不同的结果。例如，西方文化崇尚个人主义，比崇尚集体主义文化的东方人更倾向于极端的选择。西方人更倾向于认为一项服务"棒极了"或"糟糕透顶",而中国人、日本人则更倾向于认为"还好"或"不太好"。当服务面向不同国家和文化的客户时,意识到这一点很重要。

五、应用内调查

移动互联网时代,很多服务企业有应用程序(App),可被用来进行服务质量调查。在应用程序内的调查中,调查问题是在访问者浏览网页或使用应用程序时提出的,而不是在服务后或通过电子邮件询问问题。调查内容可以是一个简单的问题(如"你如何评价我们的服务?")或是几个问题。由于这种方法是在服务过程中开展调查的,所以顾客印象更深刻,同时企业也能实现对服务的实时监控,不至于等到服务失败以后再弥补。

六、跟踪调查

如果服务企业没有采用服务后评价,但又希望快速了解服务质量的状态,那么跟踪调查也是可以采用的一种方法。企业可以通过电子邮件或在线表单等方式,在客户使用服务之后的几天内邀请其对服务质量进行评估。

跟踪调查相比服务后评价有几个优势:它能让客户有更多的时间和空间进行更详细的响应,可向客户发送系统设计过的服务质量评价调查问卷;跟踪调查不是个案评估,而是衡量客户群体对服务的整体看法。

但这种方法也有以下一些劣势:由于跟踪调查是在服务结束后进行,容易让顾客生厌;由于跟踪调查的时间间隔较长,客户可能完全忘记了当时的服务体验,或者把它与另一种体验相混淆;跟踪调查需事先搜集客户的联系信息,如要发送电子邮件调查,就得获取客户的电子邮箱,获取这些信息对有些企业而言并不容易。

实践案例:服务质量调查三大简易指标

虽然服务后评价、应用内调查、跟踪调查等服务质量调查方法各不相同,但其调查内容是相似的。由于SERVQUAL、KANO等服务质量评估方法较复杂,现实中服务企业常用一些简易的指标替代系统性服务质量调查。满意度、净推荐值、费力度就是常用的三大简易指标。

(1)满意度(customer satisfaction,CSAT)

满意是一种心理状态,是指一个人对某一事物的主观评价。它是客户的需求被满足后的愉悦感,是客户对产品或服务的事前期望与使用产品或服务后所得到的实际感受比较后的结果。定量化手段衡量满意的心理状态的水平就是满意度。定量测量可用"满意""不满意"的选项测量,也可用打分的方式测量。

(2)净推荐值(net promoter score,NPS)

净推荐值调查比较简单,只需要一个问题:"您是否会愿意将×××(企业或者产品)推荐给您的朋友或者同事?"然后根据愿意推荐的程度让客户在0~10分之间打分并根据得分情况来判断三种客户：

推荐者(promoters,得分在 9~10 分之间)：是具有狂热忠诚度的人,他们会继续购买并引荐给其他人。

被动者(passives,得分在 7~8 分之间)：总体满意但并不狂热,将会考虑其他竞争对手的产品。

贬损者(detractors,得分在 0~6 分之间)：使用并不满意或者对你的企业没有忠诚度。

具体见图 7-6。

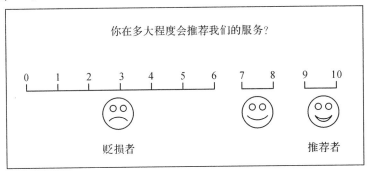

图 7-6　净推荐值(NPS)示意

$$净推荐值(NPS)=\frac{推荐者数}{总样本数}\times100\%-\frac{贬损者数}{总样本数}\times100\%$$

一般来说,NPS 得分高于 0 即为优良企业,高于 50% 即为优秀企业,得分在 75% 及以上则为顶级企业。

NPS 询问的是意愿而不是情感,用户更易回答,且相较于满意度调查,这个指标更为直观,不仅直接反映了客户对企业的忠诚度和购买意愿,而且在一定程度上可以看到企业当前和未来一段时间的发展趋势和持续盈利能力。

我们也需注意,因为这个调查反映的是客户的推荐意愿,但客户可能会因为各种原因而给出不够准确的答案或者就算打了高分的客户也可能没有动力去付诸实践。它不能够完全取代客户满意度调查,最好是将净推荐值作为客户满意度调查的一部分来进行调研。

(3)客户费力度(customer efforts score,CES)

客户费力度是用于评估客户在使用产品和服务过程中的费力程度,与客户忠诚度呈负相关关系,费力度越低,忠诚度越高。传统观点认为,取悦客户,是提升客户忠诚度的关键。比如保持微笑的员工、免费的小礼品和优惠券。然而,2010 年,迪克逊、弗里曼和托曼三人指出,与其取悦客户,不如减轻客户在消费过程中花费的精力,为客户提供省心省力的产品和服务,这才是影响客户忠诚度的主要因素。尽管许多公司的目标是"取悦"客户,但客户更有可能因为服务差而惩罚公司,而不是因为服务好而奖励公司。他们认为,不要问"你对这项服务有多满意",而应该问"你花了多大精力解决你的问题"。

早期的 CES 问题答项通常是 5 分制,从"非常少(very low effort)＝1"到"非常多(very high effort)＝5",分值越低代表费力度越低,消费过程越轻松。但是,由于一般人会认为越高的分数代表的评价越正面,所以这种提问方式容易让答题者"误填",因此后来选项采取了 7 分制,从"非常不同意(strongly disagree)＝1"到"非常同意(strongly agree)＝7",判定规则也与之前的版本相反,分数越高代表费力度越低,消费过程越轻松。无论是哪种提问方式,CES 分数的计算公式都是一样的,即:

$$CES＝\frac{总得分}{总样本数量}$$

通常在评估客户费力度得分时,7 分制中,平均值高于 5 分则表明用户体验较佳,5 分及以下则表明用户体验较差。

七、社交媒体监测

服务企业要提早预防服务无质量导致的舆论危机,就需要对社交媒体平台进行实时监测分析。那么,社交媒体监测有哪些分析指标?

(一)社交媒体触及率

社交媒体触及率是指在进行社交媒体营销活动时,内容如何在社交媒体上传播,有多少人看过自己的帖子,有多少人对帖子上推广的产品感兴趣。

(二)网民的情绪指数

服务企业需要跟踪分析社交媒体平台网民关于本企业的舆论及情绪,判定网络上有关企业的舆论是正面的、负面的还是中性的。若是负面的,需要及时了解其中的问题,并加以改进;若是正面的,表明企业的服务质量较高。

(三)网民参与互动的次数

网民参与互动的次数是社交媒体监测分析的重要指标之一,为了在社交媒体上取得成功,企业发布的内容需要激发讨论并吸引用户参与某种形式的互动。企业发布的帖子或话题中的评论、点赞、分享和转载的次数越多,就可以认为企业与用户的关系比较近,服务质量获得用户认可。

实践案例:社交体监测分析工具

Social Mention 是一款国内较成熟的社交媒体数据分析软件,主要检索博客、论坛、抖音等社交媒体的数据并进行分析。7×24 小时实时监测全网社交媒体平台,帮助客户多角度、多维度地对社交媒体平台上与其相关的信息展开全面综合分析服务,以此让客户实时了解各大社交媒体平台上关于其形象、网络口碑风评,为企业各项相关工作提供决策参考依据。

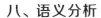
八、语义分析

传统的服务质量调查主要依赖于调查问卷或访谈记录，无论在从数据规模还是内容的丰富性和客观性上都有一定的局限。随着社会化网络的发展，顾客已经习惯在网络中留下自己对其所购买服务的评论。这些在线评论是顾客体验的最直接反映，对评价和提升服务质量具有重要意义。由此，基于语义分析的服务质量评价方法应运而生。

语义分析是一种定性分析方法。基于语义分析的服务质量调查流程包括以下方面：首先，搜集散布在网络空间中关于企业的服务的书面、语音等形式的评论记录；其次，对评论内容进行基于语义的情感分析，提取关键词并据此构建评价指标、获得评价数据；再次，利用情感分析结果进行综合计算，从而实现对服务质量的评价。

九、服务运作监测

由于现代服务向标准化演变，企业得以除了依据主观数据评测服务质量之外，还可以利用服务运作中的定量指标监测分析服务质量。可以用来监测服务质量的服务运作监测指标如表 7-8 所示。

表 7-8　可用于服务运作监测的指标

指标	含义
各渠道占比	这个指标跟踪每个频道的服务咨询量。当与其他指标(如覆盖效率或客户满意度指标)相结合时，这个指标有助于企业决定提升或削减哪些渠道的服务量
首次响应时间	这个指标跟踪客户首次询问后收到回复的速度。这并不意味着客户的问题得到了解决，但这是很重要的一个信号——告诉客户听到了他们的声音
平均响应时间	所有响应的平均时间。假设您的电子邮件有 4 个回复，回复时间分别为 10、20、5 和 7 分钟。此时你的响应时间是 10.5 分钟。关于回复时间，大多数通过电子邮件联系的人希望在 24 小时内得到回复；社交媒体渠道是 60 分钟；电话和在线聊天需要在 2 分钟内立即回复
首次解决率	首次响应解决的问题数除以需要更多响应的问题数。弗雷斯特研究公司(Forrester Research)的一项研究显示，73％的客户认为首次接触的解决率是客户满意度的重要因素
每单回复率	这个指标显示了企业客服团队平均需要多少个响应才能关闭一个工单，它是对效率和客户费力程度的衡量
未处理工单占比	这个指标是提交的工单数量与已办结的工单数量的比较。越来越多的数据表明，企业必须扩展服务团队
客户成功率	好的服务并不意味着企业的客户总能找到他们想要的。但是跟踪发现，他们寻找的产品和没有找到的产品数量，可以显示客户对企业的产品是否认可
问题转接率	这个指标跟踪每个问题涉及多少个不同的客服代表。在电话支持中，客户很讨厌被来回转接，尤其是被迫反复描述自己的问题。《哈佛商业评论》将其列为四大最常见的服务投诉之一
出错量	单个客户的投诉除以失败数量，它可以帮助识别需要改进的产品、部门或客服人员

续表

指标	含义
即时服务/排队率	没人喜欢等待,即时服务是最好的服务。这个指标记录了即时服务的客户与排队等待服务的客户的比率。比率越高,企业的服务就越好
平均排队时间	这个指标表示排队客户等待服务的平均时间
排队流失量	这个指标表示有多少客户退出排队过程。这些都是失去的服务机会
问题解决时间	这个指标表示问题被解决的平均时间
单次通话时长	这个指标可以让企业了解谁是其最有效的客服人员
财务指标	比如每个电话花费的时长和转接次数,企业可以使用它们来计算每个客服人员的服务成本

实践案例:京东客户服务的监测指标(见表7-9)

表7-9　京东客服检测指标

主指标	分指标
满意度 (权重分值50,目标90%)	评价量
	满意率
	即时满意度得分
平均响应时长 (权重分值30,目标值30秒)	新平均响应时长
	平均响应时长得分
商家留言率 (权重分值20,目标值10%/15%)	商家留言率
	商家留言率得分
服务时长 (扣分项,分值5分,目标值80%)	咨询服务时长达标率
	咨询服务时长达标率得分
7日下单转化率 (加分项,分值5分,目标:连续3个月7日 咨询转化率提升)	7日下单转化率连续3月是否提升
	7日下单转化率得分
咨询解决率 (加分项,分值5分,目标值90%)	咨询解决率
	咨询解决率得分
智能客服纯机满意度 (加分项,分值5分,仅涉及开通智能 客服的服务商,目标值80%)	智能客服纯机满意度
	智能客服纯机满意度得分
奖惩	奖惩得分
总得分	总得分
	是否达标

资料来源:电商生态服务企业宁波艾克狮文化传媒有限公司培训资料。

本章小结

服务质量是现代服务业发展的关键问题之一。服务质量的内涵与产品质量略有不同；服务质量包括可靠性、保证性、有形性、移情性、响应性等多个维度；服务质量的评价更倾向于客户的主观感受，主要受客户对服务的预期印象的影响，可通过预期与实际感知之间的差距来评价。

现代服务企业只有建立服务质量管理体系才能保证服务质量的持续优质。首先，要建立综合成本的理念，不能一味地节省质量管理投入，不顾服务失败以后的补救成本；其次，要在服务运作、组织结构、质量管理工具等多个方面持续优化。

得益于数字技术的发展，现代服务业质量评测体系日臻完善，不仅传统的服务评测方法借助数字技术得到进一步优化，而且还创新了社交媒体检测、语义分析、服务运作监测等多种新方法。

本章思考

1. 根据服务质量差距模型可知，服务质量与预期偏差的原因有哪些？
2. 信息技术的发展对现代服务质量评价的主要影响是什么？
3. 服务质量管理成本包含哪些方面？
4. 现代服务质量评测的方法有哪些？

第八章　现代服务补救

尽管服务质量得到重点关注，但是服务失败还是时有发生，服务补救仍是现代服务管理的重要内容。一流的服务企业都认识到服务补救是一个包括服务售前、售中与售后的过程，它们将服务补救作为一个循环实施的过程。本章将首先阐述服务失败的概念及类型，分析服务失败的原因，进而概述服务补救的内涵并总结服务补救的主要方式。最后将详细介绍服务补救的最佳实践经验。

第一节　服务失败及顾客反应

一、服务失败的概念及类型

当企业在服务交付流程中出现了失误、问题或者犯了错误，没能达到顾客对服务的最低要求，从而使顾客感到不满，这就是服务失败。例如，餐厅服务人员不小心把咖啡洒到了顾客的衣服上、快递公司弄丢了包裹或者服务人员心情不好而与顾客发生了争吵等，都是服务失败的现实案例。

显然，所有企业都希望能够向顾客提供令其满意的服务，从而拥有忠诚的顾客。但不幸的是，不论企业在培训服务人员时多么细致，也不论服务人员在提供服务时多么小心，服务失败还是时有发生。因此，任何企业都不应该抱有侥幸心理，认为只要自己做得足够好，服务失败就不会发生。服务失败之所以难以避免，主要是由于以下两大原因。

(一)某些不可控因素对服务的影响

某些服务能否交付成功，往往受到一些人力所不能控制的因素的影响。其中，比较典型的有交通运输业和物流业等。例如，飞机晚点可能是因为暴风雨或大雾，而天气情况是航空公司不能掌控的；运送货物的船只在海上突遇风暴而丢失了货物，也不能认为都是运输公司的责任。尽管企业可以通过建立应急系统等手段来减轻这些因素对服务交付的损害，但企业和顾客都不得不承认：在类似自然灾害这种人力所不能控制的因素发生时，服务失败是难以避免的。

(二)服务的本质特征决定了服务失败无法完全避免

如前所述，服务具有无形性、异质性、不可分性和易逝性，这些特征决定了服务失败的发生在所难免。

1.服务的无形性使其难以用统一的标准来衡量

服务与有形产品不同,它没有一个确定的实体可供评判,也很难建立统一的标准进行评价。例如,一名歌手唱的歌,有些人很喜欢,有些人却很排斥。也就是说,服务是否能让顾客满意,不仅取决于提供商,而且也受到顾客的认知水平、文化传统、个人偏好和现场情境等因素的影响。从某种意义上讲,只要顾客觉得不满意,服务就失败了。

2.服务的异质性使服务供应商难以保证其服务的稳定性

同样的服务在不同的交付流程中可能会表现出不同的服务质量。这是因为服务质量要受到服务人员、顾客和现实条件等多种因素的影响。企业在培训服务人员时可能已经很到位了,但某位服务人员却可能由于心情或者身体方面的因素而在服务过程中情绪低落或反应迟钝,这都有可能招来顾客的不满。

3.服务的不可分性意味着顾客也可能成为服务失败的责任人

有很多服务需要顾客的参与来共同完成。例如,在家居设计中,设计师需要根据其专业水平与经验为顾客提供设计建议,但若顾客坚持自己的意见,一定要按照自己的想法来装修,结果影响了最终的装修效果的话,那么顾客在这种服务失败中就有很大的责任。企业可以引导顾客,却永远无法替代顾客,从而使某些服务失败不可避免。

4.服务的易逝性使供需之间难以平衡

服务是不能存储的,在餐厅的用餐高峰期,顾客可能就不得不面对没有座位、长时间等待和嘈杂的用餐环境等容易引发不满的因素。相应地,餐厅也能预见到这些因素有可能会使顾客感到不满,但它却无法把闲时的座位和服务人员挪到忙时来使用。

既然服务失败不可避免,而服务失败又会影响顾客对服务供应商的满意度,管理人员就有必要对服务失败发生的原因进行研究,以便对症下药,尽量减少服务失败发生的机会。

二、服务失败的原因

尽管服务失败可能由不可控的因素所导致,也可能由顾客的某些原因而引发,但服务企业绝不能简单地把服务失败归咎于外因而不作为,而应该努力提高自身的服务水平。对于不可控因素,可以制订应急方案,减少这些因素对服务质量的影响;对于不配合服务的顾客,可以进行培训和引导等。下面主要从服务供应商和顾客的角度来分析服务失败发生的原因。

(一)服务执行系统的失败

服务执行系统的失败可以看作服务人员在交付核心服务时发生了失败,具体又可以分为三种情况:顾客得不到服务、不合理的慢速服务和其他核心服务的失败。

1.顾客得不到服务

如果顾客得不到在正常情况下应得到的服务,顾客就会觉得不满。可以设想这样一种服务场景:一位顾客进入一家咖啡店,店内顾客不多,他坐下来想点一杯咖啡,但服务人员都在聊天,没有人为其提供服务,即使在顾客催过两三次以后仍然没有行动,那么这时顾客就没有得到应有的服务,显然他对这家咖啡店的服务质量评价会大打折扣。

2. 不合理的慢速服务

不合理的慢速服务是指顾客感觉到服务人员提供服务的速度超乎寻常的慢,使用的服务时间远远超出了自己的预期,此时,顾客就会对服务企业产生不满情绪,更有甚者会觉得自己受到了怠慢。例如,在餐厅中午的用餐高峰期,工作人员都十分繁忙,顾客也预计到上菜的速度会变慢,但当周围顾客的菜都上好了,尤其是看到比自己晚到的顾客都上菜了,他就会质疑餐厅是不是遗忘自己了,甚至会质疑自己的菜单没有送交到厨房。

3. 其他核心服务的失败

核心服务失败的所有其他方面,都可以归纳为其他核心服务的失败。例如,乘客乘坐飞机到达目的地时,却发现航空公司遗失了其托运的行李;餐厅的服务及时,饭菜也算可口,可是卫生状况却令人担忧等。

核心服务的成功交付对顾客满意度有着关键性的影响,企业可以向一线服务人员授权,提高他们的反应和解决问题的能力。例如,向顾客提供安慰、做一些适当的解释或者赠送一些小礼物等。

(二)服务人员的不期之举

不期之举,是指服务人员超出顾客意料之外的举动。其中,这种举动既不是由顾客的需要引起的,也不在常规的服务交付计划当中的。这些举动可能是积极的,也可能是消极的。

具体而言,服务人员的不期之举主要包括以下五种类型。

1. 关注程度

关注程度又可以分为积极关注和消极漠视两大类。其中,积极关注是指服务人员主动关注和预估顾客的需求。例如,快餐店看见外面快要下雨而很多顾客又没有雨伞时,提供临时租借雨伞的服务。但在大多数情况下,导致顾客不满的多是服务人员的消极漠视,即忽视顾客的需求,冷漠地对待顾客的行为。例如,商场服务人员只顾自己聊天而对顾客的要求不理不睬。

2. 不寻常行为

如果一名快递员碰到心脏病突发的老人而将他送进医院,那么这是一种积极的不寻常行为。但是,如果服务人员当天心情不好而和顾客发生冲突并打了起来,那么这就是消极的不寻常行为,顾客的不满是显而易见的。

3. 文化准则

文化准则是指服务企业作出可能符合也可能违背社会文化准则的行为。如果企业诚实、守信、公正、公平,那么这些符合社会文化准则的行为就会获得顾客的好感;但如果企业欺软怕硬、看人下菜,那么顾客就会对这些违背文化准则的行为感到不满。

4. 格式评价

格式评价是指顾客在对服务进行评价时不会将满意或不满意归因于某些具体因素,而是给出基于整体服务印象的评价。例如,顾客对酒店的其他服务都很满意,却在卫生间的墙上看见一只小飞虫,从而留下了不好的印象,那么他对酒店的评价可能就从"真不错"变成了"还行吧"。因此,企业很可能分析不出究竟是什么原因导致顾客满意度的下降。

不过,这也提醒企业,顾客是否满意是其主观的一种感受,而这种感受是与整个服务流程分不开的。

5.不利条件

不利条件是指企业员工在气氛紧张或有巨大压力的情形下的积极或消极的行为。例如,酒店着火时服务人员先组织酒店内的房客疏散和逃生,然后再撤出酒店,那么顾客就会对该酒店作出较高的评价;如果服务人员都先自己逃离火场而将房客弃之不顾,那么酒店一定会受到顾客甚至社会的强烈谴责。

(三)顾客的不当行为

许多企业都教导自己的服务人员:"顾客是第一位的""顾客永远是对的"。在绝大多数情况下,保持这样的理念是完全正确的,服务人员应该尽量满足顾客的需求。但是,我们在管理实践中也应该认识到,顾客并不总是对的,即使企业提供了完善的服务流程,服务人员也尽力去满足顾客的各种需求,但顾客就是不满意,这样的顾客在现实中并不少见,他们可能会出言侮辱、威胁或攻击服务人员,可能会要求服务人员违背公司规则给其提供特殊待遇,也可能喝醉了酒或因为年纪太大而搞不清情况等。当这些情况发生时,企业不能将责任全部归咎到员工身上,使员工有苦说不出,从而影响员工的情绪和工作积极性。企业可以针对这类情况制定专门的处理办法,给员工提供相关的培训并给予授权。例如,有些公司就授权顾客服务热线的接线员对于无理取闹的电话采取直接挂机的处理办法或其他更委婉的拒绝办法。

三、顾客对服务失败的反应

不论是什么原因导致了服务失败,顾客都会作出相应的反应,可能会对企业感到失望,可能会责备服务人员,也可能会向周围的同事或朋友进行抱怨等。企业要想作出适当的补救措施,就必须对顾客关于服务失败的反应类型和行为形成进行深入的了解。

(一)顾客反应类型

当服务失败发生时,顾客首先会归因"是谁造成了这个问题"? 他可能会把责任归咎于自然原因如恶劣天气等,也可能会认为是企业没有提供高质量的服务。在顾客找到了原因之后,就会对服务企业作出评价。如果他认为企业应该为服务失败负责,那么顾客对企业的满意度就会降低。在评价之后,顾客往往会采取相应的行动,如投诉、抱怨,或者转换服务供应商等。顾客抱怨的对象既可能是服务企业本身,也可能是周围人,如亲戚、同事或朋友。顾客也可能选择向消费者协会、相关政府部门等第三方进行投诉。还有一部分顾客不会抱怨,而是选择默默采取行动。简而言之,顾客的选择结果也主要表现为两种情况,即继续维持和该服务供应商的关系,或者是转换到其他的服务供应商那里去。服务失败后的顾客反应行为具体可以用图 8-1 来概括。

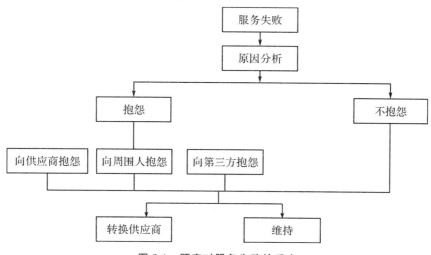

图 8-1　顾客对服务失败的反应

(二)抱怨的顾客

抱怨的顾客往往为企业提供了留住顾客的最好机会。因此,企业应该真诚地对待那些向其投诉的顾客。企业应该了解顾客为什么会抱怨,他们又抱有怎样的期望,以便给投诉的顾客提供满意的解决方案。

1.顾客为什么会抱怨

顾客在经历了服务失败之后,往往会产生不满情绪。如前所述,其中一部分顾客就会把这种不满情绪通过抱怨表达出来,但也有些顾客似乎并不愿意抱怨。那么为什么有些顾客会抱怨呢?究其原因,不外乎以下几个方面。

(1)抱怨的顾客相信投诉会有积极的结果

如果顾客认为服务供应商应该提供良好的服务,应该公正地对待顾客,那么他们就认为自己应该向企业投诉并要求服务赔偿,以弥补服务失败对自己造成的损失。

(2)顾客会出于社会责任感而投诉

有些顾客在经历了服务失败之后,会感到自己有责任把企业的不足之处告诉企业,以便让企业有机会优化服务,从而让其他顾客不再经历类似的"损失",也使自己不会再受到同样的对待。实际上,这类顾客应该是企业欢迎并鼓励的,他们往往可以指出企业存在的某些缺点,并能够提供正确的建议,从而在一定程度上推动企业不断提高自己的服务水平。

(3)基于某些心理学原因而抱怨

从消费者心理学的角度看,顾客抱怨一是为了宣泄不满,舒缓情绪;二是为了博得同情,获得他人的认同。同时,抱怨也可以给别人留下自己比那些不投诉的人更聪明、更有辨识力、更有水准的印象。

2.消费者向企业投诉时所持有的期望

上面已经提到,抱怨的顾客相信投诉会取得积极的结果,也就是说,顾客耗费了时间和精力向企业投诉,他们对于企业的反应和表现是持有期望的。企业只有达到,甚至超出了顾客的这种期望,才有可能进行成功的服务补救。现有研究结果表明,消费者在服务补救的流程中在乎的本质就是公平，这种公平可以细分为三种类型，即结果公平、流程公平和交付公平。

（1）结果公平

当服务失败发生时，顾客都希望能够获得赔偿。比较典型的赔偿形式有退款、打折、维修和更换等，有时，即使是道歉也会让顾客感觉好一些。但大多数顾客都认为，他们得到的结果是不公平的。显然，企业需要根据顾客的不满程度、付出的时间和精力成本等，为顾客提供与之相匹配的解决方案或赔偿。一位顾客在超市购物后回到家，发现超市多收了自己2元钱，这位顾客的家住得离超市很远，这时候如果超市要求他自己回来取走这2元，顾客显然觉得太不值了，他对超市提供的解决方式肯定会觉得不满。如果超市请他在商品目录上选择一件价值2元甚至更高一点的商品，由超市寄给他作为补偿，那么顾客就会觉得这种方式要体贴得多。实际上，如果企业能够给消费者提供一些选择，而不是直接给出自定的补救方案，那么顾客的反应就会积极很多。

（2）流程公平

除了希望得到公平的结果之外，顾客还期望在处理服务失败的流程中能够感受到流程中的公平，也就是说，他们希望自己的投诉能够被企业接待人员快速而有效地处理，并在处理流程中考虑他个人的意见和具体条件。当整个投诉流程清晰明了，问题也解决得快速有效时，顾客就会觉得这样的流程非常公平，感觉就像"我就说了说情况，他们要了我的地址和一些信息，第二天就给我寄来了一件新产品，还有道歉信和小礼物！"比较而言，如果投诉的流程让顾客觉得冗长又不方便，需要对着企业的好几个员工一遍遍地重复情况，员工的态度还很冷漠，那么顾客就会觉得企业不负责任，自己受到了不公平的对待。顾客可能会说："企业还要我提供证明，让我自己去弄明白退货规定，感觉就像我做错了一样。"有研究表明，如果流程公平的感知水平较低，那么顾客就会觉得自己得到了不公平的结果。在流程不公平的案例中，顾客会重新定义以前的交易，原本觉得是关系型的交易也会觉得更加商业化了。流程不公平的感知可能会伤害顾客的自尊，从而伤害服务组织的整体形象。

（3）交付公平

交付公平是指顾客在投诉或抱怨的过程中，希望工作人员能够礼貌、关切、诚实，为服务失败提供解释并真诚地替顾客解决问题。如果工作人员态度冰冷、漠不关心或忽视顾客，就会导致顾客认为受到了不公平的对待。通常，顾客在投诉时都带着生气冲动的情绪，服务人员也没有作出合理赔偿结果的权限，这往往会导致服务人员慌乱无措，不知道该如何妥善应答顾客。因此，企业应该对服务人员给予一定的礼仪、沟通和职业素养等方面的培训，并就一些特殊情况进行适当授权。

尤其应该注意的是，忠诚度越高的顾客，在受到不公平的对待时，反应也会越激烈。在管理战略和培训项目中，应当特别强调让忠诚的顾客感知到公平。企业可以授予一线员工在忠诚顾客经历服务失败时，给予最大程度的补救。忠诚的顾客更应该受到企业的尊重。

3. 为什么客户不抱怨

即使企业能够对每一次服务失败都作出完美的补救，但也不是所有不满意的顾客都会给其实施服务补救的机会。事实上，只有5%～10%的不满顾客会主动抱怨和投诉，给企业改正错误的机会。在顾客看来，大多数的抱怨可能都不会引起高层管理者的注意。所以，很多顾客觉得投诉根本没有意义,投诉成功的可能性很小。在竞争性很强、服务供应商林立的行业里,这些顾客可能选择直接转投其他企业,并开始传播企业的负面信息。在实践中,许多企业会用每百人中投诉的人数来衡量自己的服务质量。这一标准确实能够反映企业的服务水平,但并不是绝对的投诉人数越少越好。这是因为大多数的不满顾客都不会进行投诉,而企业根本不知道自己究竟是在什么地方出了问题,得罪了顾客。那么那些不满的顾客为什么没有投诉呢?其中的主要原因可能包括以下方面。

(1)顾客认为组织不会回应

有些顾客在经历服务失败之后,往往不相信自己的投诉或者抱怨能够被企业真正聆听,更不相信企业会做出道歉或者给予赔偿等补救行动。

(2)顾客不愿意碰到对这次服务失败直接负责的个体

顾客可能对导致服务失败的工作人员很生气,尤其是和顾客发生过激烈冲突的工作人员,也可能觉得投诉的时候如果遇到服务人员会很尴尬,特别是和顾客已经建立了长久顾客关系的工作人员。

(3)顾客对自己的权利和公司的义务并不确定

服务的无形性使顾客对服务流程的评价存在主观性,难以形成客观固定统一的标准。因此,顾客即使有不满,也可能对自己的判断产生怀疑。同时,服务还具有流程性等特征,这就使得在一些服务失败中,顾客本身可能也要承担一定的责任,如有些是由顾客表述不清或者领会错误造成的。因此,顾客有时很难界定在服务失败中企业应该负有多少责任。

(4)顾客对专业性强的服务缺乏评价知识

对于医疗、管理咨询和法律等专业性很强的服务,顾客很难具备对服务作出合理评价的充足知识,也就难以对服务质量作出评价。

(5)顾客担心为抱怨花费时间和精力所带来的高成本

某些企业受理顾客投诉的流程冗长而复杂,往往要找好几个人才能解决问题。在顾客投诉以后,觉得花费的时间和精力与最后的结果相比实在太不值得了,这时很可能就会放弃投诉。即使企业受理投诉的流程简洁透明,如果顾客不了解,仍然会有这样的顾虑和担心。

因此,企业需要建立容易操作的、能够有效响应的投诉处理系统,鼓励不满意的顾客积极投诉。这方面做得好的企业,通常都会为顾客投诉提供多种渠道:一周7×24小时不间断的呼叫热线、800免费电话、电子邮件投诉受理、移动电话热线和网站、用户社区等,使顾客可以很方便地进行投诉。例如,通用电气公司的顾客能够随时拨打"答疑热线"来快速解决问题,实际上,每天都有300万通用电气公司的顾客在这么做。企业通过各种方式把这些渠道告诉自己的顾客,使他们充分了解企业对其投诉的重视和尊重。

第二节　服务补救

为了维持顾客对企业的好感,服务企业针对服务失败造成的问题而进行一系列保护性的努力的行为称为服务补救。服务补救对企业的生存和发展具有重要意义。本节将重点阐述企业如何实施有效的服务补救,并不断地从补救流程中学习和提高。

一、服务补救的含义

服务补救的概念最早由哈特等学者于 1990 年提出。[①] 不同的学者对服务补救的概念有不同的表述。狭义的服务补救是指服务性企业在对顾客提供服务时出现失败和错误的情况下，对顾客的不满和抱怨作出的即时和主动的补救性反应。其目的是通过这种反应，重新建立顾客满意和顾客忠诚。

广义上，服务补救是一种管理过程，包括发现服务失误、分析失误原因，进而在定量分析的基础上对服务失误进行评估并采取恰当的管理措施予以解决。即广义服务补救的观点认为服务补救是对服务系统中可能导致失误或已发生失误的任一环节所采取的一种特殊措施，不仅包括失误的及时弥补，也涵盖对补救需求的事前预测和控制以及事后管理优化。

实践案例：酒店业的服务补救

在过去的几年里，酒店业中流传着这样一种观念：增强顾客忠诚度的关键在于强而有效的服务补救流程。

一些人认为，对于那些经历过难忘的服务补救的顾客，其回头率要高于住店期间没有发生问题的顾客。然而，也有研究结果显示，杰出的服务补救虽然意义重大，但这种想法是酒店业所不应该持有的。酒店业管理人员需要牢记以下几点。

(1)想要在服务补救中超出顾客的预期很难。能够显著超出顾客预期解决问题的概率仅为 10%。对于大部分的顾客问题，酒店往往都难以提供完满的解决方案。

(2)如果酒店的服务补救仅仅只能达到顾客的期望水平而不能超出的话，那么顾客对酒店的满意度就会显著地低于那些没有发生服务问题的顾客。

(3)仅有一种情况会使顾客满意度和忠诚度在服务失败之后还会提高，那就是服务人员在整个补救流程中都表现得十分卓越。出色地解决问题，只是酒店文化的一个组成部分。

(4)相较于一开始就把顾客服务好，通过服务补救挽留顾客的成本往往要高得多。

(5)实际上，顾客十分注重服务中的先动因素(proactive elements)，即不论是否发生服务问题，服务人员都会与顾客建立起积极的关系。例如，前台的小伙子真诚地关心顾客在这住得好不好，工作人员在顾客逗留期间让其感到自己是个有价值的顾客，工作人员能够预估到顾客的需求等。

资料来源：Garlick R. The myth of service recovery[J]. Lodging Hospitality,2006(15)：32-34.

---

① Hart C W, Heskett J L, Sasser W E Jr. The profitable art of service recovery[J]. Harvard Business Review, 1990,68(4):148-56.

二、服务补救与抱怨管理

服务补救与通常理解的抱怨管理有很大差别。相比抱怨管理,服务补救具有以下特点。

第一,服务补救具有实时性特点。这是服务补救与顾客抱怨管理一个非常重要的区别。顾客抱怨管理一般要等到一个服务过程结束之后才进行,而服务补救则必须是在服务失误出现的现场。如果等到一个服务过程结束,那么,服务补救的成本会急剧上升,补救的效果也会大打折扣。

第二,服务补救具有主动性特点。顾客抱怨管理有一个非常明显的特点,即只有当顾客进行抱怨时,企业才会采取相应的措施安抚顾客,使顾客满意地离去。但据华盛顿一家名为trap 的调查机构所进行的一项调查显示,有问题的顾客中,只有 4％的顾客会向公司有关部门进行抱怨或投诉,而另外 96％的顾客不会抱怨,但他们会向 9～10 人倾诉自己的不满(坏口碑)。

"不抱怨不处理"的原则,将严重影响顾客感知服务质量和顾客满意,从而影响顾客忠诚度,使企业在竞争中处于不利的境地。但服务补救则不同,它要求服务提供者主动地去发现服务失误并及时地采取措施解决失误,这种前瞻性的管理模式,无疑更有利于提高顾客满意和忠诚的水平。

第三,服务补救是一项全过程的、全员性的管理工作。而顾客抱怨管理则是由专门的部门来进行的、阶段性的管理工作。一般来说,服务补救具有鲜明的现场性,服务企业授权一线员工在服务失误发生的现场及时采取补救措施,而不是等专门的工作人员来处理顾客的抱怨。

三、服务补救方式

(一)按补偿形式分

经济补偿,即针对服务失误给顾客造成的直接经济损失进行的补偿。一般包括打折优惠、退费免费、赠送礼物、提供优质招待以及赔偿失误造成的额外经济损失等。

行动补偿,即为了让顾客感受到被服务提供者所重视,采取实际行动以带给顾客安全感。一般立即纠正会让顾客觉得受到了极大的重视,认为他们的问题引起了重视并能较快解决。

心理补偿,即对顾客进行心理上的安慰,一般表现为清晰的解释、诚恳的道歉以及耐心的安慰。诚挚的道歉往往是顾客接受服务补救的敲门砖,同时也是服务补救的第一步。

(二)按补偿程度分

按补偿程度分,合理的服务补救方式有道歉(亲自道歉,即使服务失误不是由企业造成的。但是仅仅道歉还远远不够)、合理补偿(由与顾客直接接触的员工当场对顾客作出合理的补偿)、善待顾客(真诚地对待那些遇到服务失误的顾客,主要是安抚他们的情绪)、超值补偿(把顾客认为有价值的东西送给顾客,有些情况下,合理补偿就可以起到这个作用)、遵守承诺(与顾客接触的员工对服务补救中所作出的一切承诺都必须兑现)。

(三)按补救时机分

企业在服务补救的时机方面存在被动补救、主动防御性补救和超前进攻性补救三种基本选择。被动补救(administrative service recovery)，即服务企业不是在服务失误发生后和服务流程结束前实施补救，而是等到整个服务过程结束后，由顾客服务部等部门来加以解决，这种补救方式与传统的顾客抱怨处理基本相同。主动防御性补救(defensive service recovery)，即服务企业在出现服务失误的关键时刻后，不等整个服务过程结束，顾客也不必到指定部门提出补救要求，问题就会得到解决。超前进攻性补救(offensive service recovery)，即服务提供者在关键时刻出现失误后，立即予以补救，现场解决问题，而不是等到服务过程结束之后。

第三节　服务补救实践

一、服务补救流程

尽管有效的服务补救策略能够弥补顾客的损失，并给顾客提供某些利益，但有研究表明，大多数顾客对企业处理他们投诉和抱怨的流程是不满意的。企业可能花费了很多时间和精力来应对顾客投诉，但却发现收效甚微，不但吃力不讨好，而且再次面对服务失败时仍然觉得无从下手。下面就来讨论一下企业应该如何充分利用机会从服务失败中不断地学习，企业应该开发怎样的流程以支持服务补救的实施和企业的学习过程。

为了将服务补救和企业学习结合起来，并使整个流程清晰而系统，可将服务补救策略分为四个阶段。

(一)第一阶段：识别服务失败

对于服务组织来说，成功地实施服务补救的最大障碍在于：只有 5%～10% 的不满顾客选择向企业投诉。前文已经分析了那些不满的顾客为什么不进行投诉，但仅仅知道原因还不够，企业应该行动起来，主动识别服务失败。通过分析某些领先企业的服务补救流程，可以发现以下一些方法往往能够帮助企业有效地识别服务失败。

1. 建立服务标准

相对于有形产品而言，服务的无形性使顾客在消费某些服务之前无法确切地知道这种服务究竟是怎样的。换句话说，顾客对许多服务的期望都是模糊的，这也导致了在服务失败时他们不会进行投诉或者抱怨。对此，企业可以通过制定服务标准来使模糊的期望清晰化。其中，服务保证就是一种常用的形式。例如，联邦快递向顾客承诺，每个包裹都会在第二天上午 10:30 之前送达，否则免收快递费。通过电子扫描技术，每个包裹交付和签收的时间都会输入电脑，反馈回联邦快递公司，这样，一旦发生服务失败，即使顾客不投诉，企业也立刻就会知道。有许多快餐企业也会作出这样的承诺，可能许多顾客还记得麦当劳的"59 秒服务"：在顾客点餐完毕后，店员就按下红色的计时器，59 秒之内将顾客的食品准备好，如果超

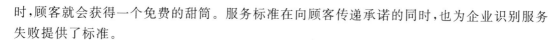

时,顾客就会获得一个免费的甜筒。服务标准在向顾客传递承诺的同时,也为企业识别服务失败提供了标准。

2.鼓励并培训顾客进行投诉

有些顾客之所以不进行投诉,是因为他们认为投诉不会有什么作用,而有些顾客则是因为不知道如何投诉。因此,企业不仅要鼓励顾客积极投诉,而且还要培训自己的顾客如何投诉。首先,企业可以将投诉的途径和方法明白地告诉顾客。例如,在任何顾客可以接触到的公司资料上,写明投诉的热线电话、电子邮件和电子公告板等。其次,为了鼓励顾客投诉,企业应该尽量简化投诉的程序。有些企业把顾客的投诉电话在各部门间转来转去,使顾客一遍遍地重复自己的遭遇,结果心情越来越差。让顾客觉得投诉流程简单而又人性化,他们才会主动进行投诉。再次,企业可以鼓励服务人员主动询问,在服务流程的关键时点,员工主动地询问顾客是否满意。例如,在上甜点时,询问顾客对主菜是否满意等。这样,不仅可以随时收到顾客是否满意的信息,而且也能让顾客感觉自己受到了重视。

3.运用技术支持

自从800免费电话于20世纪60年代在美国诞生之后,投诉电话迅速从每年的700万个增长到了每年的100多亿个。现在,许多企业都建立了800免费热线,使顾客能够方便地向企业投诉。与此同时,企业也能够更快、更有效地对顾客作出回应。有研究显示,相对于书面文字而言,口头交流往往能够更好地向顾客表达理解和同情,电话也能避免面对面抱怨时的尴尬。随着网络技术的发展,一些服务企业开始利用网络来为服务补救提供支持。细心的顾客能够在很多产品和宣传单上发现企业提供的电子邮箱或者公司网站。企业可以在网站上建立数据库,使顾客能够自己搜索并解决问题,也可以开通专门的网页处理顾客的咨询和投诉。这些不仅为顾客提供了更多的选择,而且也能为企业降低成本。

(二)第二阶段:解决顾客问题

在大多数情况下,当顾客感觉服务发生了严重的问题时,他们就会立刻反应。这也意味着,顾客在抱怨的同时,期待着企业能够迅速采取行动。更重要的是,顾客期望企业能够让他们感受到公平。在服务补救流程中,顾客会关注结果公平、流程公平和交互公平,而不少企业却常常忽视了这些关键因素。有研究表明,公平对顾客的满意度有着重要的影响,顾客会把自己与他人进行比较,一旦觉得别人得到的比自己多,就会产生不满,因此,企业应该在整个服务补救流程中牢记:公平地对待顾客。除了将公平这一主题贯彻始终之外,企业还需要把以下四个方面结合起来,以便使自己能够有效地实施服务补救策略。

1.服务人员的招聘、培训和授权

有研究显示,一线服务人员在接收到投诉时的有效响应,往往对服务补救的成功实施有着十分重要的影响。也就是说,一个成功的服务补救系统,需要关注顾客与员工的初次接触,并给予员工解决投诉问题时有依据的政策,因此,企业可以把服务补救的实施和企业人力资源管理实践结合起来。一般而言,服务员工在服务补救中的表现,将直接影响顾客对公平的感知,因此,在企业制定招聘标准和培训项目的时候,就应该把这一因素考虑进来。企业想要维持与顾客的关系,就应该重视那些能够充分了解顾客需求和顾客问题并能够提供正确服务的人——企业的一线服务人员。企业不仅应该认识到这一点,而且也要面向自己的员工不断地强调他们的价值和意义。例如,福特公司在这方面的做法就非常值得学习。福特公司的评估中心会对各个职位的应聘者进行九种技能评估,其中包括与服务补救密切相关的书面及口头交流能力、倾听技巧、问题分析能力、组织及跟进能力和压力管理能力等。在福特公司,顾客支持中心(customer assistance center)承担着服务补救的主要责任。因此,福特公司对该中心员工进行定期培训,培训项目涉及公司政策、服务保证以及倾听技巧、消解怨气和人际沟通等补救技能。为了让新员工能够对他们的工作有着实际的了解,福特公司还会开展一些模拟项目,比如面对一个发怒的顾客、一个经销商会议或者一份经销商会议报告等。这些培训项目不仅可以帮助员工学习如何更好地进行人际沟通,而且也为公司所建立的公平补救程序提供了详细的说明和指导。

在实践中向员工授权,使其能够对服务失败作出快速响应,对公平感知的三个维度都有着显著性的影响。首先,当员工获得授权能够自己处理并解决问题时,他们的工作态度和工作积极性都会相应地得到提高;其次,如果员工不再需要把问题反映给经理或者相关部门而能当场解决的话,那么补救程序的响应性和便利性都会提高;再次,如果员工能够根据顾客的处境和要求灵活地提供补偿方案,那么顾客对结果公平的感知也会得到增强。尽管授权有着诸多益处,但企业仍需在向员工授权这一问题上保持谨慎,过度授权反而会给企业带来更多的问题。

2.建立服务补救的指导原则和标准

服务补救的目的在于赢得顾客满意,并在整个补救流程中让顾客感知到公平。因此,企业应该针对服务补救制定一系列指导原则,以便能够帮助员工建立直接有效的工作参考。这样的指导原则,可能是一些模糊的描述,旨在为员工指明努力的方向。例如,在顾客发现问题之前,要预先发现并更正,而且要有礼貌;在问题出现之后,应立刻道歉,别找借口,保证把问题解决,并给顾客提供必要的补偿等。相对而言,也有的企业把指导原则制定得非常清晰。例如,顾客打进电话的等待时间不能超过 30 秒,退货手续不能超过 15 分钟,顾客的邮件必须在 24 小时内给予回复等。

3.迅速有效地对顾客作出响应

顾客在经历服务失败之后不向企业投诉,是企业实施服务补救的最大障碍。因此,为了尽量降低这种可能性,企业要利用各种方法使顾客与企业的接触方便而快捷,而且足够人性化。例如,公司热线和电话中心的出现,顾客可以在一天 24 小时中的任何时候都能迅速与公司取得联系,显然,这对顾客公平感知的三个维度都有积极的影响。同时,善于进行服务补救的企业不仅会让顾客方便地与企业取得联系,而且还会在顾客投诉或者抱怨之后立即采取行动,也许是一封道歉信,也许是一份优惠券或者小礼品等,都会增强顾客对流程与结果公平的感知。为企业的顾客代表或者专属的服务问题处理人员提供额外的培训,使他们在与顾客交流沟通的过程中有能力给顾客带来交互公平的感知等,这些都会让顾客感受到企业的诚意,从而提升顾客对企业的满意度,并减少负面口碑。

4.维护顾客及产品数据库

随着计算机技术的发展,企业存储信息的容量及处理信息的能力都得到了极大的提高。将企业的数据库与服务热线和网站连接起来,在顾客投诉的同时把顾客的相关资料和服务经历记录下来,可以为企业迅速解决问题提供依据。例如,医院可以根据病人的病历记录判断病人目前的状况以及是否已确定了合适的治疗方法等。同时,还可以为企业实施服务补救提供信息。例如,思科公司把以往发生的系统问题及解决方案记录下来,一旦顾客出现系统问题就可以立即找到对应的解决方法。此外,这些数据库也可以为企业以后的服务提供参考。例如,有些酒店会把经历过服务失败的客人资料记录在册,并在顾客再次到该酒店入住时给予格外的关注。

(三)第三阶段:分析服务失败并对顾客进行分类

当企业尽一切能力弥补了服务过失、挽留住顾客时,服务补救并没有结束。企业还应该记录、分析并继续跟进,以便保证下一次提供此项服务时能够做得更好。每一次投诉的解决,都应该带来服务质量的改进。然而,现有研究结果却显示,大多数企业都不能准确地记录和整理服务失败的案例,导致企业很难从中学习并不断提高。首先,这可能是因为鲜有服务人员耐心聆听顾客所描述的问题的细节,他们仅仅把投诉当成一件继续解决的独立事件来看待。其次,许多服务人员和管理人员会逃避问题的责任,反过来责怪顾客。再次,大量的投诉可能从来都没有得到有效解决,顾客写来投诉信、留言给服务人员或向许多服务人员抱怨,但企业却迟迟不采取行动。最后,企业没有一个专门的系统来收集和整理投诉信息。那么企业该如何保证顾客的投诉能够得到准确的记录、讨论和归类呢?除了在第一阶段和第二阶段中所给出的一些建议以外,企业还可以给一线员工提供专门的补救培训,在员工中形成从失败中学习的氛围。

另外,以下三个方面也可以帮助企业对服务失败的数据进行有效的整理和分类。

1. 创建内部投诉表格

投诉表格是企业内部用来记录服务失败的表格,包括记录由此作出的服务保证内容。它不是在顾客前来投诉时给顾客填写的表格,而应该由企业员工亲自填写,目的在于推动组织从服务失败中学习,并确保顾客的投诉能够得到妥善的解决。例如,施乐公司的"顾客行为诉求表"就记录了与顾客有关的问题的详细信息:顾客的投诉原因被划分为13个范围,如机器运转、服务、订单、送货、安装和销售等,工作人员在其中选择对应的栏目;在每个范围内再进行更细的编码分类,如顾客服务问题又被编码为12个小类,诸如获取服务困难、客户代表不能解决问题、服务价格或维修时间等。同时,还有另外三类编码来识别问题的根本原因。其中,第一类用来记录问题主要发生在流程、人员、产品方面,还是在政策方面;第二类则在态度、沟通、培训、道德、人为错误、技术和发货这七个因素之间进行编码;第三类编码则与企业部门相关,如销售、服务、供给及后勤等。此外,施乐公司还记录了问题的解决信息,包括责任人、解决方式、补救的经济意义及与顾客的接触细节等。在表格填好之后,就会交给顾客关系指导员,由指导员把信息传达至每个相关的个人。这样,一个综合的数据收集与分享流程就保证了服务改进所需要的关键信息。

2. 了解服务流程中的投诉

当顾客在服务流程中产生抱怨时,通常会向他能找到的、最近的服务人员反映。对企业而言,保证服务人员能够把这些投诉信息传递给组织,往往比要他们很好地回答顾客问题更有挑战性。那么如何才能让员工主动汇报顾客的投诉呢?这一挑战要求企业把一线员工纳入服务质量与顾客满意度的管理中来,更多地使用奖励方法,而不是一味地"一遭投诉即处罚员工"。

3.对顾客进行分类

记录下那些投诉过的顾客,对企业而言是很有帮助的。首先,一次有效的服务补救,往往能够产生更高的满意感。但是,接下来再发生的服务失败会使这种好感消失殆尽。因此,有些企业把投诉过的顾客放进 VIP 名单中。当这些顾客再次消费时,企业会小心翼翼地对待他们。其次,那些总是投诉并且企业无论做什么都不能使其满足的顾客,可能就是公司的"错误顾客"。这些顾客寻求的可能并不是当前企业能够提供的利益,而且他们会消耗企业更多的资源,对于那些提供百分百无条件服务保障的企业,这样的顾客可能就是"祸害"。因此,有些酒店会准备一份名单,当这上面的顾客打电话来订房间时,他们就会向其推荐其他酒店。

(四)第四阶段:数据整合与综合服务提升

既然顾客会对那些他们认为重要的问题提出投诉,那么不妨把投诉看成一种重要的市场信息。但是,考虑到顾客很少会在服务失败发生时主动进行投诉,因此企业需要借助一些其他信息来源,以便不断改进服务。对数据进行管理,就是为了确保组织能够收集到相关的、可信的、及时的信息,并与服务质量改进的投资决策者分享这些信息。具体而言,往往要求企业尽力做到以下几点。

1.记录服务质量数据

在识别服务失败并对服务质量进行改进的流程中,企业不仅需要来自顾客投诉方面的数据,而且还需要借助有参考意义的相关资料,如顾客、员工及竞争者的调研资料,关键利益群体,顾客和员工的建议以及服务交付质量等方面的信息。企业需要把这些信息与收集到的投诉和抱怨信息结合到一起,综合考虑改进服务质量的恰当方法。那么企业应该如何取得这些信息呢? 可供企业选择的常见方法包括:①企业可以请顾客填写一些评论表,以便了解顾客对服务消费的感受,或者对顾客进行研究。②定期对企业员工进行调研,听取他们对服务交付的意见。一线员工的意见,常常是企业创新的源泉。③管理人员秘密扮成顾客,亲自体验企业的服务交付流程,并对服务质量进行自我测评(即平常所说的神秘顾客)。④利用顾客服务热线以及顾客数据库中所收集到的服务信息。

2.在企业内部分享数据

当企业从各种途径收集到信息以后,应该确保在服务质量改进中充分运用了这些信息。也就是说,企业应采取一些措施,使那些真正对服务改进起作用的人员接触并得到这些信息。例如,部门例会是一种可以利用的形式,每周或每月召开一次,企业管理人员和员工可以在会上分享信息,讨论关于提升服务质量的想法和计划。同时,技术手段也使信息的分享更为快捷。例如,福特公司把服务中心的顾客投诉信息直接发送给相关的销售商,以便解决投诉;发送给市场部和工程部与其他信息进行整合。当然,企业还可以通过培训等形式把这些资料转化为员工可以利用的服务工具,使他们在今后的服务中更有能力为顾客提供意想不到的服务体验。

3.投资于服务质量改进

企业应该不懈地追求服务质量的提升,在必要的改进项目上不吝投入资本。但是,当企业决定要在服务改进方面有所投入时,应该先比较一下各种投资选项对顾客满意度、重复购买、服务成本以及市场份额所带来的影响。例如,提高酒店入住的速度和增加房间服务项目,哪个更能够吸引目标顾客? 显然,服务质量的提升会给企业带来更高的顾客满意度、更多的老顾客,甚至更高的市场占有率,但同时也会带来更多的成本。企业的营利性是对服务质量进行投资必须考虑的目标之一。因此,企业需要根据组织的需求,在质量改进与成本控制之间求得平衡。

基于四阶段服务补救流程,泽姆克和贝尔提出了服务补救框架(见图 8-2),旨在解决个别顾客问题,让个别顾客满意,并分别导向单个顾客的忠诚度的提高;改进服务系统,最终提高总体顾客满意度,培养总体顾客忠诚度。

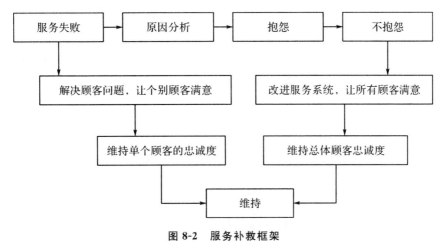

图 8-2 服务补救框架

资料来源:Zemke R,Bell C. Service recovery:Doing right the second time[J]. Training,1990,27(6):42-48.

实践案例:弗里德曼谈服务补救

作为顾客服务培训公司 Telephone Doctor(位于美国路易斯安那州)的总裁,弗里德曼向服务企业提供了服务补救方面的一些建议。他认为,成功的服务补救需要七个步骤:

1.承担起责任。只要代表公司接起了电话,就要承担起100%的责任。至少,打电话来的消费者认为你(指接电话的员工)应该这么做。从"这不是我的错"中走出来,想想"我能为顾客做些什么?"

2.说对不起确实有用。有些顾客服务代表会说:"如果那不是我的错,我不觉得我该说抱歉。"但在顾客的心目中,那就是企业的错。向顾客道歉不能解决问题,但确实能够在一定程度上消解顾客的怨气。

3.立刻向顾客表示理解。当某个顾客对企业感到生气甚至愤怒的时候,他往往需要一个人站在他这一边,或者至少能够理解他的感受。但是,除非确切了解消费者经历了什么,否则像"我知道你的感受"这样的话,应该谨慎使用。不过,服务人员可以尝试着说："那可真糟糕！"或者"噢，这真太不幸了！"

4.快速行动。别让顾客花时间等待好的服务。用最快的速度把顾客需要的服务提供给他们。如果需要，甚至可以连夜行动，这才叫服务补救。

5.询问什么能让顾客满意。在少数案例中，顾客会非常难缠。如果穷尽办法依然不能让顾客满意，不如直接问问顾客："我该怎么做才能让您满意呢，王先生？"在大多数情况下，顾客的要求企业是可以办到的，只是没有想到，所以就直接询问吧。

6.了解服务补救的真正含义。服务补救不仅仅是解决问题，还应该保证这个问题不会再出现。服务补救需要耐心地倾听顾客，尽管这看起来超出了所谓"义务"或"职责"的范畴。

7.继续跟进。在让顾客满意的第二天或再稍晚一些时候，打个电话给顾客，问一问"还需要我们为您做些什么吗？"要确定他们是否真的满意了。当你听到"谢谢，你们做得很好，我很感激"这样的话时，服务补救才是真的成功了。

资料来源：根据 Friedman N. Seven steps to service recovery[J]. Office Professional，2002，62(11-12)：4 整理改编。

二、服务补救原则

服务企业实施服务补救时要遵循以下原则。

(一)预防性原则

进行服务补救，化解顾客抱怨的最佳时机是在事前，预防为主，补救为辅。

(二)及时性原则

进行服务补救，关键是快速反应。当发生服务失败时，企业作出的反应越快，服务补救的效果可能越好。

(三)主动性原则

主动解决服务失误问题，不要等顾客提出来后再被动地去解决。还要为顾客提供轻松方便的抱怨环境和渠道，以便及时发现问题。

(四)注意精神性补救原则

要关心服务失误对顾客精神上造成的伤害，照顾顾客的情绪。

(五)顾客知情原则

在未发生服务失误时，要让顾客明白自己的权利和企业的义务，让顾客明白在发生服务失误时进行投诉的方式。在发生服务失误时，要让顾客清楚处理的步骤和进展。

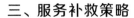

三、服务补救策略

(一)跟踪并预期补救良机

企业需要建立一个跟踪并识别服务失误的系统,使其成为挽救和保持顾客与企业关系的良机。有效的服务补救策略需要企业通过听取顾客意见来确定企业服务失误之所在。即不仅被动地听取顾客的抱怨,还要主动地查找那些潜在的服务失误。市场调查是一有效的方法,诸如收集顾客批评、倾听顾客抱怨、开通投诉热线等,以听取顾客投诉,有效的服务担保和意见箱也可以使企业发觉系统中不易觉察的问题。

(二)重视顾客问题

顾客认为最有效的补救就是企业一线服务员工能主动地出现在现场,承认问题的存在,向顾客道歉(在恰当的时候可加以解释),并将问题当面解决。解决的方法很多,可以退款,也可以升级服务。如零售业的无条件退货,如某顾客在租用已预订的别克车时发现该车已被租出,租车公司将本公司的劳斯莱斯车以别克车的租价租给该顾客等。

(三)尽快解决问题

一旦发现服务失误,服务人员必须在失误发生的同时迅速解决。否则,没有得到妥善解决的服务失误会很快扩大并升级。在某些情形下,还需要员工能在问题出现之前预见到问题即将发生而予以杜绝。例如,某航班因天气恶劣而推迟降落时,服务人员应预见到乘客会感到饥饿,特别是儿童,此时服务人员可以向机上饥饿的乘客说:"非常感激您的合作与耐心,我们正努力安全降落。机上有充足的晚餐和饮料,如果您同意,我们将先给机上的儿童准备晚餐。"乘客们点头赞同服务人员的建议,因为他们知道,饥饿、哭喊的儿童会使境况变得更糟。服务人员预见到了问题的发生,在它扩大之前,就杜绝了问题的发生。

(四)授予一线员工解决问题的权力

对于一线员工,他们真的需要特别的服务补救训练。一线员工需要具备服务补救的技巧和随机应变的能力。有效的服务补救技巧包括认真倾听顾客的抱怨、找到解决办法、灵活变通的能力。员工必须被授予使用补救技巧的权力,当然这种权力的使用是受限制的,在一定的允许范围内,用于解决各种意外情况。一线员工不应因采取了补救行动而受到处罚,相反,企业应鼓励员工大胆使用服务补救措施。

(五)从补救中汲取经验教训

服务补救不只是弥补服务裂缝,建立与顾客联系的良机,它还是一种极有价值但常被忽略或未被充分利用的、具有诊断性的、能够帮助企业提高服务质量的信息资源。通过对服务补救整个过程的跟踪,管理者可以发现服务系统中一系列亟待解决的问题,并及时修正服务系统中的某些环节,进而使"服务补救"现象不再发生。

延伸思考：成功的服务补救会有怎样的效果？

　　研究表明，顾客不满意的原因往往不是因为企业的核心产品/服务发生差错，而是因为企业对服务失败的反应和补救措施让顾客不满意。换句话说，是企业的"第二次服务失败"或服务的双重偏差让顾客不满意。服务失误是服务提供者提高消费者感知服务质量的第二次机遇，因此，有效的服务补救机制是企业提高顾客满意度进而提高市场份额和利润的重要部分。企业处理服务失误的方式成为弱化或强化其与消费者关系的关键要素。服务失误处理得当，有助于消费者与企业良好信任关系的建立，也会提高消费者对企业的依赖程度。并且，当顾客知道企业的政策旨在鼓励顾客投诉并会有效地对其进行服务补救时，顾客对企业将会变得更加忠诚；反之，顾客对企业的服务补救越是不满意，则其将越有可能散发一些对企业不利的口碑宣传以及转向其他企业。此外，研究表明，通过服务补救保留老顾客比吸引新顾客的成本要低廉。因此，服务补救机制是企业提高顾客满意度和顾客保有率的重要因素。服务补救与服务过程质量密切相关，它会影响消费者对过程质量的感知。企业必须积极地设计机制来降低"第一次服务失败"所带来的负面影响。有效的补救措施可以降低服务差错的负面影响，可以让一个生气沮丧的顾客重新变得满意和忠诚。

　　有的学者经过研究后发现，出现服务失误但得到及时而有效的补救的消费者，其满意率比那些没有遇到服务失误的消费者的满意率还要高。将服务补救概念引入服务质量管理中的目的是帮助服务企业有效地管理服务失误和消费者抱怨，提高消费者感知质量，从而与消费者建立长久的服务关系。

本章小结

　　服务失败是指服务交付流程中出现了失误、问题或者犯了错误，没能达到顾客对服务的最低要求，从而使顾客感到不满。服务失败的原因有多种，包括服务执行系统引起的、服务人员的意外行为引起的、顾客的不当行为引起的等。

　　服务补救是指企业在出现服务失误时，对顾客的不满和抱怨所作出的补救性反应。补救的方式按补偿形式分为经济补偿、行动补偿、心理补偿；按补偿程度分为道歉、合理补偿、善待顾客、超值补偿、遵守承诺；按补救时机分为被动补救、主动防御性补救、超前进攻性补救。

　　服务补救的基本流程包括识别服务失败、解决顾客问题、分析服务失败并对顾客进行分类、数据整合与综合服务提升。

本章思考

1. 服务失败发生的原因有哪些？

2. 顾客在服务失败发生后可能会有哪些反应？受到什么因素的影响？

3. 服务补救的策略包括哪些？

4. 举一个自己经历的服务失败的例子，回忆当时企业是如何进行补救的，企业的补救措施是否恰当？还可以做哪些改进？

第九章　现代服务企业组织

与一般企业的组织结构相比，服务企业的组织结构有其独特之处。服务组织的营销与人力资源之间的联系更加紧密。服务组织的形态由人员配备、结构、关系三个要素组成。数字技术的渗透使得现代服务组织表现出更具颠覆性的形态特征。本章首先介绍服务企业的组织形态及其构成要素；其次分析现代服务企业组织各要素维度的最新表现，以帮助我们理解以数字化为主要特征的现代服务企业是如何运作和管理的；最后介绍几种现代服务企业的数字化管理工具。

第一节　服务企业组织形态概述

一、组织形态及其要素

不同的服务企业有不同的生产规模和范围，因此需要匹配不同的服务组织结构和形态。作为服务企业的管理人员，非常有必要了解服务组织的构成，这样才能选择合适的服务组织形态，保障服务价值的有效传递。服务组织形态是指包括人员、组织结构、组织内外部关系等方面的组织模式。

现代服务组织形态变化过程较为复杂。以数字化为主要特征的现代服务组织变革过程既涉及工作内容改变、业务流程重组、组织结构调整，也涉及领导、文化、沟通、创新等管理范式的转变，还涉及外部关系变革等。数字时代，现代服务组织外部关系网络化、多边化程度加深，影响组织间关系的变化，客户、供应商成为数字化价值创造的重要参与者，社会组织与企业的关系也不再可有可无。

简而言之，服务组织的形态可归结为人员配备、结构、关系这三个要素。如图 9-1 所示。对于一个服务组织来说，这三个要素的融合模式形成了不同的组织形式。

（一）人员配备

服务的特点决定了服务组织中人员的重要性，因为，许多服务行业都是劳动密集型行业，即使是现代服务业也没有任何一个服务组织在技术上先进到不需要雇员就能够运作的地步。从战略性的角度来看待人员配备是服务企业组织策略的一个关键要素，而不是仅仅把它看作一种狭窄和策略性的管理职能。

现代服务企业中人员配备相关活动可归纳为以下三大策略。

（1）人力资源储备：是指确保有适当数量的人员和能力组合来满足企业的长期战略要求，尤其是回应员工关切，形成员工动员能力，包括人力总额管理、架构管理、岗位管理、招

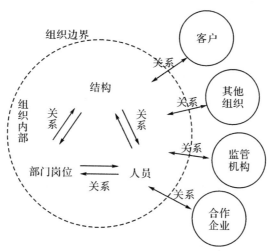

图 9-1 服务组织形态内涵

聘、人才培养、职业生涯开发和晋升。很多大型组织还将党建作为人力资源管理的重要内容,因为党建对员工动员力的影响巨大。

实践案例:平安红色金融的答案——高质量的党建引领平安的高质量发展

说一个很多人都不知道的数字——中国平安不仅是一家高速发展的金融机构、科技企业,也是一个规模庞大的党的基层组织。其团党委更是管理着多达 1793 个党组织、29774 名党员。

党建早已经成为平安高质量发展的保障。在马明哲的 2020 年新年致辞中,就提出要"做好加强党建、抗击疫情、决胜脱贫和科技创新"这四件大事,加强党建成为首要的目标。

党是企业的政治核心。身为一家民族金融企业,平安在发展过程中,始终突出党的政治核心作用。如在治理模式上,平安构建了党委会、股东大会、董事会、监事会、执委会的"五会一体"模式,党委委员全部进入董事会、监事会和高管团队。在集团和子公司的高管中,超九成都是党员。

在平安工作的人都知道,在平安内部,民主生活会已常态化。据平安内部人士透露,常态化开展"三问三讲九对照"专题民主生活会让员工们不断学会自我反思,更积极地面对工作和生活。

"情绪化严重、负能量较多""安于现状、缺乏忧患意识""日子得过且过"……在生活会上,每个平安人都会进行务实而深刻的"问、讲、对照",检视问题、剖析原因、制定对策、整改落实。

正是持续推进党建的保障作用,让平安人保持创新与活力。确保党建工作与公司经营发展"一条心"而不是"两张皮";始终突出党的政治核心作用,让平安总是能主动融入国家发展战略,与国家繁荣同频共振。

（2）考核管理：向全体员工传递管理信息，尤其是让他们明白企业需要什么样的态度和行为。具体内容包括薪酬/福利设计、奖金分配、计算发放、薪酬/福利查询、薪酬增值服务等。

（3）工作体系：组织安排人员、信息、场地和与技术相关的、用以创造或支持组织所提供服务的所有工作，包括参与工作流程与方式设计、团队管理等。

在许多服务企业，员工的素质和对责任的承诺已经成为竞争优势的一个重要源泉。更多企业向雇员授权的趋势代表着员工影响的特征和范围正在发生实质性的转移和扩展。高接触度的服务更是如此，因为顾客能够分辨某个企业和其他企业的雇员之间的不同。最高管理层对人力资源的重视是许多成功的现代服务企业的重要特征。

（二）结构

服务组织结构是指服务组织中正式确定的使工作任务得以分解、组织和协调的框架体系。显然，众多服务组织不可能以完全相同的方式来架构，只有 20 名员工的服务企业的组织结构绝不会与拥有 200 名员工的服务企业的组织结构相同。即使是同等规模的服务组织其结构也未必相同。

服务组织结构一般有以下几种类型。

1. 简单结构

所谓简单结构，即指一种低制度部门化、宽管理幅度、职权集中于一个人手中，且正规化程度低的组织设计。具有简单结构的服务组织，通常被个人控制，组织的形态也是以个人所能建立与维系的关系（包括组织内部与外部的关系）和非正式流程为主。以一家主营线上销售的电商宠物店"711 小动物健康医疗中心"为例，其简单的组织结构如图 9-2 所示。

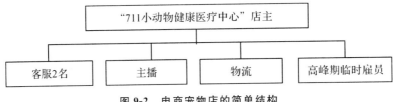

图 9-2　电商宠物店的简单结构

简单结构是小服务企业通常采用的结构类型。在简单结构的服务企业中，所有者往往承担大部分管理责任，几乎没有管理责任的分工。即使管理者不止一人（所有者可能有个合伙人或助手），一般也不明确规定谁负责干什么。因此，这种结构类型的主要优点是快速、灵活、维持成本低，主要缺点是服务组织只有在一定的规模以下才能有效运转，一旦超过一定规模，一个人将难当重任，而且有过度依赖个人的风险。

2. 职能结构

职能结构是根据服务组织所开展的主要活动（如生产、财务、市场营销、人力资源和信息管理等）划分的，亦称 U 形组织。职能结构起源于 20 世纪初法约尔在其经营的煤矿公司担任总经理时所建立的组织结构形式，故又称"法约尔模型"。图 9-3 勾画了一个典型的职能型服务组织结构。这种结构类型是那些规模较小，或是服务产品类型较少的公司通常采用的类型，而且在多分部结构的服务公司里，各分部也有可能分设不同的职能部门。

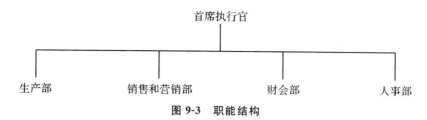

图 9-3　职能结构

图 9-3 所示职能结构的优势在于：服务企业内部政策、工作程序和职责规范清晰明确，管理权力高度集中，高级管理层可以对运营活动有更好的控制；在已有的专业化生产上容易实现规模经济。但是，随着服务组织的扩大和内部多元化的增强，其弱点也逐渐体现出来。高层管理者可能被日常运营琐事所埋没，或者仅仅依靠他们的专业技能而不是战略眼光来处理问题——在快速变革的商业环境中，这些依赖扎实技能的管理者既无法体察整体战略的需要，也无法作出协调一致的快速反应。同时，业务流程孤立，没有人对整个服务产品或整体客户群负责，对各职能专家的专业知识进行整合也很困难。

3. 矩阵结构

矩阵制组织是为了改进职能制组织横向联系差、缺乏弹性的缺点而形成的一种组织形式。它的特点表现在围绕某项专门任务成立跨职能部门的专门结构上，例如组成一个专门的业态（项目）小组去从事新业态开发工作，在研究、设计、试验、经营等各个不同阶段，由有关部门派人参加，力图做到条块结合，以协调各有关部门的活动，保证任务的完成。矩阵结构是一种流行的组织设计方案，在广告代理商、航空公司、医院、政府、大学、管理咨询公司、娱乐公司等组织中，都可以见到矩阵组织结构的存在。

图 9-4 是一个工商管理学院的矩阵结构。会计学、行政管理、财务管理等这些学术级别属于职能型单位，而本科教学、硕士培养、博士培养等属于具体项目。这样，矩阵组织中的成员就具有双重任务——职能部门的任务与项目（或服务产品）的任务。例如，一位负责教授本科会计学的教师，就处于本科生部主任和会计学系主任的双重领导之下。

学术级别	本科教学	硕士培养	博士培养	研　究	管理开发	社区服务
会计学						
行政管理						
财务管理						
信息与决策						
市场营销						
组织行为						
定量方法						

图 9-4　一个工商管理学院的矩阵结构

在矩阵结构中，员工在某一个职能部门工作，但同时又被派到另一个或多个产品部门或项目部门去工作。因此，矩阵结构的优点主要是：当组织的各种活动比较复杂但又互为依存时，它有助于各种活动之间的协调。在矩阵组织中，不同的专业人员可以通过直接而频繁的接触进行更好的交流，达到更高的灵活性。这种组织中充满了信息，而且这些信息能够更迅速地到达需要它们的人员那里。另外,矩阵组织还可以减少"官僚主义现象"——因为双重权威可以避免组织成员只忙于保护本部门利益而忽视组织整体目标的现象,有利于专业人员进行高效配置。当拥有高效专业化技能的人员被安置在一个职能部门或产品小组中时,他们的才能会受到垄断,因而难以充分发挥。矩阵组织不但为组织提供了最好的资源,而且提供了一种有效办法确保这些资源得到最佳配置,因而,它能够实现规模经济的优势。矩阵结构的缺点在于,它可能带来混乱,使得服务组织内部争权夺利的倾向增强,并给服务员工带来压力。矩阵组织中的员工有两个上司,一个是职能部门的上司,另一个是项目部门的上司,这就违反了统一指挥的原则,所以冲突出现的可能性大大增强。例如,谁向谁汇报工作常常不够清楚,服务产品经理之间也可能为了得到出色的专业人员而产生冲突,并可能进一步导致高管间的争权夺利。

4. 团队结构

在服务企业工作活动中,工作团队已经成为一种最广为流行的手段。当服务管理人员运用工作团队作为协调组织活动的核心方式时,其组织结构即为水平组织或称团队结构。以团队为基础的结构的理念是:与传统的、严格的劳动分工和广泛的、正式的控制措施相比,自我管理的团队可以在服务上创造更高的价值。以团队为基础的结构试图通过把员工按照业务流程变成跨职能的小组而实现纵向和横向的协调,其主要特征是它打破了部门界限,绕过原来的中间管理层次,直接面对顾客和组织总体目标,以群体和协作的优势,赢得组织的高效率。有时,采用以团队为基础的结构是为了应对客户群的多样性。

在较小型的服务企业中,可以用团队结构界定整个服务组织框架。例如,位于中国广州的 Roam Edit(一款笔记软件)开发公司是一家仅有十几人的软件公司,它完全按照工作团队来组织,工作团队承担绝大多数的经营管理和服务顾客的责任。

实践案例:团队型企业

2015 年,阿里巴巴集团高管访问位于芬兰赫尔辛基的移动游戏公司 Supercell。Supercell 当时号称世界上最成功的移动游戏公司,由 6 名资深游戏开发者在 2010 年创立,旗下拥有《部落冲突》《皇室战争》《海岛奇兵》《卡通农场》这四款超现象级产品。

这家典型的以小团队模式进行游戏开发的公司,由 2~5 名员工,最多不超过 7 名员工组成独立的开发团队,称之为 Cell(细胞),这也是公司名字 Supercell(超级细胞)的由来。做什么样的产品由团队自己决定,团队在最快的时间推出产品公测版,看看游戏是否受用户欢迎。如果用户不欢迎,就迅速放弃这个产品,再进行新的尝试,其间几乎没有管理者角色的介入。团队研发的产品失败后,不但不会受到惩罚,甚至还会举办庆祝仪式,以庆祝他们从失败中学到了东西。

这种模式让 Supercell 公司成了年税前利润 15 亿美元(2016 年)的游戏公司,也是这次访问,直接导致阿里启动了"大中台,小前端"的战略转型。

此外,大型组织中,团队结构经常被用来作为一种典型的官僚结构的补充,以使服务组织既能够得到官僚结构标准化的效果的同时,又能因为工作团队的存在而增强灵活性。

如中国城市商业银行浙江泰隆银行开发"小微企业贷"产品时,成立跨职能团队创新发展部,负责开发这在当时还是国内银行业没有的贷款服务。

实践案例:浙江泰隆银行的"小微企业贷"开发组织示意图(见图 9-5)

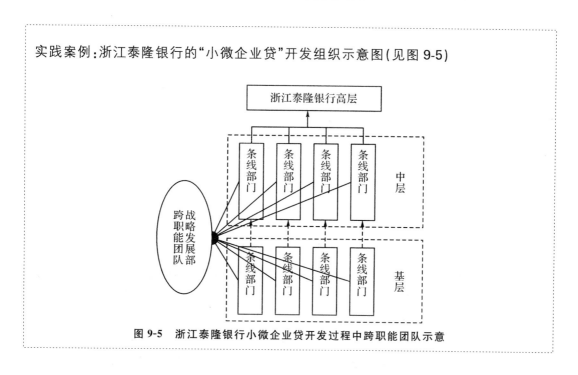

图 9-5　浙江泰隆银行小微企业贷开发过程中跨职能团队示意

5.无边界组织结构

无边界组织是指其横向的、纵向的或外部的边界不由某种预先设定的结构所限定或定义的这样一种组织设计。组织要在今天的环境中最有效地运营,就必须保持灵活性和非结构化。无边界组织力图取缔指挥链,保持合适的管理跨度,以授权的团队取代部门。无边界组织是相对于有边界组织而言的。有边界组织要保留边界,完全是为了保证组织的稳定与秩序;但无边界组织也需要稳定和呈现度,所以它绝不是要完全否定企业组织必有的控制手段,包括工作分析、岗位定级、职责权力等的设定,只是不能把它们僵死化。能使无边界组织正常运行的一个共同的技术原因是计算机网络化,这类工作可以使人们超越组织的内外界限进行沟通和交流。

目前讨论比较多的是无边界组织结构的两种形式:网络组织结构和虚拟组织结构。

(1)网络组织结构

网络组织结构是利用现代信息技术手段适应与发展起来的一种新型的组织结构。网络组织结构是目前流行的一种新的组织形式,它使管理当局对于新技术、新时尚,或者来自海外的低成本竞争具有更好的适应性和应变能力。网络组织结构是一种很小的中心组织,是依靠其他组织以合同为基础进行制造、分销、营销或其他关键业务的经营活动的结构,如图9-6 所示。在网络组织结构中,组织的大部分职能从组织外"购买",这给管理当局提供了高度的灵活性,并使组织集中精力做它们最擅长的事。

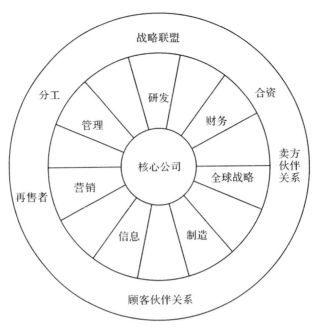

图 9-6　网络组织结构

网络组织结构是一种很精干的中心机构,以契约关系的建立和维持为基础,依靠外部机构进行制造、销售或其他重要业务的经营活动。被联结在这一结构中的各经营单位之间并没有正式的资本所有关系和行政隶属关系,只是通过相对松散的契约(正式的协议契约书)纽带,透过一种互惠互利、相互协作、相互信任和支持的机制来进行密切的合作。

采用网络结构的组织,他们所做的就是通过公司和公司外联网,创设一个物理和契约的"关系"网络,与独立的销售机构及其他机构达成长期协作协议,使它们按照契约要求执行相应的生产经营功能。由于网络型企业组织的大部分活动都是外包、外协的,因此,公司的管理机构就只是一个精干的经理班子,负责监管公司内部开展的活动,同时协调和控制与外部协作机构之间的关系。

网络组织结构极大地促进了管理效率的飞跃:一是降低了成本,提高了管理效益;二是实现了企业在全世界范围内与销售环节的整合;三是简化了机构,实现了企业充分授权式的管理。其缺点则是往往需要科技与外部环境的支持,并非适用所有服务企业。

(2)虚拟组织结构

数字经济时代,现代企业向组织结构简单化、扁平化的方向发展,于是就产生了能将知识、技术、资金、原材料、市场和管理等资源联合起来的虚拟组织(企业)。虚拟组织(企业)可以视为一些相互独立的业务过程或企业等多个伙伴组成的暂时性联盟,每一个伙伴各自在诸如设计、制造、分销等领域为联盟贡献自己的核心能力,并相互联合起来实现技能共享和成本分担,以把握快速变化的市场机遇(见图 9-7)。

虚拟组织是由虚拟组织单位组成的联盟,这些虚拟组织单位通常比采用传统结构形式的企业规模小、层级控制少,因此虚拟组织对外界的反应更快,具有小公司的特征。为了抓住市场机会,采用虚拟组织的形式可以迅速调动所需要的众多资源。

对于一个加入虚拟组织的企业或个人来说,其可以利用的资源是所有虚拟组织的总和。

图 9-7　虚拟组织结构示意

实际上,合作伙伴各自的核心能力才是它们为什么能够成为合作伙伴的原因。劳动专业化可以提高一个企业的效率,企业的专业化可以提高整个虚拟组织的效率,虚拟组织内部企业的专业化可以看作企业能力的分工,这种分工可以产生协同效应,使得整个虚拟组织的经营绩效高于单独组织的经营绩效之和。

　　传统的组织结构实行职能分工,纵向实行高度的垂直整合,因此得以对企业活动、信息和技术维持广泛、严格的控制。而虚拟组织是一种更加松散的耦合系统,合作伙伴之间的协调和控制是通过市场机制和合同来进行的,因此,对经营活动失去控制的可能性大为增加。对传统多业务、垂直整合的大企业来说,这种转变尤为重要。管理工作的重点不再是对众多的任务以及人们完成任务的方式实施直接控制,而是谈判和协调工作,这种变化是转向虚拟组织管理最艰巨的部分。与多部门的企业不同,虚拟组织需要整合独立的合作伙伴之间的流程和系统,这种整合通常耗资很大、耗时很长。多部门的企业已经建立了合适的层级结构来完成这种协调,在虚拟组织协调系统中,IT 担当着重要的角色。

　　虚拟组织代表了一种新的组织形式和管理模式,它的最大特点在于:突破传统企业组织的有形界限,强调通过对企业外部资源的有效整合,迎合某一快速出现的市场机遇。

知识拓展:虚拟组织的产生背景

　　20 世纪 90 年代以来,随着科技进步和社会发展,世界经济发生了重大变化。人们根据自己生产、工作和生活的需要,对产品的品种与规格、花色式样等提出了多样化和个性化的要求,企业面对不断变化的市场,为求得生存与发展必须具有高度的柔性和快速的反应能力。

　　为此,现代企业向组织结构简单化、扁平化方向发展,于是就产生了能将知识、技术、资金、原材料、市场和管理等资源联合起来的虚拟企业。1991 年,美国艾科卡(Iacocca)研究所为国会提交了一份题为《21 世纪制造企业战略》的研究报告,在报告中富有创造性地提出了虚拟企业的构想,即在企业之间以市场为导向建立动态联盟,以便能够充分利用整个社会的制造资源,在激烈的竞争中取胜。

> 1992年,达维多夫和马龙给出了虚拟企业的定义:"虚拟企业是由一些独立的厂商、顾客甚至同行的竞争对手,通过信息技术联成临时的网络组织,以达到共享技术、分摊费用以及满足市场需求的目的。虚拟企业没有中央办公室,也没有正式的组织图,更不像传统组织那样具有多层次的组织结构。"

(三)关系

结构是服务组织形态显性因素,但是任何结构的服务组织得以运转,都需要依靠正式和非正式的关系。关系是对服务组织运营的各种控制,是组织形态的隐性因素,它既能促进又能阻碍战略的实施。

组织关系包括组织内部关系和外部关系两个层面。内部关系是指组织内部人与人、部门与部门之间的正式或非正式关系,包括正式的控制(体系、规则和程序),也包括社会约束(如"文化"和"惯例"),甚至还有自我控制(个人激励)。外部关系是指组织与外部利益相关者主体之间的关系,包括指导、竞争、合作、联盟等。组织关系总体如图9-8所示。

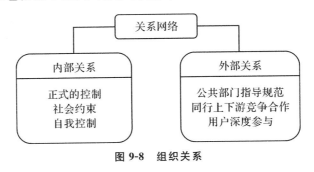

图9-8　组织关系

1.内部关系

内部关系具体包括如下一些方面。

(1)直接监管

直接监管是一个人或少数人对战略决策进行直接控制。小型服务企业通常采用这种机制,一些变化不大、业务不太复杂的大型服务组织也采用这种做法:由少数几名管理者在总部对战略进行详细控制。这种做法在家族服务企业和有着"事必躬亲"政治作风的公共部门中也很普遍。

(2)规划和控制

规划和控制是最典型的行政管理,即通过规划、控制和监督资源配置和资源使用效率的体系来保证战略的成功实施。规划涵盖服务组织的各个方面,并用财务指标清楚地说明各个领域占用资源的情况,同时也标明这些资源的详细用途——这种规划通常表现为预算。

(3)业绩目标

业绩目标关注的是服务组织的产出,比如服务质量、价格或业绩结果。业绩目标的方法比较适用于以下几种情况。

①业绩目标是服务组织总部对业务单位的战略和工作表现进行控制的常用手段。在大型服务组织内,业绩目标通常是层层下达至业务部门、业务单位或是职能部门,最后落实到

个人头上。

②在不完全的市场环境下,如英国和其他国家许多私有化的公共事业部门,在完全市场机制形成之前,是由监管机构实施控制的。这些监管机构借助最高定价(所谓 K 系数)机制来控制这些组织,即对那些与零售价格指数(RPI)相关的价格设置上限;当市场竞争发展到一定程度时,监管机构中会引入一系列公认的业绩指标,作为维持"有竞争力的"业绩的保障手段。

③公共服务部门一向重视对资源投入的控制,现在他们也在向重视产出方面作不懈的努力,而且他们更重视效果。

(4)市场机制

市场机制(market mechanism)是指将服务组织某部分的资源或投入以正式的"合同"体系的形式供应给服务组织的另外一部分形成产出。服务组织内部的市场机制可能以竞标这种简单的方式开始:服务公司总部成立一个类似投资银行的部门,或是在服务公司总部存留一部分"高品质"的资源,而各业务单位可以向总部投资,去争取这些额外的资源以支持自己的发展或特定的项目。在创新型风险服务企业的早期阶段,这种做法可以产生很大的支持作用,否则这些风险服务企业就可能因缺乏资源而"活活饿死"。

在实践中,内部市场机制也会产生一些问题:①各部门单位之间会不断地讨价还价,占用重要的管理时间;②监督资源在各单位间的内部调配会滋生一种新的官僚主义;③过度使用市场机制还会对服务组织文化产生深远的影响,使服务组织文化从合作、重关系转向竞争、重合同,从而不利于服务组织的发展。

(5)社会/文化机制(规范)

社会机制(social mechanism)指的是服务组织文化和标准化的行为规范,对于那些在复杂和动态环境中的服务组织尤其重要。在这样的环境下,鼓励创新是服务组织生存和成功的关键,但却不能通过官僚的方式进行——创新只有通过存在于"社区中的小社区"内部(或社区之间)的社会机制才能得以发展;换言之,只有专家和专业团体之间对知识进行共享和整合的非正式交流机制,才能够真正鼓励创新。

(6)自我控制(个人的行为和动机)

随着环境的快速变化和环境复杂性的增加,加上越来越需要发挥知识的作用,个人的动机和自我控制对工作表现发挥着越来越重要的影响,并引发了一些相关问题:①自我控制是在没有监管的情况下,通过个人之间的直接互动,达到知识整合和行动协调的目的;②个人动机在很大程度上受领导者类型和领导风格的影响。

在现实中,以上各种流程会通过相互间不同的组合来发挥作用。

(7)权力关系

构成服务组织形态的另一个重要因素是组织内部人员和部门之间,以各级组织领导者层层授权为基础,使组织中各机构部门及工作人员得以开展工作的组织内部的相互影响力。

2.外部关系

(1)用户(客户)关系

服务企业用户关系主要利用服务产品,结合企业内外部能力,以满足用户"一对一、个性化、高品质"需求为主而提供服务的过程。这个阶段的企业,主要的流程是服务用户获取流量，连接用户和产品，流量变现产生产品的销售。

这里面最大的特点是在流量获取、连接和变现的过程，第一次可以实现全时全链路全量用户数据的记录，并利用算力、算法和数据来分析用户的需求，从而提升用户体验，进而形成正向的用户体验反馈闭环。这里面的算力就是云计算，算法就是 AI，数据就是大数据等等。

区别于产品阶段企业和用户关系完全分离的情况，服务阶段的企业和用户是企业第一次和用户之间建立了新型关系，我们可以将其称为"利益共同体"，也就是企业要获利，首先必须平衡好用户的利益，只有共赢才有出路。而产品阶段，用户和企业之间本质上没有关系，这是质的区别。

进一步，用户关系深度渗透，服务企业与用户的关系从利益共同体上升到了更高的维度，这种关系可以称其为"情感共同体"，企业开始重视依托于感情的咨询企划，在充分做好产品和服务的基础上，为用户提供更高的需求维度的满足。

（2）社会关系

服务企业获得社会关系主要是指企业与利益系相关的政府部门、学校、公益事业单位以及民众的相互关系。

社会关系的重要意义表现在：①社会关系是企业生存和发展的基础；②社会关系是公共关系的综合体现；③企业对社会的影响具有二重性，既有经济意义，也有社会责任。

（3）同行上下游关系

服务企业的同行上下游关系根据紧密程度不同，可以分为以下方面。

①短期交易型

内涵：短期交易型的供应商是指服务企业和上下游、同行之间的关系是简单的交易关系。双方的交易仅停留在短期交易合同上，各自所关注的是如何谈判，如何提高自己的谈判技巧，而不是如何改善自己的工作，使双方都获利。供应商根据交易的要求提供标准化的商品和服务，以保证每一笔交易的信誉，当交易完成后，双方关系也就终止了。

特点：服务企业与供应商之间只有供销人员联系，其他部门的人员一般不参加双方的业务活动。

②长期伙伴型

内涵：长期伙伴型关系是指服务企业和上下游、同行之间的关系是一种长期合作关系。双方的工作重点是从长远利益出发，相互配合，不断改进商品质量与服务，共同降低成本，提高双方的竞争力。

特点：服务企业与上下游、同行的合作范围不仅是供销部门，而且涉及多个部门。

③渗透型

内涵：渗透型关系是在长期伙伴型供应商的基础上发展起来的。其指导思想是把外部利益相关者看成自己的一部分，因此，双方相互关心的程度大大提高了。为了能够参与到对方的业务活动，有时会在产权关系上采取适当措施，如互相投资、参股等，以保证双方利益的分享。在组织上也会采取措施，保证双方派员加入对方的有关业务活动。

特点：服务企业与上下游、同行之间的相互了解加深；服务企业可以了解自己的商品在对方的生产经营中起到什么作用，如何起作用，容易发现改进商品的方向；服务企业可以了解上下游、同行是如何组织生产和供应的，也可以提出改进合作的意见和要求。

④联盟型

内涵：联盟型关系是指服务企业与上下游、同行之间的关系是一种结盟关系。它们为了共同的市场利益而结成联盟，服务企业需要与上下游、同行共同研究，如何满足其需要。为了满足这种需要，上下游、同行可能需要对原业务模式进行重新思考、重新设计，这样，服务企业与上下游、同行之间就建立了一种长期依存的关系。

特点：联盟型关系是从供应链角度提出的，服务企业与上下游、同行都处在某一条供应链中，都是该供应链的成员，双方维持关系的要求更高了，随着供应链中成员的增加，相互之间关系处理的难度也会增加。因此，需要处于供应链核心地位的企业出面协调成员之间的关系，这个企业称为供应链核心企业。

二、组织形态生成逻辑与类型

(一)组织形态生成逻辑

一个服务组织为了与其所处环境取得协调而进行调整的过程中，任何形态都有可能出现。那么其基本的逻辑过程是怎样的？

服务组织形态是服务组织的人员配备、结构、关系三个维度特征的组合，这些组合决定了服务组织的运行方式。但组织形态的三个维度特征并非可以自由选择，而是由服务企业基于其所拥有的人力资源状况、技术资源状况、外部生态资源状况作出的安排，并受现代服务企业的战略定位影响。企业的资源状况、组织形态又反过来支撑其竞争战略。企业的战略定位也不是随意选择的，是受其资源优势、企业文化、行业竞争强度、确定性程度等因素的综合影响。以上就是现代服务企业组织形态生成的内在逻辑，图9-9详细展示了这一逻辑过程。

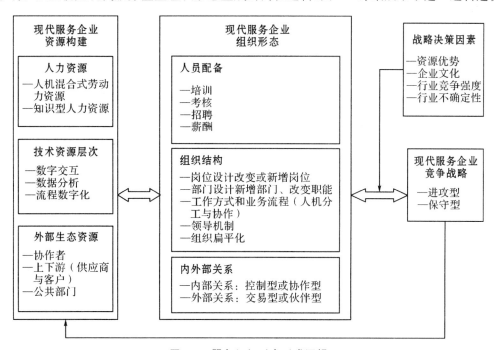

图9-9　服务组织形态形成逻辑

（二）组织形态主要类型

可以说，一个组织一种形态，但在几个主要维度上，一些组织具有相似性。明茨伯格从组织外部环境特征、组织关系特征、组织结构特征和最关键因素几个维度，就组织形态进行了分析，提出了六种一般化组织分类，包括简单型、机械官僚型、职能官僚型、部门型、专门型、使命感型（见表9-1）。这个总结是基于所有组织的分析得出的结论，对于现代服务企业组织形态的设计也同样具有参考意义。

表9-1 明茨伯格的六种组织形态

组织形态	环境因素		设计参数	
	环境	内部	组织的主要部分	主要关系
简单型	简单/多变 竞争激烈	小 新建立 任务单纯 总裁控制	战略制高点	直接监管
机械官僚型	简单/静止	资格老 大 正式任务 技术官僚控制	技术性结构	规划和控制体系
职能官僚型	复杂/静止	体制简单 专业人员控制	核心业务	规划体系
部门型	简单/静止 多样性	资格老 非常大 任务可分割 中层管理者控制	中层管理者	社会机制的控制 业绩目标
专门型	复杂/多变	通常成立时间较短 任务复杂 专家控制	核心业务 从事辅佐工作的人员	社会机制 自我控制
使命感型	简单/静止	成立时间适中 通常是"独立王国" 体制简单 意识形态上的控制	文化	社会机制

资料来源：明茨伯格.明茨伯格论管理[M].闾佳,译.北京:机械工业出版社,2007:125.

第二节　现代服务企业组织发展趋势

一、人员配备灵活精准化

（一）人员结构

1. 员工队伍特点

现代服务业的员工队伍较之以前更具多样性的特点。较之以往，更多的妇女加入就业大军中。美国的自由移民政策也有助于员工队伍多样化趋势的增强。在欧盟，员工工作不再仅仅局限于所属的国家，他们可以在任何一个欧盟成员国中寻找工作。聘用和辞退员工的成本高昂，甚至在某些国家，比如中国、德国等的一些行业，受法律和社会风俗的约束，企业辞退员工几乎是不可能的（尽管这种情形正在改变）。因此，这些国家的许多公司选择了聘用临时工的用人策略。临时工一方面能使企业迅速调整员工数量以适应服务需求的变化，另一方面也便于企业长期保留一定数量的全职员工作为开展基本业务的基础。例如，一家企业可以聘用足够数量的全职员工来处理稳定的日常业务，而在需求出现季节性增长或其他短期变动的情况下就聘用临时工来完成。全职员工全年工作，临时工只是在需求旺季工作。

此外，因为现代服务已经在"零工经济"的道路上越走越远。信息技术使共享经济得以发展。不仅有爱彼迎（Airbnb）这样的贡献资产（房屋）的现代服务业，更有很多贡献劳动力的现代服务业，比如网约车共享司机、58同城共享家政服务人员。不仅是低端劳动，像设计师、法律、法律等知识密集型服务业也都趋向共享化。

严格意义上，类似共享经济下的自由从业者和临时工都不是通常意义上的企业员工，但现代服务业中，他们又确确实实是服务的提供者，而且所占比例也越来越大。

2. 劳力资源结构

现代服务企业的劳动力越来越呈现"机器＋人"的人机结合型特征。通过劳动替代和机器增强，实现人机协作的劳动力资源结构。

首先，数字化替代了部分机械式工作岗位。如现代零售服务业的劳动替代主要发生在客服、收银、仓储管理等岗位上。深入分析可见，具体的替代原理不同。客服、仓储管理等岗位是通过智能语音技术、智能仓储技术（如机器人技术）实现技术替代，而收银岗位多是客户自助技术奠定的客户替代。

其次，通过人力劳动的机器增强逐步形成人机协作劳力。如智能客服替代人工客服回答重复、基础问题，节省出来的人力投入处理情感性、复杂性问题中，提升了整体客户体验和服务效率。又如数字技术分担了优衣库设计工作中格式化、批量化的工作内容，设计人员聚焦于有关创意、审美等工作内容，增强了企业的设计能力。可见，零售业数字化绝不单单是劳动替代，其真正意义在于人类劳动增强。组织应将智能化节约的资源用以劳动力新价值的释放，打造人机混合式劳动力资源。那些仅仅使用数字技术取代人类员工的企业，只能获得短期生产率收益。只有真正实现人类与机器协同工作的组织，才能通过人机协作价值的实现而获得持续绩效提升。

此外，随着现代服务业中数智化趋势的深化，人力资源构成总体向知识密集型、年轻型迁移。

3. 人力资源规模

现代服务业将会像曾经的制造业一样，对人力的需求规模越来越小。传统观念认为，服务业是劳动力的蓄水池，接受制造业生产技术发展带来的冗余劳动力。但随着现代服务业数智化趋势的加深，原先必须由人工来完成的很多服务业岗位也正在被机器替代，因此服务业也将减少对劳动力的需求。现在很多服务业的简单机械化劳动岗位首当其冲，已经在渐渐消失。

现阶段，一方面简单机械性岗位被替代，但大量知识密集型个岗位也在产生。原因有两方面，一则，虽然很多岗位被替代，但新工作岗位的人员需求提供了更多的就业岗位。二则，同一类型岗位内部也有此消彼长的趋势。如客服岗位上，售前客服虽然因智能客服替代而削减的人员，但为提升零售服务体验，售后客服岗位在增加；又如装卸搬运人员大量减少的同时智能仓储管理和维护岗位人员在增加。正是由于此消彼长，现阶段人力需求的规模缩减趋势还尚未显现，但可以预见这一天已经越来越近了。

(二)管理方式

现代服务业日渐以"数据化、自动化、智能化"为目标，将数智科技嵌入人事管理各场景，包括人才招聘、人才培训、人事服务、绩效管理、薪酬管理、外勤外包以及党建管理，这些方面的管理方式发生了深刻变化。

1. 培训方面

一方面，为提升组织成员使用数字技术与数字工具协作的能力，企业加强了员工数字能力培训，如苏宁就重新培训了数千名雇员，重点培训其数据整理等能力。另一方面，由于人力承担了更多情感性的工作，企业也驱动成员提升沟通和协作能力。如优衣库鼓励员工学习消费行为学等心理学知识，银泰着力提升营销人员与数据团队协作的能力等。对此，有些企业自行开发了"新技能培训"框架，另一些企业则购买了第三方培训服务。

技术日新月异，这就要求企业必须在员工培训与发展方面进行更大的投入。培训不再是一次性行为，而应该持续地定期进行。1997年，美国企业在正式培训与发展课程上的投资超过598亿美元，接受培训的员工超过4960万人，人均投入额超过1200美元。

工作环境中的技术运用逐渐将员工划分为两大类：一类是具备最新的技能与知识，从事高科技设备操作的技术性工作，另一类则是更多地从事非技术性的体力工作。如果员工在管理、操作、维修这些高科技设备方面得不到培训，他们就只能从事一些低技能、低薪酬的工作。

2. 考核方面

考核方式从以结果考核为主转变为以结果与过程并重的局面，考核也更加量化、实时、精准。因为依靠技术巡查，组织能够更精准地掌握雇员个体的绩效差异，雇员去留升降调整更加客观有效。如零售企业银泰通过数字化革新零售业务后，每项任务的价值计算更准确，对员工行为控制更详细；又如苏宁对呼叫中心客服人员话务考核依据智能语音分析技术提供的话务员评价报告，轻松判定客服服务质量，实现客服考核量质并举。

有能力的服务管理者知道他们必须全程监控某些具体指标,以确保既有效率又有效果地实现目标。所收集的数据因服务运营的不同而不同,但一般可分为两大类,这两类数据都涉及员工的能力问题:技术数据与顾客满意数据。例如,在一家快餐馆,服务的技术数据涉及食物准备与服务作业两个方面。食物准备数据可能包括储存时间长短、煎锅的清洗频率、原料的新鲜度以及食物烹调后的温度。服务的作业数据可能包括所必需的点菜、上菜及换菜的平均时间。顾客服务方面的客观数据也被认为是技术数据的一部分,比如服务员是否问候了顾客,是否提供了甜点或炸薯条。顾客满意数据可能包括顾客对等候、食物种类以及服务员态度等方面的满意度。

在医院里,需要认真监控的护理技术数据可能包括住院感染发生率、医疗事故发生率、死亡率以及平均滞留时间等。顾客满意数据可能包括对服务总体满意度的信息等。

技术赋能也使得考核服务人员人际互动成为可能。对现代服务管理者而言,监控员工的个人绩效并将信息反馈给员工本人也是非常重要的,其不仅体现在技术绩效方面,而且还体现在人际互动方面。现代零售企业往往是线上线下全渠道运营,线上又是多种平台共用,因此必须引入对服务人员多渠道协作的考核。

3. 招聘方面

现代服务业人员招募、调动的方式也发生了变化。首先,很多企业通过购买人力资源服务或建立内部人力资源分析系统,加强内部人力资源管理的科学性。如苏宁开发了员工团队信誉评价内部管理系统,支持内部人员的数字化选拔,提升了人员选拔的效率。在关键岗位选拔中,数字化选拔能够帮组织快速生成名单,形成差异化评价报告,提供给高层决断。又如优衣库自建新员工招聘人力资源评价系统,用于分析应聘人员的简历,并且也开发了评测系统、虚拟协作系统,来测试新聘人员的能力、个性特征。其次,数字化背景下,组织动态性增加,因此员工招聘更注重考察学习能力、年轻心态等特征。

数字时代招聘方式的变革增加了匹配合适人员的可能性。以往人们很难在居住地以外的区域找到工作,同样,组织也很难在所在地之外聘用员工。在线招聘的出现消除了这种地理上的障碍。诸如领英(LinkedIn)、51Job 等人力资源平台将世界各地的个人与组织紧密联系在一起。这些平台不仅向广大潜在的应聘者提供企业能力方面的信息,还可以使人们在前所未知的地区与组织中找到工作。

4. 薪酬方面

首先,随着人力资源总体效率的提升,人员总体薪酬水平增加。如苏宁近年来随着数字化转型,销售额/人员比率提升,"每年节约人工成本 10% 以上,但是人均工资涨幅在 20% 左右"。其次,企业内部薪酬出现一定程度的分化。数字化关键岗位的薪酬普遍提高,与传统岗位的差距扩大。这需要企业薪酬体系考虑内部转移支付,以维持人力资源体系的稳定。再次,薪酬更加精准,更能体现实际业绩和过程质量。

(三)工作方式

1. 弹性工作时间

许多企业为员工提供了对员工和企业双方都有利的富有弹性的工作时间。例如,在美国一家提供弹性工作时间的企业中,员工可以选择从早上 7 点至晚上 9 点之间的任何时间

来上班,只要完成8小时工作时间就可以下班。在德国一些公司中,弹性工作时间意味着员工可以在一年中某些阶段一周工作70小时(这时的工作没有加班费),然后在其他时间休一个长假。员工们在传统工作年中完成尽可能多的工作量,从而使他们的个人生活安排具有更大的灵活性,实现组织与个人的双赢。

2. 兼职工作与职位共享

服务中的兼职工作是员工与服务组织双方面的需要。人们选择兼职工作有多种原因,有些人主要是为了挣点额外收入,有些人因照顾小孩上学而无法从事全职工作,有些人则是由于健康问题或其他原因而必须限制工作时间。从组织角度看,许多服务需求随着时段的不同会出现很大变化。例如,在每年的电商高峰期,电子商务公司会增加大量的临时客服人员,快递公司也会增加很多工作人员;滑雪场与海滩度假胜地附近的服务需求呈现出很强的季节性;等等。

职位共享就是两个或两个以上的人共同承担一项全职工作,他们通常共用一间办公室,这样就可以减少企业提供办公室的支出。职位共享特别适合那些有小孩或高龄父母需要照顾的人。

3. 远程办公

随着通信成本的降低和传播速度的加快,许多业务可以聘用远离组织所在地的外地员工完成。受2020年新冠疫情的影响,线上办公已迅速成为企业和员工都能适应的工作方式。

二、组织结构市场导向

(一)以顾客为中心的文化

如本书第一章和第六章中一再强调的那样,现代服务企业典型的特征是企业文化高度以顾客为中心。

(二)组织与数字营销技术融合

现代服务组织与数字营销技术深度融合。生产率提高是由技术创新推动的组织变革的结果,而不是技术本身。新技术只有匹配新组织形式才能避免数字化陷阱,组织不随技术而变化,企业就会在能力、治理等方面产生冲突。因此,数字服务业的组织市场导向的变革过程要求组织与数字营销技术有机融合,成为数字驱动的现代服务组织。例如,线上广告投放、线上获客、线上客户行为分析等工作都需要具备一定技术常识的业务人员或分析人员来完成,而线上的一系列运营活动,例如优惠券投放、小程序裂变、自动化营销等,这些活动的设计,更是需要对技术有充分的理解才能设计出有效的活动执行路径和方案。

不仅线上业务如此,线下业务也在和数字营销技术深度融合,线上线下的边界逐渐模糊,商业的运作彻底被技术驱动前行。例如,线下门店通过获取客户微信号、手机号,和CRM数据库打通,建立全方位的客户画像,捕获客户线上线下行为,搭建公众号、小程序矩阵,实现客户线上线下的全触点管理。

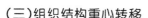

(三)组织结构重心转移

1. 服务组织前后台化

服务组织前后台化是现代服务业运作发展的新趋势。从 20 世纪 90 年代开始,金融业借助管理信息化,将票据支付和清算、金融资产管理、数据分析和处理、灾难备份、人力资源培训和管理、客户服务、定损理赔、产品研发等业务环节或流程集中执行或交予专业子公司执行,将其与直接面对客户的经营活动分离。由此形成了金融服务的前台与后台。前台是指负责业务拓展,为客户提供一站式、全方位的服务,直接面对客户的部门和人员;后台是指处理与支持业务和交易以及共享服务的部门和人员。后台好比现代信息技术中的"共享云"。之后,服务业前后台的分离趋势迅速扩大,后台业务分工不断细化,甚至被独立出组织,交由外部专业机构代为实施。这推动了服务外包的发展,使以印度为代表的服务外包接受地成为"世界办公室"。目前,前后台分离仍在广度和深度上加速推进,给服务业发展带来了深刻的影响。图 9-10 展示了前后台化现代服务组织结构。

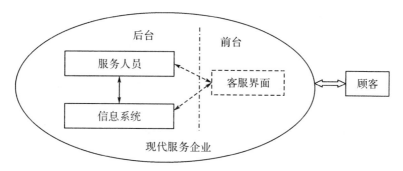

图 9-10 前后台化的现代服务企业组织结构(以银行为例)

传统的前台和后台的划分只是笼统地将服务系统从物理或地理属性上进行了分离,把物理意义上的服务系统和具体服务活动及服务人员实行了"一刀切"的截然分离。但这样理解前台和后台太简单。在新时期信息技术和顾客接触形式改变的背景下,分离的前后台服务系统并不意味着前台工作一定要由"前台"人员承担或后台工作一定要交给后台人员,前台和后台也并不局限于物理或地理角度的分离。有学者认为是否和客户接触才是区分前台和后台的关键判断标准。事实上,服务组织的外部联系不止于客户,所以可以更进一步认为,任何与外部环境发生信息传递、物质交换等交互活动的位置都应该被界定为前台。

根据上述观点,本文认为前台是指承担与客户、政府等外部环境主体之间的信息传递、物质交换等交互活动的组织内的技术设备和人员;后台是指不直接和外部环境接触的组织内的技术设备和人员。这一定义强调两点:前台的接触对象是外部环境中的所有主体;前台的形式不局限于服务人员,还包括能提供信息的技术设备,如自助服务设备。以银行为例,前台包括柜台人员、呼叫中心、市场推广人员等;后台包括数据中心、清算中心、银行卡中心等(见表 9-2)。

表 9-2　新服务开发的前台和后台示例（以银行为例）

	主体	承担活动
前台	管理者 柜台人员 呼叫中心 市场推广人员 自助服务设备 职能部门（如银行卡部） 调研人员（团队）	搜集信息，宣传产品 搜集信息，销售和宣传产品，接受咨询 接受咨询，宣传产品 宣传产品，传授知识，反馈信息 销售产品，接受查询 搜集信息 搜集信息
后台	数据中心 清算中心 银行卡中心 研发中心 灾备中心 培训中心	财务管理 风险汇报 监控及管理 战略发展规划 人员培训 信息维护

2. 组织结构呈倒置金字塔

顾客导向要求组织成员理解并承担对顾客的责任，拥有为顾客提供服务所需的权力。那些对计划和决策拥有实质权力的人员可能并没有足够的知识和能力快速为顾客提供优质的服务，因此，现代服务企业不该成为拥有烦琐官僚机构或拥有许多层级的组织，顾客与企业高层管理者之间的组织层级越少越好，组织趋向于扁平化。

由此，与传统组织相比，现代服务企业组织结构就由金字塔形向倒金字塔形转变（如图 9-11 所示）。这背后，意味着组织结构呈现以下三个方面的变化。

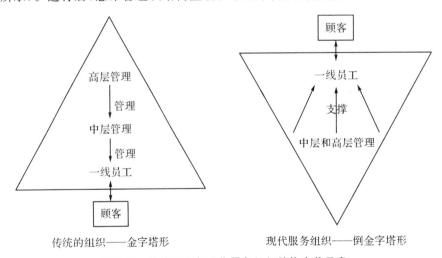

图 9-11　传统组织与现代服务组织结构变革示意

第一，优先权发生了变化。组织的金字塔结构完全倒置，高层管理者不再是金字塔的顶端，组织结构的其他部分决定了企业战略的成败。在服务接触中发生互动关系所牵涉的组织资源，包括人员、有形资源、信息技术、运营系统等，占据了金字塔的顶端位置。组织在服务接触中的表现决定了组织能否获得成功，员工和其他支持职能、管理活动才是成功的必要前提。

第二,对顾客的责任和经营决策权从管理层转移到了参与服务接触的员工手中,这些员工在关键时刻也要负起责任。"前台部门"指挥炮火,调动企业资源。企业中层和高层管理者的作用就是协调企业内部资源,成为支持者而非管理者。

第三,新的思维意味着组织的金字塔结构必须扁平化,这是责任和权力从管理部门转移到服务接触过程的结果,这样也就不再需要那么多组织的中间层次了。

三、组织关系生态化

(一)组织内部关系

1.重新设计工作关系

工作设计是指为一个组织设定某一个人或群体的工作活动规范。其目标在于合理分派工作任务,以符合组织与技术的要求,并满足工作者个人的特殊条件。工作(此处不包括监管工作)及其包含的活动可定义为如下四个层次。

(1)微动作:最小的操作活动,比如接触、抓住、移动或松开某一物体等基本动作。

(2)元素:包括两个或两个以上微动作,通常被认为大致是一个完整动作,比如拾取、运送及放置某一物体。

(3)作业:两个或两个以上要素组成的完整活动体,比如往电路板上缠线圈、擦地板或砍树。

(4)工作:必须由一个特定员工完成的一整套作业。一项工作可能包含若干项作业,比如打字、整理文档、口述记录(如秘书工作);也可能只包含一项作业,比如给汽车安装轮胎(如汽车装配线上的工作)。

要设计有效的工作关系必须考虑多种要素。它需要决定工作由谁来执行、在何处执行以及怎样执行。另外,如图 9-12 所示,每一要素需要考虑相应的附加因素。

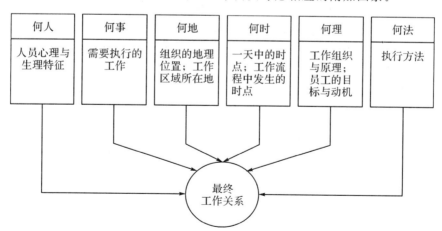

图 9-12　工作关系设计要素

现代服务业因为引入了数字工具,因此要重设工作内容、业务流程。重设工作内容是指组织分析工作内容,并加以重新组合,实现智能工具与人类员工之间的合理分工,充分发挥智能工具高效精准、24 小时待机等特点,发挥人类"情感保护"、直觉等特有能力。如客户服务岗位,机械性服务内容与情感性内容分别由智能机器人与人分工完成;又如智能工具为管理者提供数据和情境信息，帮助所有人依据数据和分析法作决策，而不是削弱人在决策流程中的话语权（优衣库）。

重新设计业务流程是指发挥智能技术优势，全方位改变业务流程，而不是将原有流程原封不动地丢给数字工具。例如，在传统企业的销售管理业务中，IT部门一般承担支持工作，配合业务开展。但是，在现代服务企业，产品研发部门会作为业务合作伙伴（而非业务下游）与业务部门一起，通过技术力量改善业务，提升效率。很重要的一个特点是产品经理会进入业务决策的过程，深度地参与业务。又如，现代零售企业全渠道销售采用非现货销售、共同配送等新配送模式；客户服务流程、采购流程、服务创新活动开展方式也大大改变。可见，现代零售企业的流程重组是指向全渠道融合的整体流程改变，而非面向实体销售和线上销售两个独立渠道。

2. 协调方式转变

首先，组织由控制型关系为主向以协作型关系为主转变。如优衣库对B2C电子商务平台的开发，需要下游物流部门与财务部门配合。其次，组织纵向关系减弱，横向关系增强。如优衣库数字部门的预算高度整合数字化运营的整体运营，预算除了自己部门支出之外，还包括销售部门、营销部门的数字化支出，甚至还包括跨国分公司。再次，组织由内向关系为主向外向关系为主转变。零售企业变得更加以客户为中心，以客户大数据和小数据为中心。此外，数字化背景下，零售企业要么参加其他平台企业，要么自建平台生态，搭建生态关系。

（二）组织外部关系生态化

现代服务业前沿企业与外部利益相关者的关系呈现生态化趋势。再以现代零售服务企业为例，零售企业与生态圈内供应商、客户、外部协作者、公共部门等主体前所未有地协同。比如，很多数字化转型较快的零售服务企业往往选择与合作伙伴相互开放数字系统，共同开发数字技术，以促成紧密伙伴型关系的建立。如苏宁自建人力资源评价系统、成立创新中心科学实验室；银泰自行研发全新商业流程系统，在此基础上将会员数据与天猫大数据打通，获得天猫旗下各种数字化工具。

零售商与供应商的关系更加紧密、关系距离更近。供应商的响应速度更快、产品供应批量更加减少。零售企业与外部协作者更加开放、透明、柔性地合作。

零售企业与客户的关系也发生了变化。技术空前增强了客户在零售中的影响力，顾客体验被提升到了前所未有的高度。零售企业不再仅仅专注于提升产品的使用价值而是更关注受使用价值体验影响的交换价值。这种价值逻辑改变渗透在零售的各个环节，改变了厂商的成本结构。公司越来越多地让消费者参与价值创造的各个方面，传统的客户关系也从购买型关系向价值共创型关系转变。尽管这种现象并不完全是新现象，但新技术将消费者进一步纳入价值创造过程。此外，客户关系由群体化向微粒化转变，零售企业不仅关注统计学意义上的群体客户行为，而且更关注单体客户行为，即零售企业通过单个客户"小数据"（全面数据）充分识别客户行为，提供极具针对性的服务。

零售企业与公共部门的关系也更加多元化。首先，零售业的数字化严重依赖政府的数字基础设施投入。其次，随着数字化的深入，零售企业获得的消费者数据日益庞大，政府部门对零售企业的"个人隐私数据保护"监管更加严格。同时,零售企业掌握的数据为数字化社会治理提供了极为重要的基础数据。比如对个税管理、低收入保障的精准化等能够提供支撑。再次,数字化对劳动力替代、收入两极化的影响也成为社会普遍问题,零售企业要依靠政府转移支付消除负面影响。

图 9-13 展示了现代零售企业的生态圈。

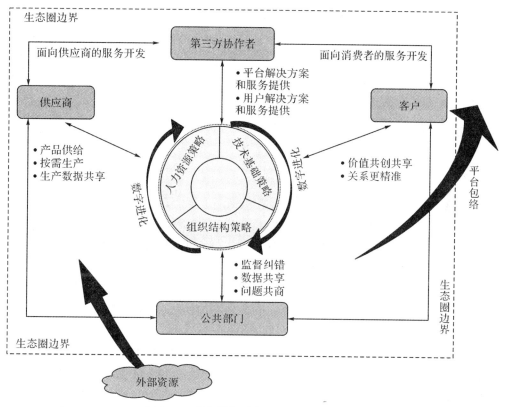

图 9-13　现代零售服务企业的生态圈示意

知识拓展:商业中的生态圈

　　服务企业与上下游、同行之间的关系是一种生态关系。它们为了共同的市场利益而结成生态圈,上下游、同行需要与服务企业共同研究市场,上下游、同行可能对其自身业务模式进行重新思考、重新设计,这样在生态内建立了一种长期依存的关系。

　　生态型关系是从生态圈角度提出的,上下游、同行都处在某一个生态中,各方维持关系的要求更高了,由于生态圈中的成员增加,相互之间关系处理的难度也增加了。因此,需要处于生态圈核心地位的企业出面协调成员之间的关系,这个企业称为生态核心企业。

第三节 现代服务企业数字管理工具

现代服务企业组织的典型特征是全面数字化管理。企业的决策、组织管理、生产、客户关系管理等各个环节都嵌入了数字管理工具。有些企业数字化程度较浅，局部环节实现了数字化，很多前沿企业已经实现了全流程数字化。

按照功能和解决的主要问题的不同，数字管理工具分为办公自动化系统（office automation systems，OAS）、管理信息系统（management information system，MIS）、决策支持系统（decision support system，DSS）等。

一、办公自动化

（一）办公自动化简介

办公自动化（office automation，OA）是 20 世纪 70 年代首先在经济发达国家兴起的一门技术。它随着信息时代的到来和现代科学技术的突飞猛进，尤其是计算机技术、通信技术以及自动化技术的长足发展而逐渐为人们所重视。OA 以其资源共享、协同工作、决策支持等方面的功能极大地提高了办公效率和科学决策水平。

OA 涉及行为科学、社会学、管理科学、系统工程学、人机工程学等多种学科，并以计算机、通信、自动化等技术为支撑，它将各种先进设备和软件紧密地组合起来，成为信息社会的重要标志之一。

一个完备的办公自动化系统是由最先进的软件技术和现代化的办公设备构成的，能快速、有效地加工、管理和传递办公信息，是协助行政管理人员协调和管理部门之间、企业和环境之间关系，保障信息畅通的有力工具。随着工业化经济向信息化经济的转变，企业的生产率及整体经济实力的提高越来越依赖于办公自动化系统。

（二）办公自动化系统的功能

办公业务主要体现在办文、办事、办会、信息四个方面，因而办公自动化系统相应地应具备如下功能。

第一，建立内部通信系统。建立组织内部的通信系统，使组织内部的通信和信息交流快捷通畅。

第二，建立信息发布平台。在内部建立一个有效的信息发布和交流的场所，例如电子公告、电子论坛、电子刊物等，使内部的规章制度、新闻简报、技术交流、公告事项等能够在企业或机关内部员工之间得到广泛传播，使员工能够了解单位的发展动态。

第三，文档管理的自动化。实现文档的计算机辅助管理，并将各个业务系统同档案管理系统紧密结合起来，提高文档（电子文档、纸制档案）管理工作的效率、完整性和利用率。

第四，工作流程的自动化。工作流程的自动化牵涉流转过程的实时监控、跟踪，解决多岗位、多部门之间的协同工作问题，提高单位协同工作效率。

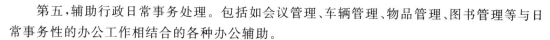

第五,辅助行政日常事务处理。包括如会议管理、车辆管理、物品管理、图书管理等与日常事务性的办公工作相结合的各种办公辅助。

第六,决策支持。在上述功能的基础上,对各种信息进行集成,通过对信息多层面、多角度的观察、显示、分析,发现其潜在的规律性的东西,使相关的人员能够有效地获得整体的信息,提高整体的反应速度和决策能力。

知识拓展:办公自动化的发展阶段

第一代办公自动化是以数据为处理中心的传统 MIS 系统。它最大的特点是基于文件系统和关系型数据库系统,以结构化数据为存储和处理对象,强调对数据的计算和统计能力。其贡献在于把 IT 技术引入办公领域,提高了文件的管理水平。但是,这种方式缺乏如收发文件等群组协作工作过程的处理能力,因而其"自动化"程度是有限的。

第二代是以工作流为中心的办公自动化系统。伴随网络技术的发展,软件技术也发生了巨大的变化,办公自动化已实现了以工作流为中心。这种方式彻底改变了早期办公自动化的不足之处,以 E-mail、文档数据库管理、复制、目录服务、群组协同工作等技术为支撑,以工作流为中心的第二代办公自动化系统包含众多实用功能和模块,实现了对人、事、文档、会议的自动化管理。

与第一代办公自动化系统相比,第二代办公自动化系统有三个显著特点:以网络为基础,以工作流自动化为主要的技术手段,缺少对知识管理的能力。第三代办公自动化系统建立在企业 Internet 平台之上,旨在帮助企业实现动态的内容和知识管理,使企业的每一位员工都能够在协作中不断获得学习的机会。

事实上,现在的办公已不再是简单的文件处理,也不再是单纯的行政事务了,其任务是要提高整个企业的运作效率,进而提高企业的核心竞争力。知识管理可以帮助企业解决知识共享和再利用的问题。知识管理是一个系统工程。目标是帮助企业发现潜在知识,定位拥有专门知识的人,从而传递知识,有效利用知识。知识管理意味着在恰当的时间,将正确的知识传给正确的人,使他们采取最合适的行动,避免重复错误和重复工作。知识管理关注"如何获取、组织、利用和传播散布在企业信息系统和人们头脑中的知识"。

第三代办公自动化系统的核心是知识。与第二代相比,第三代办公自动化系统不仅模拟和实现了工作流的自动化,更模拟和实现了工作流中每一个单元和每一个工作人员运用知识的过程。第三代办公自动化系统具有几个突出的特点:实时通信,员工与专家可以在网上实时交流;信息广泛集成;构造知识门户。实际上,无论实时交流、信息集成还是门户建设都是知识管理的要素。因此,第三代办公自动化系统的核心是知识,实现的基础是知识管理技术。

综上所述,办公自动化系统的发展经过三个阶段、两个飞跃过程。从以数据为核心发展到以信息流为核心,进而提升为以系统地运用知识为核心。知识贯穿于各种方式的信息交流中,从简单的电子邮件、群件与协作,到进而构建 Web 应用,其核心目的都是在获得应用知识。知识是企业网络上传递的最有价值的信息。对知识的运用效果关系到企业的综合发展实力。第三代办公自动化系统帮助企业从 how to 的过程转到 know 的过程，使办公自动化系统由模拟手工作业向改变并提高手工作业效率过渡。

资料来源：刘宝.办公自动化发展历史简述[J].长岭技术，2001(2)：2.

二、管理信息系统

(一)管理信息系统的概念

管理信息系统是一个以人为主导，利用计算机硬件、软件、网络通信设备以及其他办公设备，进行信息的收集、传输、加工、储存、更新和维护，以企业战略竞争、提高效益和效率为目的，支持企业高层决策、中层控制、基层运作的集成化的人机系统。

从这个定义中，我们可以看出，管理信息系统绝不仅仅是个技术系统，而是把人包括在内的人机系统，因而它不仅是个管理系统，而且也是个社会系统。

(二)管理信息系统模型及其发展

管理信息系统经历半个多世纪的发展已日趋成熟。20 世纪 60 年代中期以后，物料需求计划(material requirement planning，MRP)的成功推出是一个标志性的里程碑。从 MRP 到以物料需求计划为核心的闭环 MRP 系统，到 20 世纪七八十年代的制造资源计划(MRP Ⅱ)，一直发展到 90 年代的企业资源计划(enterprise resource planning，ERP)系统。在 ERP 基础上又产生了两个重要分支：客户关系管理(CRM)和供应链管理(supply chain management，SCM)。

1. 物料需求计划(MRP)

20 世纪 60 年代初，计算机首次应用于库存管理，这标志着制造业的生产管理与传统方式相比产生了质的变革。与此同时，在美国出现了新的库存与计划控制方法，即计算机辅助编制的物料需求计划(MRP)。

MRP 是一种应用物料清单、库存数据、车间在制品数据，以及主生产计划(master production schedule，MPS)来计算相关需求的一种技术。利用这种技术，可以较好地保证用户订单需求数量和交货日期。MRP 的基本内容是编制零件的生产计划和采购计划。

MRP 的基本任务：一是从最终产品的生产计划(独立需求)导出相关物料(原材料、零部件等)的需求量和需求时间(相关需求)；二是根据物料的需求时间和生产(订货)周期，确定其开始生产(订货)的时间。

2. 制造资源计划(MRP Ⅱ)

20 世纪 70 年代末，随着闭环 MRP 在制造企业中被广泛应用并取得成功，其范围和功能进一步扩展，它把企业的生产、库存、销售、财务、成本等各个部门联系起来，逐渐地发展成为一个涵盖企业各个部门和全部生产资源的管理信息系统，即 MRP Ⅱ。不仅如此，它还涉及企业的经营计划，亦即它与企业的外部环境建立了联系。总的说来，MRP Ⅱ 主要还是一个着重于企业内部的管理信息系统。企业的战略规划、市场以及高层决策方面的功能还是比较弱的。

MRP Ⅱ是在模拟制造企业生产经营的基础上建立起来的,对制造企业生产经营活动进行有效管理的一种模型。它本身并不是一个具体、确定的管理信息系统软件,而是一种适合于制造企业管理的思想,并根据这种思想对生产经营活动中各种事务进行处理的逻辑。利用这种模型建立的 MRP Ⅱ不仅可以精确地编制出企业未来的产品生产计划、物料需求计划、生产作业计划、人力及设备等资源需求计划,还可以根据企业内部生产管理及外部环境发生变化的情况,进行模拟分析,提供多重方案,供管理者决策,从而保证重要的生产经营活动正常、高效地运转。

制造资源计划 MRP Ⅱ在 MRP 的基础上,增加了对企业生产中心、生产能力等方面的管理,实现了计算机安排生产,形成了以计算机为核心的闭环管理系统,以动态监察产、供、销的全部生产过程。

3. 企业资源计划(ERP)

企业资源计划,即 ERP 是 MRP Ⅱ的进一步发展,从管理范围来看,MRP Ⅱ是面向企业的生产/制造部分,而 ERP 的管理范围则包含了整个企业的各个方面,包括财务、制造与人力三个大的职能区域。企业资源计划 ERP 是建立在信息技术基础上的,以系统化的管理思想为企业决策层及员工提供决策运行手段的管理平台。ERP 系统集信息技术与先进的管理思想于一身,成为现在企业的运行模式,反映时代对企业合理调配资源、最大化地创造社会财富的要求,成为企业在信息时代生存和发展的基石。

4. 供应链管理(SCM)

从技术的角度来看,供应链管理(SCM)是全方位的企业管理应用软件,可以帮助企业实现整个业务运作的全面自动化。SCM 是在 ERP 的基础上发展起来的,它把公司的制造过程、库存系统货物供应商产生的数据合并在一起,从一个统一的视角展示产品建造过程和各种影响因素。供应链管理解决方案是随着 Internet 和电子商务的发展而发展起来的一种新型的管理系统,它涉及生产企业、分销商、零售企业、批发企业及客户等整个产品制造、销售的全部流程,使用它可同步并且优化由用户驱动的产品流、服务流、信息流、资金流,以满足客户的需求,且在目标市场上获得最大的财务、运作和竞争优势。供应链管理的目标是通过贸易伙伴间的密切合作,以最小的成本和费用提供最大的价值和最好的服务,最终达到提高企业核心竞争力、获取最大生存空间和利润空间的目的。SCM 帮助管理人员有效分配资源,最大限度地提高效率和减少工作周期。

5. 客户关系管理(CRM)

客户关系管理的概念最初是由美国的加纳斯集团提出的,伴随着互联网和电子商务的大潮进入中国。对 CRM 的定义,目前还没有一个统一的表述,简单地说,CRM 是一个获取、保持和增加可获利客户的过程。就其功能来说,CRM 是通过信息技术,使企业市场营销、销售管理、客户服务和支持等经营流程信息化,实现客户资源有效利用的管理软件系统。其核心是以"客户为中心",提高客户满意度,改善客户关系,从而提高企业的竞争力。

(三)管理信息系统的结构

从层次上,管理活动可以分为战略规划层(战略管理)、管理控制层(战术管理)、运行和操作控制层(业务处理)三个不同的层次。

第一,战略管理层管理信息系统。由于战略管理层的管理活动涉及企业的总体目标和长远发展规划,如制定市场开发战略、产品开发战略等,因此,为战略管理层服务的管理信息系统,它的数据和信息来源是广泛和概括性的,其中包括相当数量的外部信息,如当前社会的政治、经济形势,本企业在国内外市场上的地位和竞争力等。由于战略管理层管理信息系统又是为企业制订战略计划服务的,因此它所提供的信息也必须是高度概括和综合性的,如对市场需求的预测、对市场主要竞争对手的实力分析及预测等。它们都可以为企业制订战略计划提供参考价值。

第二,战术管理层管理信息系统。战术管理层的管理活动属于中层管理,它包括各个部门工作计划的制订、监控和各项计划完成情况的评价等主要内容。因此,战术管理层管理信息系统主要是为各个部门负责人提供信息服务,以保证他们在管理控制活动中能够正确地制订各项计划。战术管理层管理信息系统的信息来源于两个方面:一方面来自战略管理层,包括各种预算、标准和计划等;另一方面来自业务处理层,包括企业各种计划的完成情况和经过业务处理层加工后的信息等。战术管理层管理信息系统所能提供的信息主要有各部门的工作计划、计划执行情况的定期报告和不定期报告、对管理控制问题的分析评价、对各项查询的响应等。

第三,业务处理层管理信息系统。业务处理层的管理活动属于企业基层管理,它是有效利用现有资源和设备所开展的各项管理活动,主要包括作业控制和业务处理两大部分。由于这一层的管理活动比较稳定,各项管理决策呈结构型,可按一定的数学模型或预先设计好的程序和规划进行相应的信息处理。一般来说,业务处理层管理信息系统包括事物处理、报告处理和查询处理等功能信息处理方式。

(四)管理信息系统的功能

管理信息系统有如下功能:一是信息处理功能,它涉及数据的采集、输入、加工处理、传输、存储和输出;二是事物处理功能,它帮助管理人员完成一些繁重的重复性劳动,使管理人员将更多的精力投入真正的管理工作之中;三是预测功能,它通过运用数学、数理统计或模拟等方法,对历史数据进行处理,对未来的发展作出估计;四是计划功能,即合理安排组织中各部门的计划,并向不同层次的管理人员提供相应的计划报告;五是控制功能,即对计划的执行情况进行检测检查,比较执行计划与原定计划的差异并分析原因,辅助管理人员及时运用各种方法进行控制;六是运用数学模型,及时推导出有关问题的最优解决方案,辅助管理人员进行决策。

三、决策支持系统

(一)决策支持系统的概念

狭义的决策支持系统是指能够利用数据和模型来帮助决策者解决非结构化问题的高度灵活的、人机交互式的计算机信息系统。

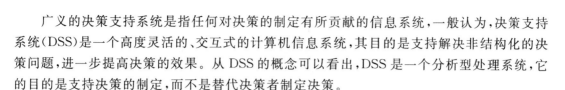

广义的决策支持系统是指任何对决策的制定有所贡献的信息系统,一般认为,决策支持系统(DSS)是一个高度灵活的、交互式的计算机信息系统,其目的是支持解决非结构化的决策问题,进一步提高决策的效果。从 DSS 的概念可以看出,DSS 是一个分析型处理系统,它的目的是支持决策的制定,而不是替代决策者制定决策。

(二)决策支持系统的结构

决策支持系统的结构可以从两个方面来对其进行考察,一个是它的概念结构,另一个是它的框架结构。

1.决策支持系统的概念结构

(1)语言系统(language system,LS)。

(2)知识系统(knowledge system,KS)。

(3)问题处理系统(problem processing system,PPS)。

2.决策支持系统的框架结构

(1)人机对话子系统。

(2)数据库子系统。

(3)模型库子系统。

(4)方法库子系统。

(5)知识库子系统。

(三)决策支持系统的功能

决策支持系统的目标就是通过将计算机强大的信息处理能力和人的灵活判断能力结合起来,以交互方式支持决策者对半结构化和非结构化问题进行有序的决策,以尽可能获得令人满意的客观的方案。它的主要功能如下:一是整理并及时提供本系统与本决策问题有关的各种数据;二是尽可能收集、存储并及时提供系统之外的与本系统问题有关的各种数据;三是及时收集提供有关各项行动的反馈信息,包括系统内及与系统有关的数据;四是能够用一定的方式存储与所研究的决策问题有关的各种模型;五是能够存储及提供常用的数学方法(特别是数理统计方法)。

本章小结

现代服务企业的组织形态是企业基于所拥有的人力资源状况、技术资源状况、外部生态资源状况以及特殊战略定位在人员配备、组织结构、组织内外部关系等维度上作出的安排。可借鉴的组织安排包括简单型、机械官僚型、职能官僚型、分部型、专门型、使命感型等。

现代服务企业组织表现出人员配备灵活精准化、组织结构市场导向化、组织关系生态化等特征。数字工具在现代服务企业中被广泛用于支撑新型组织结构,这些数字工具包括办公自动化、管理信息系统、决策支持系统等。

本章思考

1. 组织形态的决定因素有哪几个？
2. 现代服务组织的市场导向体现在哪些方面？
3. 请以某现代零售企业为例，试阐述其外部生态参与主体有哪些？
4. 请搜索和讨论现代办公自动化的最新趋势。

第十章 现代服务企业价值实现

任何商业模式存在的意义归根到底都是价值实现,制造业如此,服务业也是如此,传统企业如此,现代服务企业也是如此。现代服务企业必须从一开始就定位自己的价值取向,设定价值的实现机制。企业的价值实现是成本与收益的比较,现代服务企业成本与收益表现出新的特点。本章将讨论现代服务企业价值实现的相关问题。首先,回顾企业价值理论;其次,梳理现代服务企业的价值评估方法;最后,讨论现代服务企业的收费策略,包括"服务的收费应当是多少?""应该由谁来收费?""何处收费?""何时收费?""如何收费?""定价的基础是什么?"等问题。

第一节 企业价值理论

解析服务企业价值实现机理不仅要研究价值创造逻辑,还要研究价值增值、交换、转化和分配逻辑。

人类社会实践活动的核心是价值。不同学科领域对价值有不同的理解。在哲学中,价值往往被理解为终极性追求;在马克思主义政治经济学中,价值被定义为无差别人类劳动的凝结,是商品交换的本质;在西方古典经济学中,价值则是消费者对效用的主观评价;在企业金融财务视域下,价值是指企业在资本市场上的价值估计。

经济发展历经农业经济、制造经济时代后,进入了服务经济时代。不同时代,价值创造机制不相同。农业经济时代,以劳动价值创造为主;制造经济时代,以资本产生价值为主;服务经济时代,知识的价值创造作用显著提升。

一、农业经济时代的劳动价值理论

配第在《赋税论》中首次提出劳动是价值的来源这一观点。后来,李嘉图进一步深化了劳动价值论的思想,坚持劳动是价值的唯一来源即一元的劳动价值论。马克思把劳动价值理论发展到最高阶段,形成了科学的劳动创造价值的思想,认为商品是用来交换的劳动产品,具有使用价值和交换价值双重属性:价值是凝结在商品中的无差别的人类劳动,是以社会必要劳动时间来衡量的。农业经济时代,企业这种组织尚未出现,彼时主要的生产组织形式是与封建制度相适应的封建君主大地主。生产组织的价值直接与其具有的无差别人类劳动力数量以及土地、水等自然生产资料相关,即一国一郡的财富只与拥有的人口数量和土地数量两个主要因素相关。

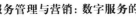

二、制造经济时代的资本价值理论

进入制造经济时代,商品经济获得了发展,为降低交易成本,企业组织出现。制造经济时代相比农业经济时代,创造价值的关键因素扩大了。一方面,劳动的内涵和自然资源的范围扩大了。劳动力不再仅指体力大小,还包括知识技能等因素决定的智力。自然资源不再仅指土地,还包括矿藏、能源等。另一方面,创造价值的因素种类扩展了,资本因素成为价值创造的重要因素。发展到制造经济后期,资本因素多样化包括有形资本、无形资本、人力资本、组织资本、生态资本等。

(一)有形资本

一是硬资本。硬资本表现为生产中使用的厂房、机器、技术装备以及原材料、流水线等。在传统制造经济中,硬资本主要集中在企业的生产制造领域,企业主要在生产制造环节进行价值的创造。硬资本作为实物资本是企业最基本的要素,但硬资本具有同质性和非专门性的特征,容易被模仿和取代,因此基于硬资本的企业竞争优势不能长期拥有。

二是软资本。软资本包括先进技术、知识产权、网络平台、业务模式、流程再造、营销渠道以及制度安排等,它们对一个企业的价值增长起着越来越重要的作用。现代企业的价值越来越取决于软资本的供给。

(二)无形资本

无形资本是一种比软资本更高级的资本形态,如企业文化、思想、时间等。

(三)人力资本

人力资本包括知识资本、关系资本、社会资本等。知识资本在其复制和使用过程中总量不断增长,更新速度日益加快,不仅自身的价值会增值,还会产生巨大的溢出效应。关系资本则是指企业的外部商业关系和社会关系及企业内部的人际关系。

(四)组织资本

组织资本主要体现在专业化经济、规模化经济、范围化经济、模块化经济、网络化经济等多种组织形态中。企业组织资本的形成需要长时间的积累和较高的资源投入,因此其生产成本较高。但组织资本一旦形成,就能在企业内甚至企业间通过协同作用实现低成本复制。

(五)生态资本

生态资本客观存在于自然界,同时又与人类的生产活动密切相关。企业的生存首先依赖于对自然资源的索取和利用,所以要充分协调生产、环境、资源和企业价值创造之间的关系,形成可持续发展的企业观。企业的成长、价值的创造和生态环境的发展属于同一过程。

三、服务经济时代的价值创造理论

如果说传统服务业是与制造业相似,以劳动力、资本为价值创造的主要方式,那么信息技术带来的知识深度大大增加、广度大大扩展、转移速度大大提高了,成为现代服务业价值

创造的最主要因素。

知识深度是指智能计算(AI)、大数据等新知识的深度应用。数据井喷式增长和数据分析技术的开发,使得对信息的分析能力获得突飞猛进的提升。这些技术的应用带来了前所未有的服务智能化和自动化,提升了服务的生产效率。比如机器人参与服务,将服务的劳动消耗降到几乎为零。由于大数据技术对事物间相关性的解读,以及打破信息不对称所带来的价值驱使,原有交易结构中的黑箱消失,许多产业链的价值因此而消融。

知识转移从速度缓慢变成了以纳秒为计量单位的流动速度,从原来的定向流动变成了不定向流动。信息和知识本身就是现代社会中任何商业活动的一个基础性元素,当知识转移加速的时候,就必然会出现许多意想不到的变化。知识转移的加速首先打破了信息不对称的壁垒,使原本所有依托传统信息不对称方式存在的商业价值链上下游关系的"合理性结构与流程"产生变异,使其面临极大挑战。价值链上的结构发生了改变,因而使厂商的经营行为和产品的设计思路都发生了改变,甚至引起厂商内部结构的改变。而当信息不对称壁垒被打破,又促使知识转移变得更加简单容易。

知识的广度是指互联网带来了前所未有的超越时间和空间障碍的知识转移。比如,企业可以极低的成本获得客户端的全面信息,甚至公共大数据,从而影响企业产品和服务营销的方方面面,如做什么样的服务、找什么样的市场、满足哪些消费者的需求,等等。企业据此重新配置资源,提升资源利用效率。反过来,消费者获得市场知识的范围扩大也会影响其自身的消费行为。

可见,信息技术带来的知识获得、使用和转移效率提升是促使现代服务业价值创造过程变革的深层次原因。现代服务业价值创造过程变革主要表现在三个方面。

(一)现代服务业价值创造的载体改变

工业经济时代,价值创造的载体是美国战略管理大师波特在 1980 年提出的"价值链",而互联网时代价值创造的载体从单一的价值链转变成了价值商店(value shop)与价值网络(value network)两种价值经营模式。与价值链不同的是,价值商店经营模式是通过解决特定顾客问题来为顾客创造价值,也被称为问题解决模式。价值网络经营模式则是靠中介技术联结顾客,促进厂商与顾客的价值互动和价值协同,来为顾客创造价值。相对于传统价值链线性思维,价值商店和价值网络不仅考虑一种静态的线性经济活动分析,还考虑动态的网络经济活动,一并实现虚拟和实体的紧密结合。另外,价值链一般都是以厂商的资源或经验、知识的单一维度来实施价值创造的,而价值商店和价值网络更强调要从厂商和消费者社群两个维度来考虑价值创造。

知识拓展:创造价值的载体

> 价值链

价值链的概念最早由波特于 1985 年在其所著的《竞争优势》一书中提出。在过去的近 40 年中,价值链理论获得了很大的发展,在管理会计、市场营销及其他企业管理领域得到了广泛的应用,并逐渐上升为一种管理方法体系。波特认为,每一个企业都是材料采购、生产作业和产品销售等一系列活动的集合，这些活动被称为价值活动。它们是企业创造对买方有价值的产品的基石，可以用价值链的形式表示出来。

企业的价值活动又可分为两大类：基本活动和辅助活动。基本活动直接创造价值并将价值传递给顾客，它主要包括材料入库、生产作业、产品出库、市场营销和售后服务。辅助活动为基本活动提供条件并提高基本活动的绩效水平，它不直接创造价值。辅助活动主要包括采购、技术开发、人力资源管理和企业基础设施。其中，采购、技术开发和人力资源管理都与各种具体的基本活动相联系并支持整个价值链，而企业的基础设施并不与各特定的基本活动相联系但也支持整个价值链。企业的各项价值活动不是一些孤立的活动，它们相互依存，形成一个系统，形成一条价值链（如图 10-1 中椭圆内是企业的核心价值）。价值链各环节之间相互关联、相互影响。例如，采购预先剪裁好的钢板可以简化生产工序并减少浪费；良好的技术开发有利于增加产品的销售；有序的仓储、车辆调度等入库后勤活动有利于生产作业；等等。

➤ 价值网络

在很长一段时间里，企业的战略重心主要放在企业自身价值链上。但是，数字化时代，价值不是由一个个独立的价值链创造的，而是在一个突破企业组织边界的企业网内创造的。因此，这种创造价值的新载体被称为价值网络。

价值网络是由核心企业将与产品或服务运营相关的成员聚集起来形成的一张网络，各成员担当价值网络的一个节点，服务于产品服务系统价值创造。价值网络主体至少包括供应商、协作者、客户等。

供应商通过交易让渡部分价值。比如供应商为配合服务企业的精准服务，将供应库存留在自身仓库中，同时通过与核心企业的紧密联系，保证供应。这个过程既降低了核心企业的库存成本，也没有因此而导致核心企业缺货风险的产生。

协作者通过协作产生协作价值。价值网络内知识产权的联盟给众多参与者带来了利益，促进共同研发，降低了整个网络的研发成本，提升了每位成员与网络外部企业的谈判能力，甚至可以推动其技术成为产业技术标准，垄断市场。顾客也通过共创等行为产生顾客价值。价值网络如图 10-1 所示。

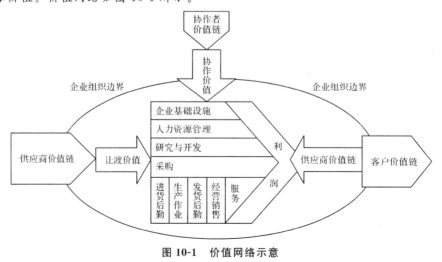

图 10-1　价值网络示意

价值网络的组织和结构并非固定不变,而是经常改变形状、扩大、收缩、增加、减少、变换和变形。依赖于媒体技术,价值网络把相互独立的网络参与者更紧密地连接起来。在价值网络背景下,企业必须重新思考如何与众多的参与者构成网络联合体,在网络中更好地进行定位,更快地构筑核心竞争力,通过共同努力创造出更高的经济价值。整个价值从产生、创造、生产、流动、转化、实现到分配是一个动态的过程,必须在价值网络中进行,价值网络实质是一个价值交换系统,为价值实现提供媒介和场所,承载价值创造的过程。并且,企业应该用互联网取代传统的渠道,重新思考如何向其顾客传递价值,加强与商业伙伴的战略联合,通过提供更多的时间增加技术价值。

价值网络观点的重要贡献,是认识到价值链不能推动它的成员,开发有利于他们以当今要求的速度创造价值和产值的统一结构设施,而价值网络促进了所有成员在完全统一的基础上的联系,这种电子方式的联系可使得各成员按日程表合作,共享资产(包括数据、信息和知识),利用彼此的互补优势和资源(包括系统和工艺),一起开发、实施和完成业务。企业将来有可能共同开发使它们迅速合作的基础设施。现代技术是迅速创造竞争优势的主要战略武器,企业合作的优势将随着商企和技术设施的统一而得以扩大。企业和技术的结合产生了能够支持价值网络设施的一种新模型,这种新模型叫作价值网络管理。这是供应链管理(SCM)的扩展,但又与其有许多不同之处。SCM把物流看成联系价值链各成员的关键因素,而价值网络管理能使价值网络成员在现实中交换关键的信息与知识,并为共同的利益一起努力,以达到理想的效果。这种观点把价值链概念提升到了更高的战略高度。以前承担生产作业的设备能力构成了价值链的基础,实现了从一种部门集中的功能到交叉功能的企业过程,即由企业内部到企业之间,逐渐地提升了通过创新来创造价值的能力。因此,从行业到生产系统组织,企业可以逐渐寻找合作关系和联盟,以创造新的价值链。

➢ 价值星系

服务数字化的背景下,客户的服务需求表现为系列服务的组合。比如视频服务可能与电商服务、社交服务相混合。线上阅读可能与线上创作、图书购买等服务相混合。这一系列服务的提供者在面对顾客时并非形成固定的网络联盟,只是在顾客采买的时候短暂联合,过后即散。可见数字服务的价值创造主体网络具有高度动态性,价值网络也难以描述其特征。这种新的价值创造载体可称为价值星系。

"星系"(constellation)一词来源于天文学,是指由恒星、行星与其卫星构成的一个系统。拿太阳系来说,九大行星围绕太阳公转,同时它们又各自自转。行星与其卫星又构成了一个充满活力的子系统。在这个星系中,有两种力在起作用:一种力是吸引力,另一种力是逃逸力。以太阳与行星的关系为例,若太阳引力过大,行星将会被太阳吸入;反之,若吸引力过小,行星则会离太阳而去。只有在这两种力处于均衡态的时候,行星才能既围绕太阳运转又能自转。把价值创造系统的中间组织看成一个星系,可以较好地说明企业之间的组织关系。价值星系是一个企业间的虚拟组织,是一个企业引力集合的价值创造系统,这个系统的各成员是存在于庞大流量场中的众多价值星球。顾客根据需求随意挑选服务组合,形成一张星图。价值星系表现出以下特征。

(1)价值星系是合作提供某一服务或系列服务企业群与顾客一起构成的一个引力集

合体。这些引力包括价值观念引力(有大家认同的价值观)、价值尺度引力(可以提供适当的价值实现机制)和价值共享引力(利益链会形成价值星系各成员价值共享体系)。

(2)价值星系是一组动态的关系,这种关系的创建是为了确保产品能以最佳的方式送达终端客户的手上。每个价值星系的成员企业根据实际的交易状况以及它们所能提供的增加值,在产品的价值创造中扮演不同的角色并占有不同的空间。

(3)价值星系采用虚拟连接,达成高水平的顾客满意度和超常的公司盈利率:它是一种与新的顾客选择装置相连接,并受其驱动的快速可靠的系统。价值星系成员之间的连接并不是简单的买卖关系,买卖关系只跨越价值链中的两个层面,而价值星系涉及价值链中多个层面的众多市场交易主体,需要对它们的资源进行统筹调度。每一个价值星系成员都可以扮演资源调度员的角色,使整个合作群体创造的产品或服务满足某一客户或者某一客户群体的具体要求,而它自己则因为扮演了知识经纪人(knowledge broker)的角色而获得利益。担任资源调度员的价值星系成员之所以成功,靠的是对客户和资源所有者双方经济状况的深入了解。

(4)价值星系是一种柔性契约网络,是全社会各行各业的价值链交织在一起的一种结构更为复杂的、包含多个产业的价值网络。

(5)价值星系是介于市场与企业之间的一种中间组织形式。在现实生活中,价值星系不仅仅是商品的供应者与购买者双方讨价还价进行价值交换的场所,更是市场交易主体之间进行多元交流,实现知识互换与价值增值的对话论坛,顾客实实在在地是价值星系的成员,他们已经被纳入了知识创造的价值星系之中。

(二)现代服务业价值创造的方式改变

工业经济时代厂商组织是在价值链内部通过一系列的活动完成价值创造的。这些活动分为基本活动和辅助活动两类,基本活动包括后勤、生产作业、市场和销售、服务等;辅助活动则包括采购、技术开发、人力资源管理等。而互联网时代,虽然面对价值创造和抓住先进新技术带来的商机,技术因素和市场要素依然是重要因素,但价值创造与顾客密切关系的跃升处于更加关键的地位。因为与制造业时代一样,现代服务业价值创造的过程是不易也不需要被理解的,价值更多取决于顾客的体验和感知。此时,对于现代服务企业而言,顾客的作用和地位显著提升,成为企业价值创造过程的一部分。服务企业可以通过社群中获得的资源来创造价值,或者依靠创新得来的生态系统来创造价值和获得成功。顾客通过工具也包含和参与在创新和设计的过程中,无形的消费者环境变得重要,维护消费者环境,保护社群是企业的头等大事。

(三)现代服务业价值创造的逻辑改变

1.工业经济时代价值创造的基本逻辑

工业经济时代价值创造的五大基本逻辑如下。

(1)企业通过"组织化"协作产生效能,其中最重要的是对协作的指挥。企业家作为指挥协作的人,也是财富的主要获得者。

(2)企业通过"产品化"规模生产产生效能。在假设消费者是理性的前提下,"产品化"把人类丰富的情感、物质需求,变成单一的物,并拼命地大规模复制。

(3)"中心化"传播产生效能。通过中心获得和传播信息的成本高昂,但为了促销,树立品牌,企业需要不断投入资金来推动。

(4)关注"使用中的资源"所产生的效能,允许(或者说忽略)"闲置资源"的存在。

(5)通过分销渠道产生效能,在产品分配、物流、批发和零售、售后服务等厂商价值活动中,分销渠道及分销商都扮演了极其重要的角色。

2. 现代服务业价值创造的基本逻辑

而随着互联网时代的到来,工业经济时代价值创造的五大基本逻辑逐步衰落,以往的商业标准已经坍塌,价值创造逻辑以及建立在此基础上的商业模式失效。在价值创造的逻辑上,互联网时代发生的变化主要表现为以下五点。

(1)跨界产生效能

与以往传统产业链的横向一体化或纵向一体化不同的是,跨界是通过虚拟整合跨越传统的产业边界,使原本不同行业间的合作关系在跨界的影响下可能演变成竞争关系。

(2)通过顾客体验产生效能

有学者指出顾客的体验程度是企业成功的关键,应该在战略中将顾客作为关键要素。互联网通过新产品开发过程中企业与消费者的互动来创造价值。

(3)传播方式的去中心化和碎片化

如今很多品牌如小米公司不做广告,而是在网上构建消费者族群进行交流,网下进行产品体验。移动互联网时代,由于获得和传播信息的方式多样、成本降低,传播方式转向碎片化,传播呈两极发展:一是传统媒体弱化,中心化传播效率下降;二是社群、平台、自媒体崛起,引发全民参与,每个人既是传播受众也是传播者。而移动互联网更是将网络的公众性和广泛参与性的特质发挥到了极致。

(4)强调实现"市场出清"产生效能

C2B这些先有需求再有生产的电子商务模式的兴起,使得供需平衡成为可能。网络特质被顾客广泛使用、开发与传播,为市场出清创造了条件。商业平台同时成了人为聚集的社交平台,在网上实现了口碑宣传与推广,在推送特定厂商信息的同时,自动屏蔽了其他海量的信息。

(5)厂商通过"脱媒"(disintermediation)产生效能

互联网时代除了广告脱媒,分销渠道也开始成为脱媒对象。伴随着电子商务的兴起,物流平台的重新搭建正在逐步抛弃传统分销渠道,顾客在减少流通费用的同时,直销成为产品的主要销售方式。

互联网时代的价值创造逻辑让今天的商业规律变得很难把握,往往使企业有无处下手的感觉。在混沌的互联网时代,对于租金的追求依然存在于任何模式当中,包括互联网模式。这是因为,即使在混沌中企业仍然保留了商业活动的目的,即追逐经济租金,实现企业发展。

第二节　现代服务企业价值评估

传统企业价值评估方法着重企业当前的盈利能力,但是如京东、滴滴等互联网服务企业的诞生,颠覆了大家对于企业暂时亏损的价值认知。其虽然处于亏损阶段,且预计未来一段时间一直处于亏损阶段,但这并不影响其在资本市场上受追捧,既然在资本市场受追捧,那其企业价值必然不低。经过多年融资,每一次企业估值都很高,与传统企业有显著的差别。

可见,现代服务企业与传统企业相比有很大的区别。如电商、云计算服务、社交、游戏、搜索、视频等联网服务企业是典型的轻资产、重流量企业,其估值与传统企业有极大差别。随着新兴互联网商业模式和创业热潮的兴起,现代服务企业融资、并购、上市等活动日益增多,其价值评估成为现代服务企业市场行为的关键点。但是由于现代服务企业特殊的资产构成形式,企业价值评估难度又很大,一定程度上颠覆了传统估值框架。

一、传统企业的估值方法

传统的企业价值评估方法通常有现金流量法、资产基础法和市场比较法。

1. 现金流量法

现金流量法也称为收益资本化法、收益还原法,其基本原理是估计企业未来现金流现值的总和,选择适当的折现率或资本化率、收益乘数,以此估算企业的客观合理价值,其计算公式如下:

企业价值＝未来某一年的预期收益/资本化率

由于互联网行业现期所处阶段和特有的盈利模式,这些企业在其初期数据业务扩张的过程中有强烈的融资需求,因此企业的股权结构和财务杠杆难以长期在一定范围内稳定。不处于头部的互联网公司、较小的市场规模不能长期保证公司持续的盈利能力,企业的现金流也多是负值,所以,在现实生活中,收益法的使用受到了很大的限制。

2. 资产基础法

资产基础法是将企业的资产减去负债后的价值来确定所有者权益、企业股票或经营组合的价值,这种计算结果即是企业100%的权益价值。这种方法使用了替代原则的思想,即买方不会以超出购买具有相同效用的可替代产品的价格购买该物品。对于未体现在财务报表上的资产,这种方法难以将其涵盖,但商誉、管理效率和用户价值等无形资产对于企业的价值也具有重大意义。由于各个内部条件和外部环境因素都会影响企业的价值,不能完全体现各个资产对企业价值的贡献,也就意味着无法体现企业的整体盈利能力。

轻资产是现代服务行业的主要特点之一,现代服务企业对固定资产的投入较少,账面价值比较低,但无形资产及其收益能力却是企业的主要价值源泉,因此适用于投资公司、具有控股权的公司、经营不善的企业、资本密集型企业。非营利性实体评估的资产基础法往往很难合理评估现代服务企业的价值。

3.市场比较法

市场比较法即相对价值法,是指将目标企业与可比企业进行对比,用可比企业的价值衡量目标企业的价值,基本做法是:寻找一个影响企业的关键变量(如净利润),确定一组可比企业,计算可比企业的市价/关键变量的平均值(如平均市盈率),根据目标企业的关键财务指标(如净利润)乘以得到的平均值(平均市盈率),计算目标企业的评估价值。根据所选取的关键财务指标的不同,该评估方法可分为市盈率模型、市净率模型和市销率模型,计算公式如下:

$$企业价值＝可比企业基本财务比率×目标企业相关指标$$

然而大多处于行业初期阶段的现代服务企业,各个企业的体量、经营业务存在着较大差距,且上市公司相对较少,市场公开资料极为匮乏,难以建立可比公司群并获得财务指标,因此难以使用市场法对现代服务企业进行估值。

二、现代服务企业的估值困境

现代服务企业价值估计面临"精确的错误"与"模糊的正确"双重困境。

1."精确的错误"

在沿着现金流量法、重置成本法等指向精准量化的估值方法对传统企业进行估值时,我们倾向于认为某种趋势会继续,简化地用历史重演的逻辑去估计未来。和传统企业的估值相比,对以互联网为代表的现代服务企业的估值难点在于其未来的现金流状况、成本状况很难预测。因此,以传统企业价值估计方法估计出来的现代服务企业成为"精确的错误"。这是精准量化企业价值估计方法本身的局限。

2."模糊的正确"

如果基于市场比较的估值方法,按照"如果你我差不多,那么你好我也好"的思路估计现代服务企业价值往往会遇到没有可比性的企业,类比结论过于模糊。这种情况被称为"模糊的正确"。

第一,现代服务业发展周期短、企业更迭快、可比标的少。以互联网服务业为例,新兴行业、创新商业模式频出,很多企业很快即被淘汰,能长期存活在市场上的企业并不多,很多新的商业模式无法找到合适的标的来对比。

第二,多数现代服务企业不同阶段的盈利变化幅度比较大。仍旧以互联网企业为例,由于成长中的互联网企业的营利性较低,导致市盈率往往显得极其高,互联网企业的增长往往存在一个拐点,在拐点之后,企业的业绩增速可能会呈现100%以上甚至几倍、几十倍的增加。因此,即使找到了商业模式相近的企业进行价值比较分析,也会因为两者处于不同阶段而造成错误估计。

知识拓展:不同阶段的现代服务企业价值变化趋势

传统企业价值往往呈现线性增长,我们甚至可以按照一国的人均收入水平和GDP增长来预测公司的业务增速。但现代服务业因为受网络效应等因素的影响,价值增长不再是线性的。比如,企业临界点前都在亏损,一旦突破,就是指数型的增长,这给资本市场估值带来了革命性的变化。图 10-2 是现代服务企业与传统企业收益在不同阶段的变化比较。

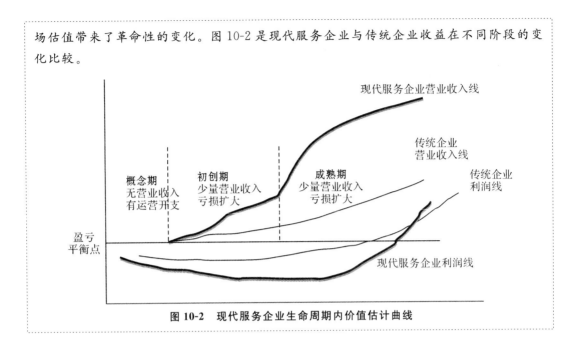

图 10-2　现代服务企业生命周期内价值估计曲线

第三，财务报表上的资产反应不了现实情况。从财务报表上看，现代服务企业往往是轻资产公司。如果以市净率来看，多数企业的市净率往往会高得离谱，跟传统企业完全不具有可比性。如果我们拓宽"资产"的概念，可以认为对多数的现代服务企业来说，真正重要的资产有二，一是团队，二是用户。那么我们就会发现，团队的质量很难被量化，我们能观测到的真正重要的"资产"就是用户。但现有的会计准则，在资产层面完全忽略了这一点。

延伸思考：现代服务企业价值是怎么评测的？

案例一：同样是卖手机，小米为什么能值 450 亿美元，而 HTC 只有 40 亿美元？

小米在 2014 年底完成第五轮融资时，其估值已经达到了 450 亿美元（约合 2700 亿元人民币）。这一估值水平已经接近中国的几大互联网巨头。而对比小米的同行们，除了苹果和三星这两个老大外，其他的同行已经被远远地被甩到了后面。比如 HTC2014 年的市值为 40 亿美元。

市场对小米的估值说明了现代服务企业和硬件制造商的估值方法差异极大。市场往往认为传统的硬件制造（如手机）并不是一个"好"的商业模式。其一，市场充分竞争，很难获得超额收益；其二，行业更迭速度极快，需要持续进行投资。市场对这样的企业进行估值时，往往基于现在水平和未来的一个较为稳定的增速，以线性思维进行估值。相应的估值指标有 P/E、EV/EDITDA 等。

然而对于现代服务企业的估值则不同，由于现代服务企业发展周期短、企业更迭快、营利性变化较大，市场往往更在乎企业的未来而非现在，对企业更加期待爆发式的增长。因此，如果仅以传统的估值方式去评价现代服务企业，可能会进入误区。

小米向投资者呈现的商业模式是一个美丽的生态系统。小米强调"硬件＋软件＋服务"三驾马车,MIUI、小米手机、小米路由器、小米盒子等诸多产品实际上是个一体化的用户生态系统。这个系统有一些很好的对标参照,如苹果、腾讯、阿里巴巴等等。这种生态系统可以牢牢地占据市场中的一席之地,享受稳定增长的盈利能力且不会被轻易地替代。一般的应用级公司差不多能做到10亿美元规模就已经很大了、平台型的公司市值可能达到百亿美元,而真正的大型生态系统级公司往往都可以达到千亿美元级别的市值。各个阶段的投资者(从天使轮到A、B、C轮),都会在概率的基础上为这个故事买单——而他们对硬件厂商只会看盈利。

案例二:1＋1＞2,互联网公司并购会提升公司的溢价。

2014年最轰动的并购事件就是Facebook用190亿美元(120亿美元普通股,30亿美元限售股,40亿美元现金)收购WhatsApp。190亿美元就相当于是当时收购了19个Instagram,5.9个Nest,32.8个MySpace,11.5个YouTube,2.64个诺基亚,而WhatsApp当时员工只有50人。

WhatsApp是一个即时通信软件,类似微信,其无广告但向用户收费(第一年免费,后续每年0.99美元),并购时WhatsApp的用户数达4.5亿人。单纯从现金流来看,这笔投资需要42年才能回收。

Facebook为什么愿意花这么大的价钱去买一个50人的小公司?

其核心逻辑就是梅特卡夫定律。梅特卡夫定律提出,网络的价值和网络节点中用户的平方数成正比。Facebook有巨大的用户市场,可用图10-3中的边长为a的正方形表示,而WhatsApp也有另一个巨大的用户市场,可用图10-3中边长为b的正方形表示。$(a+b)^2>a^2+b^2$的道理极其简单。将Facebook(主要是网页端)和WhatsApp(主要是移动端)的用户联系在一起,形成一张更大的价值网——这件事给企业、股东和资本市场的想象空间要远远大于190亿美元中的溢价部分(见图10-3)。

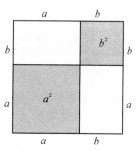

图10-3　梅特卡夫定律对互联网企业频出并购的解释

国内互联网企业其实也在重复上演同样的故事。国内互联网创业圈中一个相对默契的目标就是被TABLE(腾讯、阿里、百度、小米和奇虎)收购,隐含的逻辑亦是如此。由于这种规模效应,收购方和被收购方取得共赢,收购方往往愿意支付一个较高的溢价。

案例三:中国移动和腾讯有什么不同?

中国移动2014年的收入为5818亿元、净利润为1093亿元;而腾讯的收入只有789亿元、净利润为238亿元。中国移动的收入是腾讯的7.4倍,净利润为腾讯的4.6倍。但收入和利润上的巨大差异,在市值上却体现得并不明显。中国移动的市值只是腾讯的

1.5倍，相应的，腾讯的市盈率基本是中国移动的3倍。腾讯和中国移动的用户数基本是在一个体量上，但市场对于它们的看法却也有很大的不同（见图10-4、图10-5）。

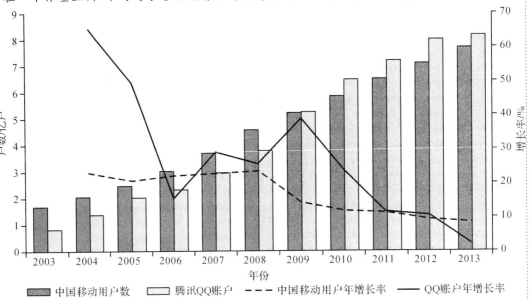

图 10-4　腾讯和中国移动的用户数量

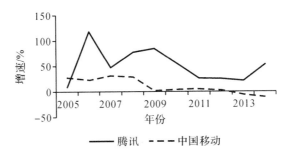

图 10-5　腾讯和中国移动的利润增速比较

从中国移动的财务报表中可以看出，其主要的收入还是来自通话费用及数据流量这两个部分。这两个部分的收益率不菲，但实际上我们也需要注意到这是在我国不对外开放电信产业的背景下，寡头垄断的结果。在这个收益结构下，中国移动的扩展空间有限，而腾讯的情况则完全不同。除了直接收费的产品服务外，其广告、流量和电商三种能贡献营业收入的模式是中国移动这样的巨头所难以做到的（见表10-1）。

表 10-1　腾讯的收入来源

收入类别	详细
直接收费的产品服务	游戏、SP 服务、QQ 秀虚拟商品、QQ 会员，Freemium 增值业务（各种蓝钻、黄钻、红钻、绿钻等）
广告：把用户注意力作为媒体资源，向广告主收费	QQ 门户、微博、客户端、空间、腾讯搜搜

续表

收入类别	详细
流量：作为互联网入口，向其他收费业务引导流量	QQ客户端、门户、微博等作为互联网入口，把流量导向游戏等变现能力更强的产品和服务
电子商务	盈利模式有收交易佣金的"free模式"、买卖价差的模式以及流量收费

　　腾讯体现出了梅特卡夫定律的魔力。随着用户数的增长，每用户平均收入（APRU）也在增长，这使得腾讯的盈利能力以更快的速度提升（见图10-6、图10-7）。

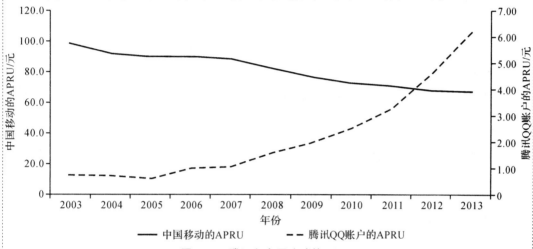

图 10-6　腾讯和中国移动的 ARPU

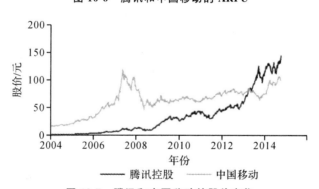

图 10-7　腾讯和中国移动的股价变化

　　腾讯和中国移动的对比，说明了只看用户数并不够。投资者在对现代服务企业进行投资时，需要进一步考虑在用户数上的变现能力，而决定变现能力的则是企业独特的商业模式（见表10-2）。

表 10-2　腾讯和中国移动的全方位对比

比较维度	中国移动	腾讯
ARPU 趋势	下滑	快速增长
净利润率	高	非常高

续表

比较维度	中国移动	腾讯
增速	低	非常高
PE	14X	45X
估值方法	公用事业	互联网企业

结论：用户数不能说明一切，还要结合商业模式和业务发展阶段。

资料来源：王德伦，张晓宇，乔永远.互联网公司估值那些事儿[R].国泰君安证券，2015.

基于以上分析，我们认识到，由于现代服务业商业模式的特殊性，其企业价值评估与制造企业相差甚远。现代服务企业价值评估更关注当前（或者过去）时点的用户数、流量和每用户平均收入（ARPU）等定量指标。此外，在与可比公司市值比较时还要明确企业所处的发展阶段和变现模式。

三、现代服务企业的估值方法

以下是几种主要的现代服务企业的估值方法。

1. DEVA 估值法

开创现代服务企业估值方法先河的是 DEVA 估值法。DEVA 估值法的思想基础是梅特卡夫定律。20 世纪 80 年代，梅特卡夫认为网络的价值与网络规模有关，这一观点在 1993 年由吉尔德命名为梅特卡夫定律（Metcalfe's Law）。该定律认为，一个网络的价值与该网络的规模或者说互联网用户的数量的平方成正比，用户数越多，企业的价值越大。

20 世纪 90 年代，米克在梅特卡夫定律的基础上构建了 DEVA 估值法。其公式为：

$$E = M \times C^2$$

式中，E 为企业的经济价值；M 为单位用户初始投资成本；C 为单个用户的价值；

DEVA 估值法将用户贡献作为企业价值的主要驱动因素，主要适用于处于初创期的以用户作为企业价值驱动因素的现代服务企业的估值。该方法避免了现金流折现法因企业存在负现金流、财务杠杆不持续稳定而不能适用的情况，也避免了会计计量问题。

知识拓展:梅特卡夫定律

1. Facebook 的数据证明了梅特卡夫定律(见图 10-8)

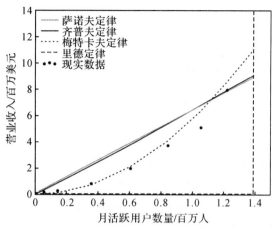

图 10-8　梅特卡夫定律在 Facebook 数据上的证明

资料来源:Zhang X Z, Liu J J, Xu Z W. Tencent and Facebook Data Validate Metcalfe's Law[J]. Journal of Computer Science and Technology, 2015, 30(2):246-251.

2. 腾讯的数据证明了梅特卡夫定律(见图 10-9)

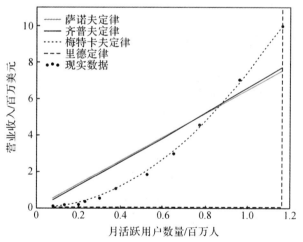

图 10-9　梅特卡夫定律在腾讯数据上的证明

资料来源:Zhang X Z, Liu J J, Xu Z W. Tencent and facebook data validate Metcalfe's Law[J]. Journal of Computer Science and Technology, 2015, 30(2):246-251.

3. 梅特卡夫定律与网络价值临界点

梅特卡夫同时还认为网络的成本至多是以线性的水平在增长,这样就必然有一个网络的价值等于成本的临界点存在:在网络的节点数目很小的时候,网络的价值还不能超过成本。但一旦网络节点数增加,超越了临界点,则网络将会取得爆发性的增长。梅特卡夫定律是对现代服务企业为什么如此追求增长的一个非常重要的解释(见图 10-10)。

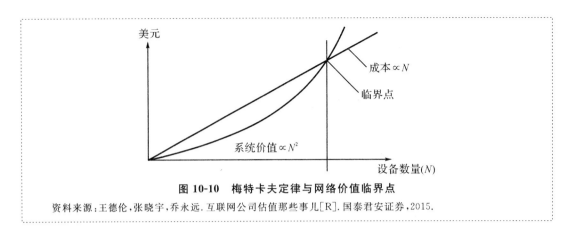

图 10-10　梅特卡夫定律与网络价值临界点
资料来源：王德伦，张晓宇，乔永远.互联网公司估值那些事儿[R].国泰君安证券，2015.

但其本身也存在一定缺陷。一方面，互联网技术的加速进步使得互联网用户也出现爆发式增长，随着互联网产品的丰富，用户黏性和活跃度会出现下降，用户规模的爆发式增长和单一用户价值的下降使得 DEVA 估值法容易导致企业价值高估。另一方面，从企业驱动因素来看，除了用户价值外，市场份额、产品关联度、用户互动等因素并未被考量在模型内。从实际应用来看，市场上除了 Facebook、Twitter（推特）、Cousera（课程的时代）等企业在融资阶段应用该估值方法外，国内天舟文化在 2015 年收购互联网泛教育平台决胜网时也采用此方法，2015 年决胜网注册用户超 1000 万人，估值超 7.3 亿元。

延伸思考：DEVA 估值法有什么局限呢？

首先，DEVA 估值法当中，对于企业用户并没有进行区分，而是将他们全部作为有效用户，在计算企业价值时默认所有用户都为企业带来相同的用户价值。这种假设在当时是可行的，因为当时适逢互联网企业刚刚兴起，网络用户数量有限，同时这些用户进入互联网基本都是有明确的目的，所以此时企业的所有用户都是有效用户，都能够为企业带来价值。但是随着互联网的日益生活化、娱乐化，很多用户进入某一网络可能只是为了了解或者体验，而后便不再使用这个网络。这种情况目前在任何网络都很常见，这部分用户通常注册登录一次后便不再进行任何操作或消费，这部分用户是不能为企业带来价值的。原始的 DEVA 估值法没有考虑用户活跃度或者说用户黏性的问题，把这部分用户纳入模型，认为未来会给企业带来现金流，则一定会造成企业价值被高估。

其次，DEVA 估值法只考虑初始投入的成本 M 而不考虑其他，虽然因此避免了会计计量上的一系列问题，但是不同的互联网企业拓展市场、扩大用户规模消耗的成本都是不同的，或者说吸引同样数量用户的成本随着企业商业模式的不同而不同，如果吸引一个客户所需要花费的成本远高于其能为企业带来的价值，那么这种网络的价值可能无法体现出来。也就是说，该网络的价值虽然仍然和网络规模的平方成正比，但是其价值被其扩展网络规模的花费掩盖了，这种网络尽管仍然具有价值，但是对于投资人来说可能就不再是一个好的投资选择。因此在对企业价值进行评估时，应当考虑企业吸引新客户所花费的成本，这在 DEVA 估值法中并未得到体现，如此得到的估值结果，可能会留下所有的互联网企业都是值得投资的这种错觉。

最后,DEVA估值法在提出时是用于评估所有互联网企业的,但随着互联网行业的发展,我们可以发现互联网企业的价值驱动因素并不是只有用户价值,以用户价值作为企业价值主要驱动因素的往往是一些传统互联网企业,此类企业更适合使用DEVA估值法进行价值评估。

综上,DEVA估值法本身带有强烈的时代特点,随着近20年来互联网行业的飞速发展,这些特点已经发生了明显的变化,继续使用传统的DEVA估值法,已经不能反映经济现象的规模和特征。同时,DEVA估值法不再能被广泛地用于当前的互联网行业,因此不论是从其本身的缺陷考虑还是从互联网企业的特性考虑,都需要对DEVA估值法作出一定的修正。

2. 基于财务指标的相对估值法

相对估值法,是指找到可以类比的企业股权价值进行比较,从而得出目标企业的估值。

使用相对估值法进行企业价值估计,一般分为以下三步,一是选取可比公司。可比公司是指与公司所处的行业、主营业务、商业模式、资本结构等方面相同或相近的公司。二是计算可比公司的估值指标,比如市盈率、市净率等。三是根据可比公司的估值指标,计算目标公司的估值。

因此,选取可比公司是相对估值法的共性。可比公司与目标公司的相似度高低,决定了这种方法准确度的好坏,这也是相对估值法的局限所在。

根据比较指标的不同,相对估值方法具体包括以下几类。

(1)市盈率(P/E)倍数估值法

市盈率 P(/E),是由公司股权的市场价值除以公司净利润得出的比率,该指标反映了市场对公司的收益预期。

使用市盈率法估值时,首先选择可比公司,根据可比公司的市值、净利润计算出可比公司市盈率,再根据可比公司市盈率与公司净利润,计算出公司价值。即:

$$公司股权价值＝可比公司市盈率(P/E)×公司净利润$$

但是它的局限性也很明显。一是当公司收益或预期收益为负值时,无法使用该方法。对于有收入但是没有利润的公司,P/E就没有意义,比如很多初创公司很多年也不能实现正的预测利润,那么可以用市销率(P/S)倍数估值法来进行估值,大致方法跟市盈率(P/E)倍数估值法一样。二是该方法使用短期收益作为参数,无法体现出公司成长性带来的价值。比如两家盈利相同的公司,如果一家增速3%,另一家增速60%,如果应用市盈率倍数估值法,则两家市值相同,显然难以说通。

适用行业:互联网、教育、培训咨询等轻资产行业。

(2)市盈增长比率(PEG)估值法

市盈增长比率(PEG)是由企业的未来市盈率除以净利润的未来增长率得出的比率。即:

$$市盈增长比率(PEG)＝(公司市值/净利润)/(净利润年度增长率×100)$$

使用市盈增长比率估值法时,一般先选取可比公司,并根据可比公司的市盈率(计算方式如上所述)、未来 3～5 年的净利润复合增长率,计算出可比公司市盈增长比率(PEG),再乘以公司的净利润、净利润增长率,得出公司估值。即：

公司股权价值＝可比公司市盈增长比率(PEG)×公司净利润增长率×公司净利润

通常来说,PEG 值低于 1,说明企业价值可能被低估,或者投资人对企业的成长性预测较悲观。PEG 值处于 1～1.5,是估值相对合理可接受的范围。PEG 值高于 1.5 时,则可能存在泡沫,或者投资人认为企业后期的成长速度会加快。

市盈增长比率估值法主要用于考察公司的成长性,在实际应用过程中仍有较大的局限性。比如估算过程中应用了市盈率和公司预测的未来净利润,所以该方法除具备前述市盈率的缺陷外,对公司未来净利润预测存在的主观性也会带来估值偏差。

(3)市净率(P/B)倍数估值法

市净率(P/B)是由公司股权的市场价值除以公司净资产得出的比率。即：

市净率(P/B)＝公司市值/净资产

该指标是从公司资产价值的角度估计公司价值的。

使用市净率倍数估值法时,首先选择可比公司,根据可比公司的市值、净资产计算出可比公司市净率。再根据可比公司市净率与公司净资产,计算出公司价值。即：

公司股权价值＝可比公司市净率(P/B)×公司净资产

市净率倍数估值法有个重要假设,公司的净资产越高,创造价值的能力越强,公司市值随之越高。但是,对于很多轻资产行业,主要创造价值的资源如人才、品牌等,并不能通过净资产体现出来,所以该方法在反映不同资产价值、体现企业未来成长性等方面具有较大的局限性。当公司具有显著规模差异时,市净率可能具有误导性。

适用行业：重资产、现金流需求大、利润较低、资金回笼时间长的行业,如机械制造、铁路、公路、基础建设以及农业、水利等重资产行业。

(4)市销率(P/S)倍数估值法

市销率(P/S)是由公司股权的市场价格除以公司销售收入计算得出的比率,该指标可以用于确定公司相对于销售业绩的价值。市销率倍数估值法计算公式：

市销率＝公司市值(股权价值)/销售收入

使用市销率倍数估值法时,首先选择可比公司,根据可比公司的市值、销售收入,计算出可比公司市销率。再根据可比公司市销率与公司销售收入,计算出公司价值。即：

公司股权价值＝可比公司市销率(P/S)×公司销售收入

该方法的逻辑在于,公司通过营业收入创造价值,营业收入越高,创造的价值越多,市场价值就越高。相比市盈率、市净率,市销率倍数估值法有两个优势。一是市销率可以应用于所有公司。因为几乎所有的公司都有销售收入,但利润、净资产都可能为负,从而导致计算结果无意义。二是市销率的可比性更强。市销率采用销售收入作为分母,不像市盈率、市净率受到折旧、存货、资产减值准备等影响,可操纵空间较小。

但该估值方法的缺点同样明显：市销率不能反映公司的成本控制能力,无法体现公司的盈利能力,高额的销售收入并不一定意味着高额的营业利润。

适用行业：现金流强劲、销售健旺、利润较低的批发、物流、制造业等。

(5)市现率(PCF)估值法

市现率(PCF)是由公司股权的市场价值除以公司经营净现金流得出的比率。即：

市现率（PCF）＝公司市值/经营净现金流

使用市现率估值法时，一般先选取可比公司，根据可比公司的市值、经营净现金流计算出可比市现率。再根据可比公司市现率与公司经营净现金流，计算出公司价值。即：

公司股权价值＝可比公司市现率（PCF）×公司经营净现金流

相比市盈率依托于利润表、市净率依托于资产负债表，市现率则依托于现金流量表反映公司价值。因为经营净现金流的操纵空间相对净利润、净资产较小，所以该方法更真实可靠。

但需注意的是，市现率估值基于一个假设，即公司经营净现金流越大，公司创造价值的能力越强。但是，对于经营净现金流为负的新兴行业，该方法并不能有效反映公司的成长价值。

适用行业：现金流充裕、利润不高，贴现能力强的批发、物流等行业。

（6）EV/EBITDA 估值法

EV/EBITDA 估值法，是指由企业价值（EV）除以息税折旧前盈利（EBITDA）得出的比率。其中，企业价值是指投入企业所有资本的市场价值，息税折旧前盈利是扣除利息、所得税、折旧、摊销之前的利润。

该方法与市盈率倍数估值法的逻辑相似，只是 EV/EBITDA 倍数使用企业价值（EV），即投入企业的所有资本的市场价值代替市盈率倍数估值法中的股价，使用息税折旧前盈利（EBITDA）代替市盈率倍数估值法中的每股净利润。

使用 EV/EBITDA 估值法时，首先选择可比公司，根据可比公司的 EV、EBITDA 计算出可比 EV/EBITDA。再根据可比公司的 EV/EBITDA 与公司的 EBITDA、债务价值，计算出公司的股权价值。即：

公司的股权价值＝（可比公司 EV/EBITDA）×公司 EBITDA－债务价值

相比市盈率倍数估值法，EV/EBITDA 估值法不受所得税率、资本结构、折旧摊销方法等因素的影响，使得不同市场的公司估值更具可比性。

但是，EV/EBITDA 估值法的计算相对复杂，与市盈率倍数估值法一样不能体现企业未来的成长性，实际应用中，需要结合其他估值法使用。

（7）市值/某营运指标估值法

市值/某营运指标估值法，是由公司股权的市场价格除以公司某类营运指标计算得出的比率。其中，营运类指标可以是用户数量、GMV 等。

一些新兴行业或处于成长初期的公司，商业模式尚不成熟，未能实现稳定的收入与盈利，市盈率、市净率等估值指标开始失效。

这时投资人往往会结合公司的特点，选取某项核心营运指标来获取相对估值。比如互联网公司发展初期，最常用的估值方式是日活（DAU）、月活（MAU）等，其逻辑即用户数量是驱动未来价值的核心变量。

具体计算公司价值的方法，与其他相对估值的逻辑类似，首先选取可比公司，再根据可比公司的指标计算出公司价值。

3. 国泰君安估值框架

该估值公式是一个定性公式，由国泰君安证券研究部最早提出，其数学模型如下：

$$V = K \times P \times \frac{N^2}{R^2}$$

式中：V——企业价值；

   K——变现因子；

   P——溢价率系数；

   N——用户规模；

   R——节点间的距离。

该公式对梅特卡夫定律进行了一定的修正，将梅特卡夫定律中的货币化系数 K 分解为企业变现因子 K 和企业溢价率系数 P，并创造性地考虑了网络节点之间的距离对企业价值的影响。

该公式目前尚不成熟，公式中的系数 K、P、R 的定义、计算和评价标准尚不明确，这个模型的应用目前仅停留在定性分析的程度。魏嘉文和田秀娟使用该公式结合市场法提出了一种定量分析的办法。[①] 文中，两人将变现因子 K 定义为经营现金流与总资产的比值，代表着企业的变现能力。

溢价率系数 P 则代表了企业的行业地位。互联网的一个重要特征就是赢者通吃，我们可以观察到，在全球的几十亿网站中，大多数人都只熟悉整个互联网的极小部分，即那些更容易被人所知的站点。而随着链接的增多，人们对其偏好亦增强，即所谓富者更富，因此，行业的领头羊通常拥有更高的溢价。由于投资者通常也很重视一个互联网企业的行业地位，因此行业地位越高，则溢价率也就越高。行业地位通常可以用市场占有率来表示，市场占有率越高，则公司股权可以获取的溢价就更高。

节点间的距离 R 这一概念最早是由腾讯前创始人、著名天使投资人曾李青提出的，他在 2004 年的一次演讲中表示，网络的价值不仅仅取决于节点数，还取决于节点之间的距离。其成立的德迅投资在投资估值中使用的正是上述公式。

延伸思考：国泰君安估值中节点距离如何定义？

我们或许很难定义什么是网络之间节点的距离。不过定性地来看，同样的信息，如果需要更长的时间才能传达，我们就可以认为节点之间的距离"长"。如果相同的时间网络能传达更多或质量更高的信息，我们就可以认为节点之间的距离"短"（见表 10-3）。

表 10-3　节点距离的影响因素

分类	影响因素	方向	案例
外生	网络速度提升	减少距离	宽带网络普及、4G 替代 3G
外生	用户界面改善	减少距离	iPhone 等大屏触摸智能手机普及
内生	内容数量提升	减少距离	多媒体技术应用
内生	网络连通度提升	减少距离	网络核心节点加入

---

① 魏嘉文，田秀娟.互联网 2.0 时代社交网站企业的估值研究[J].企业经济，2015(8)：105-108.

　　可以看出，网络节点之间的距离，有外生的因素，亦有内生的因素。科技进步和基础设施建设带来的如宽带网络的普及、4G的大面积推广、智能手机等智能移动终端的广泛应用等，可以全面提升整个网络的价值。对于单个互联网企业来说，这些都是外生的因素。

　　内生的因素包括网络的内容（数量和质量）、网络的连通度，这实际上是由网络自身的商业模式和运营情况所决定的。网络中信息质量越高、数量越多、高连通度节点越多，则网络节点的"距离"就越低，网络的价值就越大。

　　如果一个网络本身只有一个中心联系众多用户，这种网络的价值实际上并不高。而类似像腾讯、Facebook这种节点和节点之间有着较多的联系，其网络价值就会高很多，有机会实现梅特卡夫定律所预测的平方级增长。

　　高连通度节点可以有效地减小网络的"距离"。这实际上涉及社会网络分析中的"小世界"现象。我们在本文中不作赘述，在此仅举一个生动的例子，图10-11为郭敬明电影《小时代》在新浪微博上的转发路径图。我们可以看出，从郭敬明发出信息到该微博内容获得10万转发量，对"最远"的节点也仅需要花十几次转发即可抵达。但如果没有中间的高连通度节点，则右边的所有人可能都要经过20次甚至30次的转发才能收到这一消息。

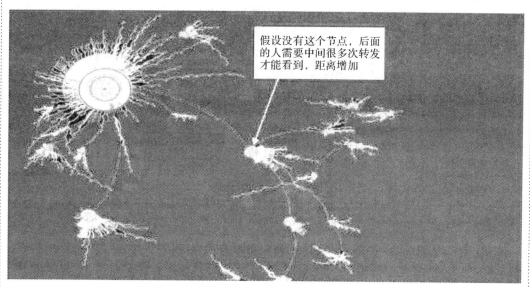

图10-11　核心节点可以缩短网络距离（电影《小时代》在微博上的转发图）

　　回到之前我们对腾讯和中国移动的对比。除了变现能力外，两者网络节点之间的"距离"是不同的。腾讯的QQ和微信等可以使得其在更短时间内传达更为丰富的内容，其用户群等功能也大幅增加了节点之间的连通度，并且，这种趋势还将随着移动互联网的渗透而继续加强。

　　上述各种现代服务企业的估值方法都有其优点，也有其局限，每种方法都无法提供企业价值的最精准评估。实践中应综合考虑不同行业、不同企业、不同时期、不同数据、不同团队、不同的评估方式，找到最合适的估值方法。

延伸思考：不同行业用户的付费意愿差异对企业估值有影响吗？

现代服务企业的价值估计方法都考虑了用户数量对企业价值的影响。不同用户的付费意愿是不同的，不仅同一企业的用户付费意愿不同，不同行业内用户的付费意愿也不同。

一、主要数字服务行业的单用户价值统计

1. 社交服务：强弱分化明显（见图 10-12、图 10-13）

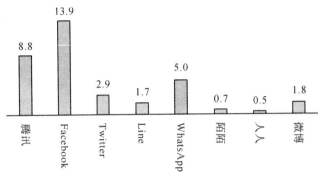

图 10-12　社交服务产品的月活跃数比较（单位：亿人次）

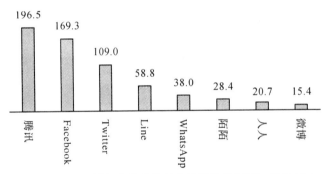

图 10-13　社交服务产品的单用户价值比较（单位：美元/人）

聚焦于中国的社交产品，腾讯一家独大，且其体现出了明显的规模效应。但需要注意的是，这里的单用户价值实际上计算了腾讯的游戏等收入，并非仅仅 QQ 或微信。单纯的社交产品如新浪微博等，由于没有好的变现模式，单用户价值并不高，仅为 15.4 美元。

2. 电商：用户价值普遍较高（见图 10-14、图 10-15）

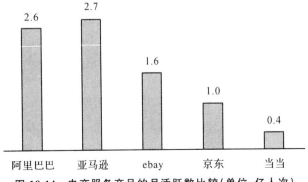

图 10-14　电商服务产品的月活跃数比较（单位：亿人次）

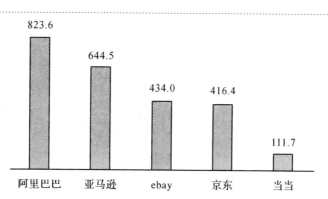

图 10-15 电商服务产品的单用户价值比较(单位:美元/人)

对比国内外知名的电商企业,平均每用户价值为 486 美元(按市值计算)。由于阿里巴巴的业务中涉及部分中小企业间的 B2B 业务,因此,京东的单用户价值可能更好地代表了市场对中国电商的评价,而当当网的单用户价值就要比京东小很多。

2.金融:支付为王,互联网仍有提升空间(见图 10-16、图 10-17)

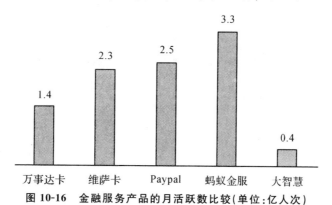

图 10-16 金融服务产品的月活跃数比较(单位:亿人次)

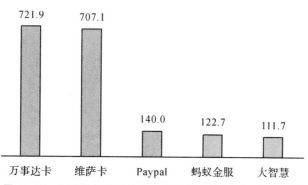

图 10-17 金融服务产品的单用户价值比较(单位:美元/人)

金融行业即使不上线,其每用户的价值也非常值得刮目相看。维萨卡和万事达卡的每用户价值都达到了 700 美元之多(按市值计算),遥遥领先 Paypal 的单用户价值。

选取几家中国的互联网企业进行对比。其中,蚂蚁金服的用户数已经达 3.2 亿人,据市场分析,估值为 350 亿~550 亿美元。如暂时对蚂蚁金服以 400 亿美元进行估算,

对 Paypal 以 350 亿美元进行估算,和 Paypal 相比,大智慧和蚂蚁金服的单用户价值大概在同一个水准上。

二、细分行业市值/月活估值倍数统计

2021 年华然咨询将细分行业市值/月活估值倍数进行了统计,具体见表 10-4。

表 10-4　细分行业市值/月活估值倍数统计

一级	二级	最小值	最大值	平均值	中位数	一级	二级	最小值	最大值	平均值	中位数
金融	手机银行	1990	603619	85996	13016	移动购物	微店服务	2913	2913	2913	2913
	金融其他	650	8000	3930	4000		生鲜电商	628	1750	1027	865
	理财	800	108295	11434	2280		车主服务	375	3800	1485	1000
	网络借贷	492	3034	1222	825		社交电商	575	724	633	600
	理财兼职	250	250	250	250		二手电商	568	563	563	563
	彩票	2000	3500	2750	2750		卖家工具	5028	35028	35028	35028
	支付	800	30000	6232	1340		食品电商	474	474	474	474
	金融工具	150	959	603	700		B2B	3490	35194	14135	3722
	消费信贷	605	1211	908	908		服装服饰	104	1000	552	552
	证券服务	1504	268476	77493	19996		零售 O2O	850	850	850	850
	信用服务	370	450	410	410		综合电商	168	17924	3115	1203
	信用卡服	2500	8158	5329	5329		母婴电商	1500	1677	1588	1588
	保险	56082	56846	56464	56464		导购返利	177	17897	2870	209
	广告营销	330	7087	1833	500		平均	150	603619	19330	1795
	平均	104	35194	4445	1094						
教育	教育工具	80	2425	686	275	生活服务	电子政务	400	400	400	400
	音乐乐器	450	450	450	450		快递配送	2232	4426	18199	16681
	学习社区	50	220	135	135		本地生活	52	4600	1609	892
	语言学习	229	1800	1133	1500		分类信息	635	643	639	639
	应试教育	400	400	400	400		服务平台	800	800	800	800
	学习工具	50	500	208	120		外卖订餐	2797	2879	2838	2838
	教育平台	30	300	176	200		生活工具	350	800	550	500
	兴趣教育	400	600	500	500		娱乐票务	1248	1448	1319	1262
	中小学科	80	500	425	500		运营商服	400	1000	800	1000
	职业教育	250	3000	1186	800		美食	50	50	50	50
	校园管理	100	600	411	500		平均	50	34426	3560	1000
	儿童教育	200	1700	950	950						
	平均	30	3794	601	376						

一级	二级	最小值	最大值	平均值	中位数	一级	二级	最小值	最大值	平均值	中位数
健康医疗	医护工具	1682	12536	4448	1786	商务办公	任务管理	500	767892	91048	19264
	在线医疗	6690	12000	9345	9345		效率办公	300	13990	3981	1500
	预约诊疗	1007	1007	1007	1007		招聘求职	744	3721	1688	1283
	运动健康	327	570	448	448		公共交通	267	800	473	500
	健康管理	199	380	274	244		邮箱	139	139	139	139
	心理健康	650	650	650	650		云盘	233	400	317	317
	医疗美容	1147	1147	1147	1147		物流运输	3500	29176	12575	9100
	药品流通	5084	32250	16782	13013		广告营销	330	7087	1833	500
	平均	150	42566	6671	1550		平均	150	1864505	64587	2039
房地产	装修服务	2583	7000	5372	6534	动漫	漫画	85	362	210	164
	房屋租赁	243	38000	10174	7095		平均	1413	22500	5105	5017
	平均	85	289	175	150						
旅游出行	公共交通	267	800	473	500	视频	综合视频	150	338	213	182
	任务管理	500	767892	91048	19264		体育资讯	100	1125	613	613
	航空服务	320	320	320	320		短视频	100	1286	823	800
	酒店服务	6795	7382	7088	7088		垂直视频	254	254	254	254
	在线旅游	700	42460	8948	1347		聚合视频	731	731	731	731
	地图导航	232	380	334	361		游戏直播	466	466	466	466
	用车服务	300	20000	3490	2000		娱乐直播	179	560	388	406
	平均	300	42460	3992	1325		平均	79	1501	578	466
资讯	体育资讯	100	1125	613	613	音频娱乐	移动音乐	50	435	154	97
	军事资讯	60	60	60	60		移动K歌	537	847	692	692
	财经资讯	117	184	150	150		有声阅读	100	1718	494	196
	综合资讯	20	196	88	91		移动电台	1500	1500	1500	1500
	科技资讯	75	99	87	87		平均	50	1718	591	388
	平均	20	788	144	102						
母婴亲子	教育平台	30	300	176	200	电子阅读	小说创作	278	278	278	278
	母婴社区	103	183	140	149		有声阅读	100	718	494	196
	孕婴健康	102	102	102	102		在线阅读	116	413	202	175
	平均	102	2684	380	150		平均	73	413	178	151
社交	直播交友	190	190	190	190	系统工具	浏览器	101	183	130	113
	婚恋交友	600	700	650	650		应用商店	62	321	186	184
	即时通讯	139	139	139	139		优化工具	54	54	54	54
	社交网络	75	75	75	75		手机桌面	100	180	140	140
	异性社交	193	502	348	348		安全防护	50	127	78	70
	综合社区	88	613	344	337		搜索	403	403	403	403
	平均	75	1622	377	192		平均	41	3500	236	107

续表

一级	二级	最小值	最大值	平均值	中位数	一级	二级	最小值	最大值	平均值	中位数
汽车服务	车主服务	375	3800	1485	1000	拍摄美化	拍照美化	35	60	47	47
	汽车电商	907	7571	2251	1146		图片社交	173	173	173	173
	违章查询	299	299	299	2997		图文工具	359	931	645	645
	汽车资讯	1090	2085	1587	1587		短视频	100	1286	823	800
	平均	299	8812	1955	1104		平均	30	931	166	58
实用工具	天气	59	78	67	64	智能硬件	智能汽车	2000	20000	11000	11000
	二维码	100	100	100	100		智能穿戴	810	1519	1140	1068
	网络电话	60	60	60	60		智能家居	300	8437	2342	1330
	平均	50	200	79	69		平均	300	20000	2768	1330

资料来源：王德伦，张晓宇，乔永远.互联网公司估值那些事儿[R].国泰君安证券，2015：10.

第三节　现代服务企业定价管理

从商业模式理论来看，企业的价值可以从"卖方"和"买方"两个角度去理解。从"卖方"的角度，价值是产品和服务本身的功能属性，是向顾客提供的客观利益；从"买方"的角度，价值是顾客对产品和服务为其带来的利益的评估。如果从供给与需求一体化角度来看，价值最直接的表现为主客观因素影响下，"买卖"双方形成的产品和服务价格共识。

一、现代服务定价管理基础

（一）定价管理的概念

现代服务企业价值估计的一个关键问题是收益，收益的关键问题是定价管理。定价管理是指服务企业通过建立实时预测模型及对不同细分市场的需求行为进行分析，优化服务的价格组合，以最大限度地满足各细分市场，提高服务的销售总量和单位销售价格，从而获得最大收益的动态管理过程。定价管理技术诞生于20世纪80年代的航空业，是航空运输市场经营环境不断变化，航空公司运营管理理念、方法和技术不断发展的产物。有效的定价管理能够比较精确地预测出有多少顾客在某个时间内使用不同价格的不同服务。这些关键信息能够帮助服务企业通过激励和规划来提高服务产品的使用率，从而获得有竞争力的市场份额及销售收益。

实践案例：航空公司的定价

在过去很长一段时间内，机票价格是实行管制的。不管你是谁，不管你搭乘哪家航空公司的飞机、坐在靠窗或不靠窗的地方，都要支付一样的价格。这种单一结构的价格体系扭曲了价格与市场变动的关系，价格不能反映市场状况，给企业传导错误信息。同时，"一刀切"的票价也大大削弱了民航客运与铁路、公路运输方式间的竞争力。

管制放开后，航空公司可以自由决定销售产品、销售价格和销售数量（这是在国外；国内还有一些限制，比如航线机票打折下限等）。航空公司要做的是在合适的时间、合适的地点，将合适的产品以合适的价格销售给合适的消费者，以实现收益的最大化。一般来说，遵循以下两个原则：

一是在未来可能卖高价的座位不能在现在以低价卖出；

二是可以将未来可能卖不出去的座位在现在以较低的价格卖掉。

目前国内的定价和收益管理大多还处在初级阶段。早几年基本是采用"成本＋少量利润""跟着竞争对手的价格""凭经验""空想"等方法。后来一些航空公司引进了 POS 系统，预测需求、分析运量等开始成为收益管理的重要工作，比如舱位嵌套控制、机会成本法，逐步细分了市场，推出了不同的票价等级，甚至采取一些必要的超售来避免 No-Show 等。

但是据了解，还是有专门一批航线管理员在时时盯着共飞航空公司和渠道的价格，看到共飞航空公司放了个低价的舱位，就要马上来决定要不要跟进也开个低价舱位；看到渠道上的代理商放的价格太低了，恨不得马上就要去问这渠道是怎么管的。比如东航 O&D 收益管理系统投产上线，基于动态决策的 O&D 收益管理模式，选取中国上海浦东至美国芝加哥航线试水。

定价管理的核心是价格定制化，即价格歧视或价格细分，根据顾客不同的需求特征和需求弹性向顾客执行不同的价格标准。简单地说，定价管理就是服务型企业通过对服务市场的分析预测，把适当的服务产品，以适当的价格，在适当的时间，传递给适当的顾客群体。

定价管理与传统的价格及销售理念具有显著的区别，主要表现在：①定价管理是以顾客中心为主导的定价法，而非以成本或利润为导向的定价法；②市场细分是定价管理的基本前提和基础，在细分市场中寻找提高收益的机会；③定价管理决策是建立在对市场供求关系的预测以及顾客购买行为的客观分析上，而非主观判断；④定价管理是一个动态管理过程，需要不断地重新评估收益管理的机会，不断调整策略。

(二)价格栅栏

价格管理的核心在于差别化定价，即针对不同顾客对相同或相似服务组合制定不同的价格，让顾客按照他们获得的服务价值来支付价格。当然，企业必须找到一种方法能够按照顾客的感知价值来细分市场。

在某种意义上，企业必须在高价值顾客和低价值顾客之间设置一个"栅栏"，这样，"高价值顾客"就不能从低价格中获利。设置合理的价格栅栏就能避免出现顾客既想要低价格，又想要得到高价值的情况。价格栅栏允许根据服务的特征和支付意愿来进行顾客划分，并帮助服务型企业将较低价格仅仅提供给那些愿意接受一定购买和消费限制的顾客。

价格栅栏可以是有形的，也可以是无形的（见表 10-5）。有形的价格栅栏是指与不同价格有关的具体产品差异，如剧院的座位安排、酒店的房间大小，或者不同的服务组合（如头等舱和经济舱）。与之相对，无形的价格栅栏是指消费、交易或顾客的各项特征，可以根据不同的特征对顾客群体进行细分，即使是消费同样的服务，不同特征也能够区分出不同的细分群体。例如，购买 3 折机票和购买 8 折机票乘坐经济舱享受的服务是一样的，但两者的区别在于机票购买的时间不同，如提前一周购买还是提前一天购买，以及机票使用的限制条件不同，如是否能免费取消或变更航班。总之，通过对顾客需求、偏好和支付意愿的全面了解，服务型企业可以综合地设计服务产品，涵盖服务产品的核心服务、有形的产品特征（有形的栅栏）和无形的产品特征（无形的栅栏）。

表 10-5　价格栅栏类别

价格栅栏		实例
有形栅栏	基本产品	• 航班级别（头等舱/商务舱/经济舱） • 租车的大小（两厢车/三厢车/七座商务车） • 酒店房间的大小和装修 • 剧院或体育馆的座位安排
	便利设施	• 酒店的免费早餐/机场接送机等 • 高尔夫球场的免费高尔夫球车 • 代客泊车
	服务水平	• 优先等候名单/优先登机等 • 服务专线/私人管家 • 专用账户管理团队/一对一业务经理
无形栅栏	交易特征 预订或订购时间	• 提前购买的折扣
	交易特征 预订或订购地点	• 乘客预订的同一航线在不同的国家价格不同 • 顾客网上预订比电话预订更便宜
	交易特征 票据使用的灵活性	• 取消或者变更预订的罚金（根据全票价格的损失而定） • 不可退还的预订费
	消费特征 时间或使用限制	• 餐馆 6 点以前的早客优惠餐 • 酒店预订规定周六晚上必须入住那里 • 至少入住 6 晚
	消费特征 消费方式	• 价格以出发地点而定，尤其是国际航班 • 票价依据位置调整（城市之间/市中心/城市边缘）
	顾客特征 消费的频率	• 企业的忠诚客户，如白金会员享受优先定价/折扣/忠诚福利
	顾客特征 团体成员资格	• 儿童/学生/老人的折扣 • 与某些团体的联盟（如校友） • 团体购买价格
	顾客特征 顾客团体的大小	• 基于团体大小的团体折扣
	顾客特征 地理位置	• 当地顾客要价比外地旅游者的要价低 • 某些国家顾客的要价更高

资料来源：Wirtz J，Lovelock C. Services Marketing：People，Technology，Strategy[M]. 8th ed. New Jersey：World Scientific，2016：331-332.

以航空服务为例(见图 10-18),根据顾客对飞机座位的需求,以及购买机票的不同价格及限制条件,飞机上的舱位可以划分为不同的"库存桶"。航空公司进行收益管理的目标则是希望将每个"库存桶"完全填满,即确保每类服务产品均能够销售给相对应的顾客,确保飞机在起飞之前尽可能地实现"满员",从而实现航班运营收益的最大化。

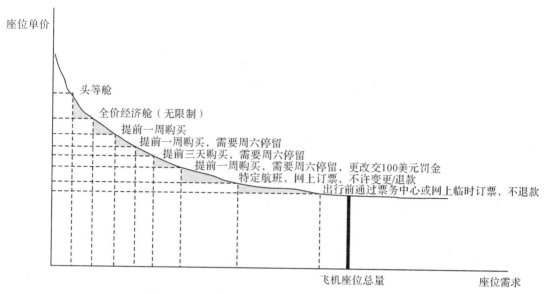

图 10-18 现代服务企业生命周期内价值估计曲线

注:阴影三角形表示顾客剩余,分割定价的目标就是使三角形的面积最小,即顾客剩余最小。

资料来源:Wirtz J, Lovelock C. Services Marketing: People, Technology, Strategy[M]. 8th ed. New Jersey: World Scientific, 2016:331-332.

二、服务定价的主要参考因素

(一)成本因素

服务营销人员必须理解服务产品的成本随时间和需求的变化而变化。服务产品的成本可以分为三种,即固定成本、变动成本和准变动成本。

1. 固定成本

固定成本是指不随产出而变化的成本,在一定时期内表现为固定的量,如建筑物、服务设施、家具、工资和维修成本等。在许多服务行业中,固定成本在总成本中所占的比重较大,比如航空运输和金融服务等,其固定成本的比重高达 60%,因为它们需要昂贵的设备和大量的人力资源,因此固定成本的分摊对服务企业意义重大。但数字服务企业的主要成本往往是研发成本,技术研发与创新是数字服务企业的核心活动,因此,技术创新与人才引进是数字服务企业必不可少的成本活动。数字服务企业非但不可将核心的成本转移出去,还应更加看重对技术与人才的投入。此外,互联网企业还应积极引进新技术,这会引起企业成本的暂时增加,但从长远来说,对于研发成本的大力投入会使产品的竞争力得到提升(见表 10-6)。

表 10-6　2021 年中美互联网企业的研发投入占营业收入的比例

美国	研发投入占营业收入比/％	中国	研发投入占营业收入比/％
Facebook（脸书）	27	百度	15
Alphabet（字母表公司）	16	阿里巴巴	14
Salesforce（赛富时公司）	15	网易	9
Amazon（亚马逊）	12	腾讯	9
eBay（易贝）	11	京东	2

资料来源：根据 Wind 数据编制。

　　一家新开张的咨询公司，一个月里有几个或十几个客户不会使其成本费用发生太大的变化。开办费的摊销、固定资产的折旧、管理人员的工资、其他人员的工资成本都是固定的；电费、通信费等营业费用可以控制，但相对于固定费用来讲是微不足道的。因此，在最大服务承受能力内，为越多的客户服务，越能在弥补固定成本的基础上获得更多的利润。如果客户人数寥寥，那么该企业就得硬撑着；如果这种形势无法扭转，企业就得做好早日关门的打算了。

2. 变动成本

　　变动成本是随着服务产出的变化而变化的成本，如临时职员的工资、电费、运输费、邮寄费等。变动成本在总成本中所占的比重往往很低，很多数字服务的变动成本甚至接近于零，如游戏服务、软件服务等。因此，在有足够的顾客数量来分担并覆盖固定成本后，数字服务业的服务价格定价有很大的调整空间。

3. 准变动成本

　　准变动成本是介于固定成本和变动成本之间的那部分成本，它们既同顾客的数量有关，又同服务产品的数量有关，如清洁服务地点的费用、职员加班费等。准变动成本的多少取决于服务的类型、顾客的数量和服务活动对额外设施的需求程度，因此不同的服务产品其差异性较大，其变动所牵涉的范围也比较大。比如，飞机上的座位已经满员，要想再增加一位旅客，那么所增加的就不仅是一个座位，在人力资本、资源消耗方面也要相应增多。准变动成本费用不能直接计入某一服务成本，它虽有一个发生的固定最低额，但是上限可控，这种控制以业务发生的必要要求为基准；另外，其最低固定额也可运用一定的方法来降低，如服务流程再造就是其中的一种。表 10-7 是数字服务企业的固定成本和可变成本的例子。

表 10-7　数字服务企业的固定成本和可变成本举例

固定成本	可变成本
• 生产设备 • 办公硬件（企业互联网平台的硬件，企业互联网产品平台搭建过程中的研发费用） • 办公场地	• 原材料消耗 • 人力成本 • 能耗成本 • 技术服务成本 • 市场推广 • 互联网平台运营维护费用 • 售后服务费用

在产出水平一定的情况下,服务产品的总成本等于固定成本、变动成本和准变动成本之和,服务企业在制定定价战略时必须考虑不同成本的变动趋势。应用经验曲线(experience curve)有助于营销人员认识服务行业的成本行为。所谓经验曲线,是指在一种产品的生产过程中,产品的单位成本随着企业经验的不断积累而下降。在这里,经验意味着某些特定的技术改进,正是由于改进了操作方法,使用了先进的工艺设备,并通过经营管理方法的科学化而形成了规模经营,才导致企业成本的逐步下降,因此,经验曲线是企业降低产品成本的有效分析工具。

(二)需求因素

现代服务企业在进行服务定价时必须考虑服务需求的价格弹性。服务需求的价格弹性是指因服务价格变动而引起的服务需求相应变动的比率,反映服务需求对服务价格变动的敏感程度。它通常用需求弹性系数来表示:

$$需求弹性系数(E_d)=\frac{需求量(Q)变化百分比}{价格(P)变化百分比}$$

需求弹性系数(E_d)是服务需求量(Q)变化百分比与其价格(P)变化百分比的比值。如果服务价格上升而服务需求量下降,则价格弹性为负值;如果服务价格上升而服务需求量也随之上升,则价格弹性为正值。在正常情况下,服务需求会按照与服务价格相反的方向变动(见图 10-19)。服务价格上升,服务需求就会减少;而服务价格降低,服务需求就会增加。因此,服务需求曲线是向下倾斜的,这是供求规律发生作用的表现。

为方便分析,通常取需求弹性系数(E_d)的绝对值。当$|E_d|=1$时,表示正常弹性,即服务价格变化导致完全一致的服务需求变化;当$|E_d|<1$时,表示缺乏弹性,即服务价格变化导致的服务需求变化不明显;当$|E_d|>1$时,表示富有弹性,意味着服务价格的小幅度变动都会引起较大幅度的需求变动。在服务市场,不同服务产品的需求弹性不尽相同,不同的服务需求弹性会对服务定价产生差异化的影响。某些服务需求受价格变动的影响很大,如公共交通服务、旅游娱乐等;某些服务需求则受影响较小,如健康医疗、基础教育服务等。

一般情况下,服务产品在下列条件下,需求可能缺乏弹性:①服务市场上没有替代品或者没有直接竞争者;②目标顾客群体对价格不敏感,特别是对较高价格并不在意;③顾客难以改变消费习惯,也不积极寻找替代服务;④顾客认为服务质量持续提高,或者是存在通货膨胀等环境因素,服务价格较高是合理现象。如果服务企业的服务产品不具备上述条件,意味着服务需求存在弹性。因此,服务企业需要考虑通过降价等措施刺激需求、促进销售、增加服务销售收入。

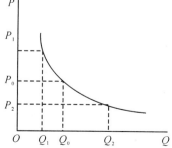

图 10-19　服务需求与价格的关系

需要注意的是,市场营销学的搜寻理论认为,顾客对价格的敏感度取决于顾客购买时可选择余地的大小。可选择余地越小,需求弹性就越小;反之,则需求弹性就越大。服务产品选择余地的大小取决于顾客对服务有关的信息和知识获取程度以及对服务特征的认知水平。如果顾客能够根据搜寻特征评价产品,顾客选择的余地就比较大,产品需求就有较高的弹性,其中,服务价格本身就是一种搜寻特征。因此,在缺乏服务产品信息的情况下,顾客往往把价格高低视为衡量服务品质的一个重要指标,导致顾客对服务价格的敏感程度提高。当价格作为顾客唯一可以判断服务产品价值的指标时,服务需求与价格的关系便发生了重要改变(见图 10-19):当服务价格过低时(P_2),顾客可能怀疑服务价值,导致服务需求不足(Q_2);若服务价格过高(P_1),又可能超出顾客的支付能力,进而影响服务需求水平(Q_1)。因而,对服务型企业而言,此时只有适中的服务价格(P_0)才能带来最大的服务需求(Q_0)。

(三)竞争因素

服务的无形性使顾客在进行服务消费决策和行动时选取各种各样的参照物,其中竞争者的同类服务就是最佳参照物之一。在同质化竞争的服务市场,相同或相似的服务使这种参照更容易导致激烈的价格竞争。对提供相同或相似服务的服务企业来说,谁的价格更高,谁就更可能失去顾客。试想两个同处商业街区的同档次电影院放映同一部电影,如果其中一家的定价太高会如何呢?因此,服务企业必须在与主要竞争对手相比较的基础上来制定价格策略:如果本企业的服务与行业内服务并无较大的差异,应较少考虑采用主导价格,而是采用行业中各个服务企业可以接受的共同价格,避免发生价格战;如果本企业的服务具有较高的差异性,则可以采取在相对垄断条件下的定价方式,如差别定价法、认知价格定价法等。总而言之,考虑竞争因素进行服务产品定价时,主要涉及市场竞争的激烈程度和服务产品的差异化程度两方面因素。

在服务竞争过程中,服务企业除了掌握主要竞争者对手的价格信息外,还需要尽可能了解其成本状况及利润率水平,这不仅有助于服务企业分析评价竞争对手在价格方面的竞争能力,而且还可以帮助企业预见主要竞争对手对本企业价格策略的市场反应及对手可承受能力的大小。

三、服务定价方法

现代服务企业根据自身条件和市场状况,形成服务定价目标,并选择相应的服务定价方法组合,进而形成服务定价策略。服务定价策略是服务企业进行市场竞争的重要武器,是影响服务产品销售的关键因素。服务企业必须依据市场现状、服务特征、顾客心理及行为等综合因素,选择合适的服务定价策略,确保服务价格具备适应性和竞争性。目前,服务定价策略主要包括心理定价、折扣定价、差别定价、关系定价、组合定价策略等。

(一)心理定价策略

心理定价策略是指服务企业运用某些心理学原理,根据不同顾客购买和消费服务时的心理动机来确定服务价格,进而引导顾客购买本企业服务的定价策略。常见的心理定价策略包括以下几种。

1. 尾数定价策略

尾数定价策略又称奇数定价或非整数定价策略,是指服务企业利用顾客求廉的心理,制定一个接近整数,以零头尾数结尾的价格。例如,某服务的价格为 99.9 元,接近 100 元,就是利用顾客要求定价准确的心理进行服务定价,保留价格尾数,既可以给顾客以不到整数的心理信息,又能使顾客从心里感到定价认真、准确、合理,从而对服务价格产生信任感。

2. 整数定价策略

整数定价策略也称方便定价策略,是指服务企业给服务产品定价时取一个整数,特别是以"0"作为尾数。利用服务的高价效应,服务企业可在顾客心目中树立高档、高价、优质的服务形象。在整数定价策略下,服务价格的高并不是绝对的高价,而只是凭借整数价格来给顾客造成高价的印象,特别是对于那些无法明确显示质量的服务,顾客往往通过其价格的高低来判断质量的好坏。整数定价策略正是利用顾客"一分价钱一分货"和快捷方便的消费心理进行定价,它特别适用于高档服务、优质服务,如星级酒店或高档娱乐城等。

3. 声望定价策略

声望定价策略是指服务企业根据服务在顾客心目中的声望、信任度和社会地位来确定服务价格的一种定价策略。声望定价可以满足某些顾客的特殊欲望,如地位、身份、财富、名望和自我形象等,还可以通过高价格显示名贵优质。因此,声望定价策略适用于一些有知名度、有较大市场影响、深受市场欢迎的品牌服务企业,如麦肯锡管理咨询、格莱美定制旅行服务等。为了使声望价格得以维持,服务企业需要适当控制市场容量。声望定价必须非常谨慎,要充分认清自身的服务品质和市场接受程度,避免对声望的不准确认识导致不合适的服务定价。

4. 招徕定价策略

招徕定价策略也称牺牲定价策略,即采取第一服务市场通行的价格吸引顾客尝试服务消费。一般而言,顾客都有以低于平均价格买到同质产品的心理期望,服务企业可以抓住顾客的这种心理,特意将服务价格定得略低于主要竞争对手的价格,以招徕顾客。例如,在节假日实行"大减价"销售等。事实上,这种廉价招徕顾客的定价策略,往往会吸引不少顾客在购买这种服务的同时顺带购买其他服务,从而达到扩大连带服务销售的目的。

(二)折扣定价策略

折扣定价策略是指对基本价格作出一定的让步,通过让利于顾客来刺激服务消费,增加服务收入的定价策略。折扣定价是一种鼓励消费的促销手段,能够促使顾客提早付款、大量购买或错峰消费等,进而增加服务企业的服务销售收入。折扣定价策略主要有以下形式。

1. 数量折扣

数量折扣是指服务企业按照顾客购买数量规模的大小,分别给予不同的价格折扣,购买的数量规模越大,价格折扣就越高,其目的是鼓励顾客进行大量服务购买或集中购买。数量折扣包括累计数量折扣和一次性数量折扣两种形式。累计数量折扣规定顾客若在一定时间内(如一月、一季、半年等)的购买服务达到一定的数量规模或消费金额,则按照其总价给予一定的折扣,其目的是培养顾客消费习惯和忠诚度,鼓励顾客经常进行服务消费,成为企业可信赖的长期顾客；一次性数量折扣规定单次购买某种服务达到一定的数量规模或消费金额，则给予折扣优惠，其目的是促进顾客大批量购买，实现服务产品的多销、快销。

2. 功能折扣

功能折扣是指服务企业根据服务中间商在服务流通及传递过程中的不同地位和作用，给予不同的折扣，因而也被称为交易折扣策略。如旅游企业通过折扣刺激鼓励中间商大量购买其服务产品。功能折扣比例的确定主要考虑服务中间商在服务分销中的功能、地位、重要性、购买数量规模、完成的促销功能、承担的市场风险、履行服务的水平等因素。例如，相较于服务零售商，可以给予服务批发商更大的折扣，以鼓励服务中间商努力销售本企业的服务产品。功能折扣的结果是形成购销差价和批零差价。

3. 现金折扣

现金折扣是对在规定时间内提前付款或用现金付款的顾客给予的一种价格折扣，其目的是让顾客尽早付款，加速资金周转，降低销售费用，减少财务风险。服务企业在采用现金折扣时一般要考虑三个因素：折扣比例、给予折扣的时间限制、付清全部货款的期限。例如，健身房采取的预存会员费打折或提前缴纳年费给予现金折扣等均是典型的提前付款现金折扣。在西方国家，典型的付款期限折扣表示为"3/20,n/60"，即在成交后20天内付款，顾客可以得到3%的折扣；超过20天、在60天内付款不予折扣；超过60天付款要加付利息。

需要注意的是，提供现金折扣等于降低服务价格，因而服务企业在运用这种手段时要考虑本企业的服务是否有足够的需求价格弹性，以保证通过需求量的增加使企业能够获得足够利润。

4. 季节折扣

某些服务的提供具有连续性，但其消费却具有明显的季节性，如出境旅游，旅游目的地的航空/酒店服务等。服务企业为了调节淡季和旺季之间的服务供需矛盾，对淡季的服务消费给予一定的价格优惠，该策略被称为季节折扣。采用季节折扣的定价策略有利于服务企业服务生产与销售在一年四季都保持相对稳定。目前旅游景点，旅游地酒店、机票等服务较多地应用季节折扣的定价策略。

(三)差别定价策略

差别定价策略也称为弹性定价策略，是指服务企业根据顾客的支付意愿而制定不同价格的定价策略。差别定价策略主要运用于以下两种情况：①对建立基本需求，尤其是对高峰期的服务最适用；②用于缓和需求的波动，降低服务的不可储存性、时间性等带来的不利影响。差别定价策略下的服务价格并不反映任何的成本比例差异。差别定价策略的形式主要包括以下几种。

1. 顾客细分定价策略

根据西方经济学理论，顾客剩余是指顾客意愿为某产品或服务付出的最高价格与其实际支付价格的差额。由于顾客收入水平和购买能力的差异，对服务的需求程度不同，或对服务的感知价值不同，因而不同服务需求的顾客剩余水平是不同的。为了尽可能降低顾客剩余,服务企业可以根据不同细分市场顾客的支付意愿和能力进行定价。例如,通过收入对顾客进行细分,对于收入较高的顾客群体,可将服务的价格适当抬高,不仅不会降低顾客的消费积极性,还有可能带给顾客心理上的满足;对于低收入的顾客群体,适当降低价格,能够显著提高顾客的购买兴趣和支付意愿。除此之外,还可按顾客的年龄、职业和阶层来细分顾客,进而实施分别定价。例如,旅游景区的学生票,军人、老人免票或半票等。

2.服务附加值定价

服务附加价值定价,是根据服务额外增加的利益不同,对同类服务制定不同的价格。服务增加的附加利益是差别定价的重要支撑。例如,京东商城对普通会员免去基础服务费,对PLUS会员收取299元年费,但是,PLUS会员能够享受优惠券、购物额外折扣、专属客服、专属购物节及上门退换货等10项会员专属特权。正是由于具有吸引力的附加价值的存在,部分顾客才会愿意为重要的额外利益支付更高价格。

3.服务可获得性差异定价

服务可获得性差异定价是指服务企业针对顾客获取服务的不同可能性进行的差别定价策略。在服务的可获得性方面,主要考虑时间和地点两个方面。①时间差别策略是以服务时间区分的差别定价策略。其目的不仅是增加企业的收入,还可以通过调整价格来抑制需求的波动,从而降低生产和经营成本。例如,滴滴出行在上下班高峰期的加价策略就是以时间差别进行的差异定价。②地点差别定价则是按服务地点的区别进行定价。不同地点的相同或相似服务不仅具有不同的附加值,更具有不同的服务可接近性。例如,饭店和酒吧里的饮料、小吃等都比百货超市里的要贵;环境优雅带来的附加值纵然不同,但更重要的是顾客在可接近性方面的需求强烈程度不同。

4.服务品牌形象差别定价

服务企业拥有良好的品牌形象及其所蕴含的服务价值是差别定价的重要基础之一。大多数顾客特别是中高端顾客,更愿意为具有吸引力的服务品牌形象支付更高的价格。例如,在保险行业,知名保险公司相较于市场影响力一般的保险公司,更能够在同类保险业务中制定更高的服务价格。其背后的逻辑是,顾客愿意为更具影响力的服务品牌形象及其附加利益支付更高的服务价格。在银行业、航空业、酒店业等服务行业中,服务品牌形象扮演着重要角色,是差别定价策略的实施基础。

(四)关系定价策略

关系定价是近年来越来越受服务企业青睐的一种定价策略。关系定价策略适用于服务型企业与顾客之间有持续接触的交易,是一种考虑顾客终身价值、基于顾客导向的定价策略。研究表明,通过降价吸引而来的顾客不具有稳定性,降价产生的效果很容易被竞争对手的降价所抵消,而关系定价策略能够刺激顾客更多购买本企业的服务而抵制竞争者提供的服务。服务企业采取关系定价策略,首先要理解顾客同企业发展长期关系的需求和动机,其次要分析潜在竞争对手的获利举动。一般来说,比较常见的关系定价策略包括长期合同和多购优惠两种方式。

1. 长期合同

长期合同能够从根本上转变服务企业与顾客之间的交易关系。服务营销人员可以运用长期合同向顾客提供各类价格及非价格刺激，将一系列相对独立的服务交易转变为一系列稳定的、可持续的合作交易，使双方达成长期合作关系。服务企业可以从每次交易中获得有关顾客服务需求方面的信息，帮助企业更有效率地创造和传递服务价值。同时，顾客也可以从深入发展的合作关系中获益，如成本节约、风险降低等。总之，长期合同带来的稳定、可观收入使服务企业可以集中更多的资源拉开同竞争对手的差距。

2. 多购优惠

多购优惠策略的目的在于促进和维持顾客关系，它是指同时提供两种或两种以上的相关服务，价格优惠，确保几种相关服务一次购买比单独购买更便宜。服务企业可以从多购优惠策略中获得两方面的利益。一方面，多购能降低成本。大多数服务企业的成本结构是：提供一种附加服务的成本比单独提供第二种服务要少。例如，对于一家银行来说，如果能在销售存款账户的同时销售结账账户，那么就共同分摊账户开设和计算机处理成本，产生了成本节约。另一方面，多购优惠能够有效增加服务企业与目标顾客群体之间的触点和交易关系。顾客接触与交易越多，那么企业了解顾客需求与偏好的途径和机会就越多。有关顾客服务需求特征及偏好的信息能够帮助服务企业与顾客建立和发展长期顾客关系。

(五)组合定价策略

服务企业将彼此密切相关的系列服务项目进行组合，并确定整体价格进行销售。组合定价策略强调对购买系列服务组合的顾客给予价格优惠，使之比分别购买单项服务的价格更低。组合定价策略既有利于顾客一次购齐所需服务产品，降低购买成本，又有利于服务企业增加销售，扩大服务市场份额。通常，组合定价策略有以下几种。

1. 服务线定价法

服务线定价是服务企业根据顾客对同样服务线不同档次的服务需求，精选设计几种不同档次的服务和价格点。服务企业必须在细分市场的基础上满足服务市场中的多层次、多类别服务需求，以实现企业的生存与发展。例如，对于酒店来说，商务套房定价 998 元，豪华套房定价 1499 元，总统套房定价 3999 元，以满足不同类别和购买能力的顾客的服务需求。在服务业中，很多企业会使用价格点，运用高、中、低三档价格来使顾客联想到高、中、低三个档次的质量。

2. 非必需附带品定价法

非必需附带品定价法也称为特色定价法，是指服务企业在以较低价格提供核心服务的同时，以较高价格提供有吸引力的非必需附带品，并以此来增加利润收入。例如，爆米花已经成为影院的"金矿"和"印钞机"，并由此引发"爆米花经济学"现象。数据显示，原材料等成本仅 3 元左右的爆米花，可卖到二三十元。爆米花销售收入最高可占据影院总收入的 20%。由此可见，通过降低电影票价格，吸引更多的观影顾客，最终获取更具利润率的爆米花、饮料等非票房收入成为影院定价的重要逻辑。

3. 必需附带品定价法

必需附带品定价法与非必需附带品定价法类似，不同的是必需附带品定价法中，附带品是核心服务发挥功能必不可缺的。服务企业以较低的价格销售主产品和服务，以较高的价格销售附带品，以此来获取利润。例如，软件公司会以低价或无偿把软件销售给顾客，但是通过后续不断地升级程序、更新数据库等方式获取高额利润。

4. 两部分定价法

两部分定价法是将价格划分为固定费用和变动费用两部分，在一定范围内缴纳固定费用，超出该范围则根据使用量收取变动费用。例如，移动通信公司对手机用户收取固定的月租费或套餐费，并提供约定范围内的语音、短信、流量等综合服务，用户若超过约定服务量的范围就会加收额外服务费用。

5. 捆绑定价法

捆绑定价法是指服务企业将数种服务或服务特征组合在一起，以低于分别销售时的价格销售，从而最大限度地吸引各种特征的顾客。例如，香港迪士尼家庭套票、中国电信"手机＋宽带＋电视"组合套餐、美发"剪烫染"组合套餐等均是捆绑定价法的典型表现。

本章小结

有别于农业经济时代和制造经济时代，数字经济时代现代服务企业价值创造载体、创造方式、创造逻辑都发生了变化。这导致传统的企业价值估计方法（如现金流量法、资产基础法、市场比较法）等在数字经济时代用于现代服务企业不适用，陷入了"精确的错误""模糊的正确"等困境。为此，DEVA 估值法、基于财务指标的相对估值法、国泰君安估值框架等众多现代服务企业估值方法被开发出来。

现代服务企业不仅价值估计发生了变化，其定价方式也与传统制造企业和传统服务业不同。这种不同，表现为更灵活地使用心理定价、折扣定价、差别定价、关系定价及组合定价。

本章思考

1. 相比传统经济，现代服务经济的价值创造逻辑发生了哪些改变？
2. 现代服务企业的估值存在哪些困境？
3. 现代服务企业的估值方法有哪些？
4. 现代服务业定价方法有哪些？
5. 相比传统制造业，现代服务业的成本结构有哪些明显差别？

第十一章 制造服务化与服务产品化

世界范围内，经济重心逐步由制造业向服务业转移。大型制造企业率先开始进入下游高收益服务业，诸如产品设计、营销、品牌和融资等。要实现服务业的发展和制造业的转型升级，需要依赖两方面的努力。一方面，工业生产中要增加服务的部分；另一方面，制造企业活动外包，带动新兴服务业的发展。工业生产中增加服务的部分，表现为企业开始由单一提供产品向提供产品和服务集成系统转变，即企业制造走向服务化。与此同时，数字服务也正由于硬件的嵌入，呈现出产品化的特点。这似乎预示着制造和服务的融合正成为一种趋势，传统意义上的制造业和服务业的边界正在消融。

第一节 制造服务化

一、制造服务化概述

对现代制造企业顾客价值结构的研究发现，顾客对使用方便、交付迅速、品牌认可、时尚、质量、可靠性以及专门定制等方面的需求，在顾客价值中的重要性越来越突出。顾客已经从单纯对产品功能性的需求逐渐转移到对产品延伸出的服务价值的需求。顾客除了对伴随产品销售而出现的服务的需求，更对有形物品和一系列无形服务捆绑在一起的服务型产品提出了需求，希望获得大于产品本身的服务价值，如购买时的金融服务、运输服务、保险服务、修饰服务以及专业服务等。

另外，由于制造业本身越来越趋向于专业化、专利化和个性化，加之全球化的生产采购体系、定制化的产品特点，增加了产品的维修、维护、技术咨询等服务的难度，使得顾客的自我服务难以完成，也增加了顾客对实体产品的服务需求。对此，企业已经开始将制造活动外包并进入下游高收益服务业务。诸如通用电气等全球成功的制造企业，都正在进入下游服务提供领域，为产品提供运营、更新、商业咨询及融资服务。企业向下游服务移动，不断向下游扩展和延长价值链的活动称为制造服务化。

"服务化"一词最早见于范德梅韦和拉达1988年的文章。[①] 他们提出，服务化是制造企业由仅仅提供物品或物品与附加服务，向"物品—服务包"转变。完整的"包"包括物品、服务、支持、自我服务和知识，并且服务在整个"包"中居于主导地位，是增加值的主要来源。也有学者提出了类似的概念，如"服务增强""新型制造业""产品服务系统""顾客化产品""整体

---

① Vandermerwe S，Rada J. Servitization of business：Adding value by adding services[J]. European Management Journal，1988(6)：314-324.

解决方案""销售解决方案"。尽管这些定义研究的视角有差异,但都强调制造企业应该向出售产品服务系统或一体化的解决方案转变。

企业制造服务化可以定义为:制造企业通过组织能力的提升和生产服务流程的重整,将产品与服务创新性结合,根据客户的需求,从设计、制造,到维护、更新、运作,甚至融资、咨询,进行全生命周期的定制,创造价值新模式。实施这一战略转型,企业需要作出相应变革。

二、制造服务化的实现路径

如何描述制造服务化的价值实现结构呢?价值链理论是最适宜的理论工具。传统的价值链结构,立足企业内部,将企业内部活动分为基本价值活动和辅助价值活动。内部活动与交易、消费等外部活动联系在一起,成为完整的价值实现过程。而价值链理论的最新发展是将其扩展到产业层面,认为每个企业都处在产业链中的某一环节,企业要赢得和维持竞争优势,不仅取决于其内部价值链,而且还取决于产业价值链,即企业同其供应商、销售商以及顾客价值链之间的连接。也就是说,这个价值创造系统还囊括了制造商的内部价值链活动、供应商和合作伙伴的内部价值活动、用户的内部价值链活动。用价值链理论来描述制造服务价值的实现结构,就能全面考察企业内部和企业外部的价值创造活动,因此,价值链理论是制造服务化价值关系重构研究最适宜的理论。集成解决方案的本质是新的价值创造模式,新的价值创造模式构建对企业管理产生了巨大影响,提出了多方面的要求。

(一)形成全新的内外部关系

重构内部价值链活动。要实现集成解决方案,供应商必须强调以客户为中心,在组织内部形成全新的价值链。集成解决方案就是为客户解决个性化问题,使客户成为真正的中心,所以所有活动都是围绕客户的需求作出的反应。在此基础上,再调整采购、人力资源等辅助活动以及生产、销售、客户服务等核心价值活动。

形成全新的外部关系。以客户为中心,围绕客户展开活动,每个环节供应商和客户之间都有来往,交互频率就提高了。此外,提供的产品和服务满足的是个性化需求,即活动的针对性很强,而且要求双方彼此有深入的了解,并且服务贯彻到了产品系统的全生命周期,所以双方的关系必然要持续很长时间。总结而言,供应商和客户之间会形成高互动性、高针对性、高渗透性、长期性的客户关系。

(二)需要全新的能力配置

从传统制造到集成解决方案业务转型的过程,是一项复杂的系统工程,企业需要配置有效管理客户的能力和实现能力之间的张力。具体包括选择客户、评估顾客化程度、决定集成解决方案的范围以及管理客户关系。

形成新的能力配置是一个学习过程。随着新业务的开展,客户对集成解决方案供应商的要求也越来越高,迫切需要其"支持提供"的渗透性不断提高,从初期的"产品系统支持""产品生命周期系统支持",向"职能系统支持""企业系统支持"等扩展。供应商首先尝试对新能力进行扩展,然后将其经验应用于当前老能力项目或后续多能力项目,当经验积累到一定程度,新能力就从临时性的项目层面上升为长久性的职能层面。

总之,企业集成解决方案能力的建立,是一个跨产业边界的资源调整、整合的动态过程。

(三)需要全新的组织构架

组织需要包容全新能力的空间。随着上述内外部文化和能力的发展,全新的文化和能力不断在组织内部生长,原有组织无法包容新生的力量,组织需要全新的发展空间,同时,需要全新的组织结构。新的业务模式也对原有的业务流程提出了挑战,传统业务中的活动无法适应新业务下客户的个性化需求和频繁的来往要求,组织必须重组其业务流程,以实现服务和产品的整合,释放各环节的能力。

(四)新的收益模式

传统的销售产品的模式是先制造,在产品销售完成时实现一次性的现金流入。采用集成了服务—制造的解决方案这一新的商业模式,企业可以实现销售以后持续整个产品生命周期的多次现金收入,甚至在此基础上还有产品更新换代后新一代产品的全生命周期的持续流入。此外,收益由原来单一来自制造转变成来自制造和服务两个部分,产品制造对价格的贡献将下降,甚至某些时候,服务可能会成为价格的主要形成因素(见图11-1)。

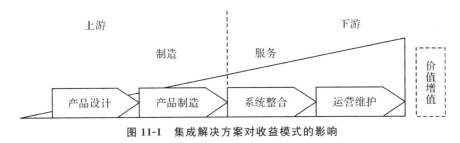

图 11-1　集成解决方案对收益模式的影响

三、制造服务化案例

(一)案例简介:正特集团"花园管家"

浙江正特集团有限公司位于浙江省临海市,创建于1992年,2005年成立集团公司,成为下辖9家子公司,产品涉及遮阳伞、凉篷、窗篷、汽车篷、户外家具、烧烤炉、健身器材等七大系列300多个品种的户外休闲家居的专业提供厂商。产品外销世界50多个国家和地区,内销国内20多个省区市,已跻身同行旗舰企业之列。

2010年,正特集团成立晴天花园家具有限公司,"花园管家"战略正式启动,开始尝试向集成解决方案供应商转型,根据客户的实际需求情况,专门为业主量身定制"晴天花园"。从整体花园设计入手,为业主一站式解决花园产品,然后接受托管,即公司从订单式的服务到常年式跟踪服务。由此,正特集团为客户提供产品和服务的全部过程包括了整体设计、产品制造、整体施工、维护保养、运营管理等整套服务。对客户来说,不单单是一个订单的概念,而是一个全方位的花园托管(见图11-2)。2010年,正特集团的第一个商业项目"杭州迪凯国际中心屋顶花园项目"工程完成施工并开始运营,这标志着正特集团已经由产品供应商转型成了为客户提供产品与服务的集成解决方案供应商。

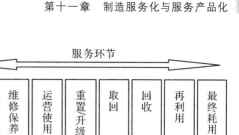

原来注重制造环节，有限的服务和制造相互分离。现在将制造和服务环节连接起来，从产品设计开始到引入顾客，每一项工作都是协调进行。此外，在通常的服务的基础上开始提供整个产品生命周期内的系统运营托管和需要的情况下的重置及升级。

图 11-2　正泰集团"花园管家"集成解决方案示意

(二)正特集团的制造服务化转型举措

1. 理念更新

正特集团从原先重点建设和开发单一花园产品到提供集成解决方案，首先做的就是扭转思路。"晴天花园"是一个包含丰富产品的系统，每一个项目都需要长期的专业服务。随着这一模式的推广，未来的业务关系将完全改变，这会对组织既有结构形成挑战，组织必然需要在未来作出重大调整。正特集团意识到了这一点，便预先开始在组织的思想上铺下基石。正特集团对新业务的战略意义、新业务的思想、该模式下客户和客户关系要求等理念不断在不同场合宣传。如通过展会、媒体访问、公开招募员工等形式宣传自己的理念，同时，在全国主要城市开设品牌展示店展示其新业务。企业内部通过会议宣讲、成立新部门、员工培训等形式进行宣贯。另外，通过引导性薪酬体制来潜移默化地影响员工对新业务的认可。通过多种方式，正特集团在较短时间内使新业务思想在内外部获得了认同。

2. 组织更新

传统部门和新业务部门之间在资源分配、文化共享等方面存在冲突，此时正特集团新成立了晴天花园家具有限公司，并以此为平台，整合花园系列产品资源。目前，正特集团的集成解决方案平台已在全国范围内建立了统一的品牌和服务，拥有全新的管理团队和营销模式的晴天花园家居运行网点 79 家，在这个平台上将制造和服务集成，制造过程和服务过程实现了互动。新平台的建立，不仅开辟了发展的新空间，而且很好地解决了新旧之间的冲突问题，处理好了新业务既有部门之间的关系。

由此可见，集成解决方案所依托的平台，为集成解决方案提供了需要的所有要素，包括产品、零组件、设备等硬件要素，以及多元知识、沟通能力、整合能力等软件要素。此外，这个平台上，业务分为前台和后台两个部分。后台对客户而言，是相对不可见的、接触程度较低的部分，主要负责产品(系统)的制造和整合；前台是和客户接触的主要界面，主要负责产品(系统)定制过程中和客户的沟通，以及产品(系统)实现以后将其提供给客户，并为客户进行长期的运营维护(见图 11-3)。前台强力承接客户的要求，后台业务单元释放相关多种能力，前后台之间施以有效协调。

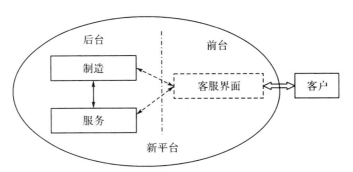

图 11-3　集成解决方案下新的组织流程

3. 能力更新

集成解决方案供应商必须更新和提升自身的能力。首先，应具备主要产品（可能是核心产品组件）的制造能力。正特集团产品生产能力较强，这一点是其转型的基础。其次，应具备整合能力，将不同的产品（其中包括一些非自己生产的产品）整合到一起成为一个系统。正特集团在自身特色花园产品——遮阳用品生产基础上，与国内 20 多家一流的花园系列产品生产商建立了良好的业务合作关系，形成了包括遮阳产品、户外家具、游泳池产品、户外照明系统、花园喷灌产品等全系列的花园家居产品供应。可见，正特集团不光自己能制造，还能整合战略伙伴的产品。再次，应具有运营整个产品系统的能力。制造企业以往由于只关注生产产品，缺乏整合产品系统的运营能力，通常需要发展这一项能力。正特集团在新平台成立以后，广招"晴天花园"专业管理人才，培养运营维护团队，以满足建设完成的项目亟须的运营维护服务的需求。以上三种是基本能力，在此基础上应该向服务过程拓展延伸自己的能力。如发展商业咨询的能力，包括建议产品的可行方案，提供相关的信息和客户资源，甚至提供金融服务等。当然，目前后两种能力需求不明显。所以，正特集团在发展集成解决方案供应的时候，有三种核心能力支撑——制造能力、整合能力、运营能力，并加强了商业咨询和金融服务这两项辅助能力的培育。集成解决方案供应商需要的能力配置如图 11-4 所示。

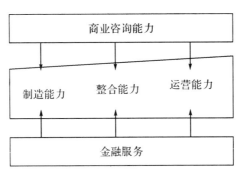

图 11-4　集成解决方案供应商需要的能力配置

在服务业发展总体落后的情境下，中国制造企业由制造商向制造—服务集成解决方案供应商转型，是有效的竞争战略。这种战略不仅在大型、复杂产品和系统的制造中可行，而且在传统制造业中也有机会，这为正面临困境的中国制造企业指明了一条道路。中国制造业的持续发展可以通过将更多的相关服务整合进来，以弥补制造业产业链短、核心技术缺失的短板。同时，这种模式也为服务业发展开辟了新道路，摆脱了坐等技术进步以后再发展服

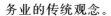

务业的传统观念。

制造企业要实现向制造—服务集成解决方案供应商的转型也并非一蹴而就,需要由内而外、由上而下的全面升级。首先要彻底改变观念,真正树立起以客户为中心的理念,因为,成为集成解决方案供应商后,提供的是完全客户化的产品和系统,制造和服务的过程都需要与客户进行深度接触。其次,运营模式和流程上要重构,如发展二元组织、发展方案生成部门,以整合解决方案需要的多重要素和资源,组织的能力也需要升级,并增强客户服务组织单元的能力,以适应增加对客户服务提供的需要。同时,要发展新的战略能力,如整合能力、运营能力,甚至是商业咨询和金融服务能力。

第二节　服务产品化

信息通信技术应用高度集中于服务业(美国经济分析局 2018 统计显示,信息设备占总投资比重最高的前 15 个行业都是服务行业)。服务业信息技术投资的增加,服务业的投入结构出现资本深化趋势,使服务业获得了与制造业相似的全要素生产率。服务由此表现出产品化倾向。本节将简要讨论一下服务产品化。

一、服务产品化概述

"服务产品化"一词可追溯至 1986 年,被广为熟知的是 2006 年 IBM 提出的服务化转型战略。IBM 认为服务产品化是将服务的构成要素分解,将服务生产流程标准化,再按照产品市场的原则将服务产品交付顾客。早期的服务产品化更多的是解决服务交付的标准化问题以及服务的收费或价值衡量问题。在数字经济背景下,"服务产品化"概念有了新的发展。**数字化背景下,服务**产品化有效模式是基于互联网、人工智能等技术,将部分人工服务机器自动化,打造人机结合的服务系统。这种模式下,服务产品化不是简单的服务打包,也不是简单的将传统服务内容迁移到机器服务,而是从产品的视角来规划服务、设计服务和运营服务,满足海量多样客户的需求。

如包括财务咨询、法律咨询、管理咨询等行业在内的众多专业服务公司,其对服务产品化的探索已经广泛开展。当服务企业提供的服务中部分实现自动化,产品属性就出现了。这部分产品作为服务的一个要素嵌入现代服务企业的服务提供中,但服务仍然是中心,客户依然购买服务而非产品本身。例如,全球知名的雇佣和劳动法律咨询公司 Littler 就以技术资本和人力资本重塑服务,由具备数据分析能力的自动化产品和专业知识资深律师组合完成服务任务。Littler Case Smart-Charges 就是其中的一项服务。这项服务结合软件、项目管理工具、弹性工作律师(FTA)的技能和数据分析能力,帮助客户的人力资源部门和常驻律师更好地处理员工的歧视投诉。弹性工作律师主要负责诉讼流程中的特定关键任务。这些关键任务往往需要深厚的专业知识,只要准备工作充分,这些关键任务耗时不一定很长,类似点睛之笔。因此,为了节省公司费用,这些资深律师不在公司坐班,且工作时间弹性,但必须有数据分析师基于自动分析工具为资深律师评估、解释和翻译数据。

二、服务产品化实现路径

(一)开发产品工具

服务产品化需要从企业整体业务层面审视各条线业务，以最大包容性要求，建设能够支撑各条线业务需求的基础数据库和工具平台，包括建设结构化、模块化、标准化基础数据库，开发自动化、可视化数据分析等软件工具。数据库和工具平台建设从一开始就需要考虑包容性，即能够支撑不同业务、不同市场。比如，智能工具开发应能够支撑多种语言。德勤的Argus工具就从最初仅支持英语，到后期支持中文，目前正在突破日语、韩语以及东南亚语言。除了语言的包容性之外，还要拓展场景包容性，即支持多条线工作，这就要求重新梳理各条线工作内容，将不同条线工作需要的基础性工作内容梳理出来，并进行结构化设计。如专业服务公司可能提供合同管理、IFRS16租赁准则转换、财报审阅、信贷审阅、供应商风险分析、业务指标数据采集、采购信息分析、合作伙伴分级分析等。据此，将各项服务所需要的基础数据进行梳理，定义文档类别，包括合同、报告、函件、凭证等，提取各类文档中的关键信息，并将关键信息结构化。例如，提取租赁合同中的租赁期限、付款日期、租金等关键信息，提取财务报告、征信报告中的净利润、主营业务收入、他行贷款、不良记录等信息。

(二)创新业务模式

服务产品化下服务企业的业务模式向"平台＋条线"转变。传统服务企业业务模式往往是条线制、项目化的。如业务条线分为审计鉴证业务、财务咨询业务、管理咨询业务、法律咨询业务等，各条线业务相互独立，不交叉。产品化之后，公司整体业务由面向前台的条线和后台的基础平台构成。业务条线之间数据共享，相互支撑。

此外，服务产品化下服务企业将会创新内容。服务也将从传统模式下的被动响应转变为主动前探。基于自动化服务产品，服务企业将与客户建立更加密切的协作关系，两者之间甚至能够实现数据共享。服务企业不仅可以为客户提供实时监控服务，还可以基于数据发布报告或者直接将数据出售。

(三)调整组织结构

服务产品化下服务企业劳动力结构发生了变化。一方面，智能工具引发了机器替代效应，以审计业务为例，财务报告基础分析、业务流程单据完备性审查、审计底稿编撰等基础性工作岗位被智能工具替代，会计师则从格式化、批量化基础工作中解放出来，聚焦于复杂性分析工作。由此，服务企业形成了人机结合的劳动力结构。

岗位替代之外，也会新增岗位和部门。比如为提升智能工具文档识别的准确性，需要增设机器训练师岗位；为了开发服务工具，需要设立数字创新团队。德勤为推进审计鉴证业务的服务产品化，创立了审计及鉴证创新团队。成功的服务产品化，应该创设数字创新部门，而且该部门应该能覆盖公司的整体业务，部门层级应该是战略级别，最好是对公司高层领导机构直接负责，这样才能在公司整体业务范围内进行彻底的流程变革，推进更基础的服务产品化创新。

　　服务产品化下现代服务企业前后台组织出现了分化。传统服务企业以项目组形式完成服务任务,项目组成员全程与客户密切接触。基础数据平台的出现使现代服务企业组织内部分离出非客户接触部门,服务任务变成由接触客户的前台资深服务专家和客户看不见的后台数据分析师等一起完成。这种结构类似于银行的组织结构,被称为前后台化。

(四)革新管理方式

　　人机结合的新劳力结构,要求现代服务企业变革培训、考核、招聘、薪酬等方面的管理方式。①培训。服务产品化对组织内部人员提出了新的能力要求。一方面对人员与机器协作的能力要求大大提高,另一方面,对人际沟通与协作要求也大大提高。为应对这一变化,企业要开发"新技能培训"框架,增加新技能培训。②考核。首先服务产品化后,企业效率的提升,使得销售额/人员的考核指标提高。其次,考核指标也将发生变化。服务产品化更强调协作关系、创意和原型数量、自动化程度等产品考核指标。再次,考核会更加量化精准。③薪酬。服务产品化后企业销售额/人员比率提升,总体薪酬水平提高,但企业内部薪酬可能出现薪酬水平分化,基础数据分析后台部门与前台资深服务专家间的薪酬差距扩大。对此,企业内部需要通过转移支付的方式,维持人员稳定。

(五)确立新收益模式

　　服务产品化下现代服务企业收益从基于工作量向基于工作产出转变。虽然传统咨询公司提供的是知识密集型服务,收费高,但其收益模式根本上基于人员工作量,营业收入、利润与投入工作量(人员数量和时间)大致成正比。比如审计鉴证业务因为财务、法律等专业知识,可以向客户收取高额服务费。但如果该业务想让营业收入翻倍,往往要多雇用一倍的审计鉴证业务人员,此时利润也增长一倍而已。服务产品化下现代服务企业服务效率和质量显著提升,企业可以由按时收费改为按工作产出收费。按工作产出收费应该兼顾工作产出数量和工作产出效益。一方面,部分服务自动化后,生产率提升带来工作产出数量的增加,为将新增工作量变现,公司必须将收费模式改为按工作产出数量收费。假设企业为客户审阅法律协议,收费标准为每小时 200 美元;审阅一份协议需要 10 小时,共收费2000 美元。使用自动化审阅流程后,审阅一份协议只需 2 小时,效率是之前的 5 倍。现代服务企业可以对同样投入时间内增产的工作数量变现。另一方面,服务智能化后服务成效也可能大大增强。比如服务企业的主动财务风险控制可能大大减少客户每年的财务损失风险,企业由此可以对这部分价值索取回报。但两方面带来的价值增值都不应由服务企业全部占有,而应通过定量统计和定性分析寻找均衡价格,以与客户一起分享服务产品化获得的价值增值。

三、服务产品化案例

(一)案例介绍:"好睡眠"互联网睡眠健康管理

　　随着社会健康意识的提升,健康消费市场正在被引爆。睡眠健康是大健康的重要组成部分。2016 年中国睡眠研究会调查显示,中国成年人失眠发生率高达 38.2%,超过 3 亿中

图 11-5　好睡眠 365App

国人有睡眠障碍，丁香园和《健康报》联合发布的《2019 国民健康洞察报告》显示，八成受访者存在不同程度的睡眠困扰。医护人员的长期跟踪服务和患者的自我管理对睡眠障碍诊疗至关重要。一方面，我国医疗资源紧张，可供睡眠健康等慢病管理调用的医疗力量极为有限，睡眠健康医疗需求得不到有效满足；另一方面，由于缺乏必要的知识技能，患者无法实施有效的自我管理。因此，急需创新睡眠健康管理模式，以解决两难困境。

杭州思力普诊所有限公司借助互联网和自然语言等认知技术，创新医患交互方式，重构睡眠健康管理服务流程，搭建了以"互联网＋"为中心的线上线下融合式睡眠健康管理服务系统。旗下好睡眠 365App 睡眠健康管理服务系统（简称"好睡眠"），是一款针对中国广大失眠人群研发的专业数字疗法失眠诊疗服务系统（见图 11-5）。通过使用好睡眠 365App 健康管理服务系统，医生可为患者提供科学专业的睡眠监测、睡眠改善训练、在线咨询、重度失眠患者药物指导

等功能服务，使患者可以在专业精神科医生的全程指导下，通过失眠认知行为疗法，改变睡眠行为模式，显著改善睡眠质量，睡得更好。通过 4～8 周的好睡眠 365App 康复训练指导后，80％以上的失眠人群会有明显的睡眠改善效果（见图 11-6）。

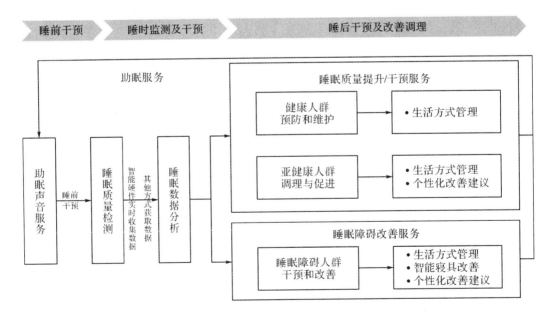

• 健康管理平台的核心业务环节：助眠服务→睡时监测及干预→睡后干预及改善调理→助眠服务

图 11-6　"好睡眠"核心业务示意

（二）"好睡眠"的服务产品举措

1.开发软硬件系统工具

物联网技术的发展促生了应用于慢病管理的大数据和智能硬件。可穿戴设备等是慢病治疗、监测、数据收集、管理、反馈与提醒的重要手段,尤其在糖尿病、心血管疾病等领域发展迅速,为基层健康管理、疾病监护提供了极大便利。目前,个人健康管理手段多为手机 App、手环、血压仪、血糖仪等软硬件提供的健康监测、运动辅助、健康资讯、健康提醒等。

"好睡眠"是一款涵盖了气流、心率、血氧饱和度、体动等生理信息的睡眠监测便携式穿戴设备。根据美国睡眠医学学会、美国精神病学协会以及中华医学会神经病学分会分别发布的《国际睡眠障碍分类》(ICSD-3)、《精神障碍诊断与统计手册》(DSM-5)、《中国成人失眠诊断与治疗指南》,诊断睡眠障碍的主要指标包括睡眠潜伏期延长,入睡困难($>$30 分钟);总睡眠时间缩短($<$6.5 小时/晚);睡眠质量下降;睡眠维持障碍,觉醒次数增加(每晚超过大于 3 次)等。"好睡眠"的睡眠监测算法,基于实时采集的数据,识别睡眠障碍,评估睡眠质量,监测准确率可达到 95％以上。

"好睡眠"可从病人的睡眠健康数据中发现他们的潜在需求或者按照患者搜索向患者推荐相关的教育资料,以引导患者正确认识睡眠健康问题并向患者提供针对性睡眠健康指导。"好睡眠"智能硬件平台的开发,解决了医疗数据不能共享、不够便捷等问题(见图 11-7)。

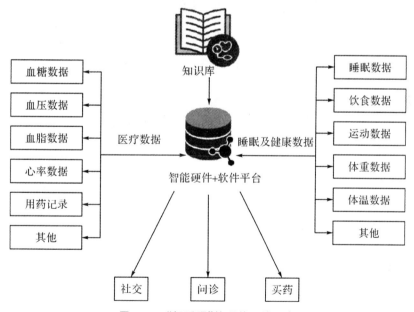

图 11-7 "好睡眠"软硬件系统示意

资料来源:章毓洁,黄秋波."互联网＋"睡眠健康管理服务系统设计初探[J].中国新通信,2021(23):126-127.

2.创新线上线下融合式服务系统

现有"互联网＋"慢病管理创新不足,大多只是将互联网作为医生和患者之间沟通的新渠道。虽然新工具提升了医患沟通的多元信息(图像、语音、文字)、沟通时效、时空匹配、社会支持水平,但本质上仍需要医护人员提供人工服务,因此也无法从根本上缓解我国医护人员劳动强度大、医疗资源紧缺的问题,甚至有些应用反而增加了医护人员的工作量。针对好大夫平台的一项研究发现,平台注册的医生中只有 1/3 的医生会在线上保持信息的及时更新和与患者的频繁交互,其重要原因是医生线下劳动强度很大,已经无暇提供线上医疗服务。

"好睡眠"基于医疗资源约束短期难以改变的现实,以实现机器替代为目标,从数字医院建设整体格局出发,重构诊疗管理服务传递系统。构建了以"互联网＋"为中心的线上线下融合式睡眠健康管理服务创新模式。服务系统具体包含线下诊疗、药物配送、线上睡眠健康检测评估、医护咨询、用药管理、监督干预、教育指导、跟踪反馈、社区支持等功能模块。

为了便于产业化推广和质量控制,"好睡眠"基于服务系统的关键服务流程,制定了包含支撑条件、服务对象、管理过程、管理结果等全流程的多级指标体系及指标量化服务标准方案,以此作为合作企业规范睡眠健康管理服务的规范性操作标准,并申请成为地方标准。

3.打造线下医疗团队

"好睡眠"围绕医师和患者终端,打造触目可及的"睡眠管理专家"品牌。联合全国各地医院睡眠科,构建起睡眠专科服务网络,保证同质化医疗服务。着力构建"team to team 服务模式"。由资深专家、睡眠专科医生、资深护理师、健康管理师、营养师、心理咨询师等组成医疗团队,由患者、家属、社区/家庭医疗组成患者团队。两个团队的组建最大限度地保证了医疗的同质性,也最大限度地包容了患者的多样性。根据云平台个人数据库健康管理状况,医生变被动为主动,定期跟踪患者的病情变化,比患者及家属更关心患者健康状况的转变,改变了以往医生被动等病人上门求医的模式。

"好睡眠"通过平台化管理,实现睡眠慢病管理长期跟踪的"个人医生"服务,塑造了全新的医患关系,并且,与服务内容多样化相匹配,建立了多样化的收费方式。

第三节　走向服务主导逻辑

一、服务主导逻辑的产生背景

关于商品和服务对立的古老观点历史悠久,可以追溯到经济学之父斯密的年代(18 世纪)。由于当时通信技术落后,知识信息在价值创造中几乎被忽略,因此,亚当·斯密认为国民财富主要来源于有形商品。在随后的两个多世纪里,这个观点没有被怀疑过,在直接或间接讨论商品和服务相关问题的时候,人们无一例外地将商品和服务区分开来,并把商品放在主导地位。

20 世纪末,信息革命对社会经济产生了强烈的冲击,互联网、信息通信技术等新兴技术的普及和应用从根本上改变了人们的工作习惯与生活方式。尤其是进入 21 世纪,互联网的发展使得商品与服务的关系变得扑朔迷离,有时很难辨别企业向市场提供的究竟是商品还是服务。

实际上,商品与服务之争只是问题的表象,其背后起作用的是长期以来占据上风的商品主导逻辑(goods dominant logic)。商品主导逻辑形成于工业革命背景之下。在工业革命背景下,工厂是世界经济的基本生产单位,有形商品是国民财富的基本来源,专业化和劳动分工的理念深入人心,商品与服务之争正是当时社会经济的真实写照。但在当今的信息经济时代,行业分工已经变得不那么清晰,许多企业的产出既不是单纯的商品也不是纯粹的服务,而是把两者整合在一起的"解决方案",因此,现在要区分商品与服务已经变得非常困难。

面对这种状况,瓦罗格和拉什于 2004 年在国际顶级营销学杂志《市场营销》上发表了题为"营销学向新主导逻辑演进"的文章,随后又开展了一系列相关研究。他们建议遵循一种全新的服务主导逻辑(service dominant logic)来重新审视商品和服务,不要对两者进行主次或优劣的区分,而是把两者统一到服务旗下,进而重新思考市场交易、价值创造等基本问题。

二、服务主导逻辑产生原因

要解释服务主导逻辑的成因,就要回到亚当·斯密的《国富论》(1776)。当时,他在探究国民财富的来源时,把商品看作"生产性"的,而把服务看作"非生产性"的。此后的经济学家继承了他的观点,认为随着人口数量以几何级数的增长,人口压力会与日俱增,国家必须获取充足的物质资源才能保证各类商品的持续产出以及国民财富的不断增长。在整个工业经济时代,两个多世纪里,经济学家、企业家、政府官员都把占有物质资源作为终极目标,由此引发了大量的政治和经济事件甚至军事冲突。

直到 20 世纪末,人们对资源的认识才有所改变,开始关注有形的物质资源以外的无形资源,如信息、知识等,并且发现无形资源对企业、经济和社会发展的作用并不亚于有形资源,在某些场合甚至比有形资源的作用更加重要。

康斯坦丁和拉什创造性地把资源分为对象性资源(operand resources)和操作性资源(operant resources)。他们认为,有形资源(包括商品)、自然资源等是在生产中被加工的对象,因此是对象性资源。知识和技能等在生产活动中作用于对象性资源,因此称为操作性资源。

重视对象性资源并把这种资源的最终表现形式"商品"看作国民财富基础的观点可以称为"商品主导逻辑"。商品主导逻辑没有重视商品生产和销售中的知识等操作性资源。重对象性资源、轻操作性资源的观点,是引发商品与服务之争的根本原因。这种逻辑下,商品和服务被认为是分离的,两者具有不同的特征。例如,认为服务相比商品具有无形性、异质性、不可分离性、易逝性等特征。

服务主导逻辑下,认为知识和技能等操作性资源是核心要素。操作性资源是高阶资源,可作用于对象性资源,具有发掘对象性资源价值的作用。

因此,服务主导逻辑的产生,是人类生产方式变革、知识等资源地位提升的结果。

三、服务营销的未来是走向服务主导逻辑

基于操作性资源观,瓦罗格和拉什把服务定义为"某实体为了实现自身或其他实体的利益,通过行动、流程和绩效对自身的知识、技能等专业化能力的应用"[①]。这一服务定义超越

---

① Vargo S L, Lusch R F. Evolving to a new dominant logic for marketing[J]. Journal of Marketing, 2004(68):1-17.

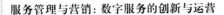

了商品主导逻辑中"分"的思想,而把具体的商品(goods)和服务(services)统一于服务(service)本身。这样,具体的商品作为传递服务的工具就成了间接服务的手段。必须指出的是,这并不意味着在商品与服务之争中服务最终胜出。其实,在服务主导逻辑下,商品与服务已经不是同一水平上的概念,因此,关于两者的争论也就失去了意义。

服务营销这门年轻的学科将随着数字化的发展不断从服务主导逻辑演进。可以预见,学科的研究对象范围将不断扩大,产品和服务的界限将逐渐消融。

本章小结

现代服务业的发展值得关注的一点是,服务业不仅自身发展,还在改变制造业。现代制造企业通过组织能力的提升和生产服务流程的重整,将产品与服务创新性结合,根据客户的需求,从设计、制造,到维护、更新、运作,甚至融资、咨询进行全生命周期的定制,创造价值新模式。

服务业在日益产品化,即服务的构成要素分解,将服务生产流程标准化,再按照产品市场的原则将服务产品交付顾客。

制造与服务相向而行,制造与服务的融合,要求我们重新审视商品和服务,不要对两者进行主次或优劣的区分,而是把两者统一到服务旗下,进而重新思考市场交易、价值创造等基本问题。

本章思考

1.什么是制造服务化?
2.什么是服务产品化?
3.服务主导逻辑的产生原因是什么?

参考文献

［1］PATRICIA B S，RONNI T M，LEWIS J M. The Customer Revolution：How to Thrive When Customers are in Control［M］. New York：Crown business，2001.

［2］VANDERMERWE S，RADA J. Servitization of business：Adding value by adding services［J］. European Management Journal，1988，6（4）：314-24.

［3］布鲁恩，乔治.服务营销：服务价值链的卓越管理［M］. 王永贵，译. 北京：化学工业出版社，2009.

［4］黄秋波，李靖华，苗森.制造服务化：内部与外部价值链的重构［J］. 浙江树人大学学报（人文社会科学版），2013（2）：37-43.

［5］黄秋波，余维臻.制造企业向集成解决方案提供商转型的路径分析［J］. 科技管理研究，2014（6）：105-108.

［6］黄秋波.新服务开发前后台结构、知识转移与开发绩效研究［D］. 杭州：浙江工商大学，2015.

［7］黄维兵.现代服务经济理论与中国服务业发展［M］. 成都：西南财经大学出版社，2003.

［8］江小涓.服务经济：理论演进与产业分析［M］. 北京：人民出版社，2014.

［9］江小涓，等.网络时代的服务型经济：中国迈进发展新阶段［M］. 北京：中国社会科学出版社，2018.

［10］李海廷.服务营销思想史［M］. 吉林：吉林人民出版社，2008.

［11］李巍.服务营销管理：聚焦服务价值［M］. 北京：机械工业出版社，2019.

［12］王永贵.服务营销［M］. 2版. 北京：清华大学出版社，2023.

［13］沃茨，洛夫洛克.服务营销：第8版［M］. 韦福祥，译. 北京：中国人民大学出版社，2018.

［14］徐岚.服务营销［M］. 北京：北京大学出版社，2018.

［15］郑锐洪.服务营销：理论、方法与案例［M］. 2版. 北京：机械工业出版社，2019.